El avivamiento que muchos deseamos y esperamos es el resultado de una obra soberana del Espíritu Santo en nuestra vida. En los avivamientos del pasado esto ha ocurrido cuando las personas han recibido el perdón de Dios al acercarse al trono de la gracia con un espíritu contrito y humillado. Si usted tiene el deseo de experimentar una nueva visitación de Dios y está dispuesto a examinar su vida a la luz de Su Palabra *En busca de Dios* es un recurso extraordinario. Dios ha usado el discernimiento, la sabiduría divina y la gracia de los autores de este libro para tocar la vida de miles de personas que han sido avivadas de manera personal. Los avivamientos personales resultan en avivamientos de iglesias, y estos últimos en avivamientos de naciones. Comience usted por buscar a Dios.

MIGUEL NÚÑEZ
Pastor Principal, Iglesia Bautista Internacional & Presidente, Ministerios Integridad y Sabiduría

Los avivamientos son períodos en los que el Espíritu Santo intensifica en gran manera su acción ordinaria en medio del pueblo de Dios. Eso da como resultado un despertar a la realidad de un verdadero arrepentimiento y una transformadora y gozosa confianza en la persona y la obra de Cristo, tanto en creyentes como en incrédulos. Y aunque estos períodos de avivamiento no pueden ser producidos por el hombre, porque nuestro Dios es soberano en Su obrar, en la generalidad de los casos suelen estar asociados a una búsqueda intensa de Dios en oración, a un profundo quebrantamiento y a una clara comprensión del evangelio de la justificación por la fe solamente. El libro que tienes en tus manos es un excelente recurso para ayudarte en ese proceso de buscar el rostro de Dios con intensidad y aun con la desesperación del ciervo que brama sediento "por las corrientes de las aguas" (Salmos 42:1). Lo recomiendo de todo corazón.

SUGEL MICHELÉN
Pastor de Iglesia Bíblica del Señor Jesucristo en Santo Domingo, República Dominicana.

Nancy DeMoss Wolgemuth y Tim Grissom han producido un magnífico estudio interactivo para aquellos que desean profundizar su relación con Dios y experimentar la gracia de Cristo y Su poder en todas las áreas de su vida. *En busca de Dios* te ayudará a examinarte a la luz de la Escritura. Te transportará al trono de Dios, donde te darás cuenta de que solo Él puede satisfacer tus más profundas necesidades, y que solo Él es digno de tu alabanza. Recomiendo este libro encarecidamente.

RANDY ALCORN
Eternal Perspective Ministries

No hay nada mejor que ser limpiados por el Espíritu de Dios a través de la Palabra de Dios. Ciertamente nos libera de todo lo demás y nos permite agradarle. Si no sabes cómo encontrar esto en la Palabra de Dios, entonces *En busca de Dios* es el estudio que necesitas. Nancy y Tim te llevarán de la mano y te guiarán a la presencia de nuestro Dios Santo, donde anhelarás ser santo como Él es santo.

KAY ARTHUR
Precept Ministries International

Esta nueva obra de Nancy DeMoss Wolgemuth y de Tim Grissom, *En busca de Dios*, será atesorada por muchos. DeMoss y Grissom exponen claramente el camino hacia la intimidad, escudriñan Escrituras maravillosas, recuentan historias alentadoras, exponen la condición humana franca y directamente y, de forma general, nos ayudan a hacer de este trabajo laborioso un dulce esfuerzo.

ROBERT O. BAKKE
National Day of Prayer

Dios ha usado a Life Action Ministries por muchos años para llevar mensajes oportunos a innumerables iglesias sobre todos los conceptos bíblicos imprescindibles para el avivamiento genuino. Esta es la esencia de su mensaje que Dios ha usado tan poderosamente. Para ver un avivamiento generalizado en nuestros días que pueda salvar a nuestra nación, este libro es crucial, especialmente para pastores y otros líderes del pueblo de Dios. No tengo palabras suficientes y adecuadas para animar a todos los cristianos a cultivar su relación con Dios con la oportuna ayuda de este libro.

HENRY BLACKABY
Blackaby Ministries International

La Iglesia tiene una gran tarea por delante: hacer que el mundo conozca al Dios verdadero. Los incrédulos necesitan desesperadamente ver en nosotros la realidad de Su santidad, de Su gracia y de Su poder salvador. *En busca de Dios* es un excelente recurso para ayudar a las iglesias a responder a ese llamado. Este estudio es revelador y penetrante; lleva a los creyentes a identificar áreas de inconstancia personal en su caminar con Dios, inspirando en nosotros el anhelo de alcanzar mayor santidad y compromiso por nuestro Salvador.

VONETTE BRIGHT
Campus Crusade for Christ

Los movimientos de oración organizada en Estados Unidos se han multiplicado en los últimos años; sin embargo, sorprendentemente, la Iglesia de hoy se parece cada vez más a un negocio, y el estilo de vida de sus miembros ocasionalmente —quizás de manera inconsciente— se parece cada vez más al del mundo. Tanto en el Antiguo como en el Nuevo Testamento, cuando el pueblo de Dios se desviaba, Él siempre los llamaba de nuevo hacia Él y hacia la santidad a través del arrepentimiento y del avivamiento.

Tienes en tus manos un libro que contiene el primer paso que Dios ha usado por siglos para confrontar a Sus propios hijos con sus pecados no reconocidos y llamarles a un arrepentimiento personal y colectivo, y a una renovación. Históricamente, en esto ha consistido el inicio de todo avivamiento que ha transformado culturas. Los fuegos de avivamiento que Él desea comenzar en tu ciudad, en tu nación y en el mundo serán encendidos para ser propagados por el Espíritu Santo, hasta que una vez más experimentemos un avivamiento extenso, como el ocurrido durante 1904–5 durante el llamado Avivamiento Galés.

EVELYN CHRISTENSON
Escritora y oradora

Nancy DeMoss Wolgemuth y Tim Grissom han producido un oportuno y muy accesible estudio interactivo de avivamiento. Esto puede ser muy valioso tanto para personas individuales como para iglesias. ¡Cuánto necesitamos que el poder de Dios obre a través de nosotros! Recomiendo vivamente este estudio.

CHARLES W. COLSON
Prison Fellowship

Nancy DeMoss Wolgemuth escribe con gran convicción sobre las respuestas a los problemas reales que confrontamos. Si estás cansado de las modas religiosas y de las soluciones fáciles, permite que *En busca de Dios* lleve tu corazón a Dios, quien abundantemente suple gracia en todos los niveles de nuestra vida.

JIM CYMBALA
Brooklyn Tabernacle

Cuando Nancy habló a nuestro equipo de trabajo hace años, su mensaje inició un avivamiento que ningún otro movimiento había sido capaz de iniciar. Ella continúa siendo una de las maestras principales del avivamiento personal y grupal.

STEVE DOUGLASS
Campus Crusade for Christ

El nuevo recurso de avivamiento, *En busca de Dios,* es un esfuerzo positivo que provee una herramienta para que esto ocurra. Tanto tú como tu iglesia serán bendecidos de manera inconmensurable. Dios será honrado y el avivamiento estará más cerca mientras tú, en oración, estudias este importante recurso. Que Dios te bendiga en tu búsqueda de avivamiento espiritual.

JAMES T. DRAPER, JR.
LifeWay Christian Resources

En busca de Dios es simplemente la guía más práctica y concisa para el avivamiento personal y grupal que jamás hayamos conocido. Nancy DeMoss Wolgemuth y Tim Grissom han desarrollado una herramienta ungida por el Espíritu Santo que despierta la vida de Dios en nuestro corazón y hace del avivamiento una realidad actual. ¡Prepárate para un avivamiento!

DICK EASTMAN
Every Home for Christ

Todos hablan de avivamiento, pero pocas veces hemos visto una guía paso a paso para experimentar el avivamiento personal y grupal. Este es el sueño de todo pastor. ¡Por fin! Una guía para asistir a cada miembro en el avivamiento personal y a cada iglesia en el avivamiento grupal.

TONY EVANS
Oak Cliff Bible Fellowship

Más que nada en la vida, buscar la presencia de Dios debiera ser lo más importante. En esta guía, Nancy y Tim te ayudarán a vencer los obstáculos personales que no te permiten buscar a Dios y te pondrán en el camino de una nueva, fresca y única experiencia con Dios.

LOIS I. EVANS
Pastor's Wives Network

Life Action Ministries ha permanecido fiel a su llamado, orando fielmente, laborando con seriedad y proveyendo con diligencia recursos con la esperanza de que Dios despierte a la Iglesia a una vida vibrante y renovada en Cristo. Su ministerio me ha impactado personalmente. *En busca de Dios* nos ayuda a identificar los obstáculos que se levantan en contra del avivamiento genuino, y con amor aleja al lector de la neblina del engaño, del letargo que viene de la falta de intimidad y de las cadenas de las adicciones, y lo dirige hacia el gozo que Dios ideó para Sus hijos.

STEVE GREEN
Artista discográfico cristiano

Esta es una herramienta bienvenida para todos los que anhelan un movimiento renovado de Dios. Nos desafía a buscar a Dios y a dejar que nuestro propio corazón sea avivado, y luego a orar para que ocurra un despertar espiritual de la misma magnitud en nuestros hogares, comunidades, ciudades y naciones, de manera que sean indeleblemente cambiados. ¡Ojalá Dios abriera los cielos, revelara Su gloria, y renovara y avivara a Su Bella Durmiente, la Iglesia! Este estudio es un llamado para ayudarla a despertarse de su sueño.

MARY KASSIAN
Escritora, oradora, teóloga

Una excelente mezcla de Escritura, historias de renovación personal y consejo sobre cómo lidiar con el pecado en nuestra propia vida. Enfrentar las verdades que se encuentran aquí es ser confrontado con la obra amorosa, disciplinaria y transformadora de la persona del Espíritu Santo. Es mi oración que muchas personas corran el riesgo y se expongan a este material.

DENNIS F. KINLAW
The Francis Asbury Society

En busca de Dios es un regalo de gracia de Dios para mí y para Su pueblo. No lo tomes como un libro más. Usa las preguntas para que Dios te ayude, junto a tus amigos, a enfrentarte a Él… de corazón a corazón. Pídele que te hable en las profundidades de tu vida y confía en que Él responderá tus oraciones. Este libro reavivará tu fe y tu vida interior con Dios. Inspirará tu corazón para cantarle y tus pies para bailar. Me sorprendería si el libro no te lleva a sollozar interna y genuinamente, a orar con renovada pasión y aun a gritar con gozo. Y querrás que todas las personas que conoces puedan tener un encuentro fresco y transformador a través de la lectura de este libro. Dios ya está usando este libro como una suave pero poderosa y decisiva herramienta para traer avivamiento "para esta hora".

JERRY KIRK
National Coalition for the Protection of Children & Families

Hay dos grandes desconexiones a la hora de disfrutar el avivamiento personal: la desconexión de nuestra cabeza y de nuestro corazón de Dios. En el libro *En busca de Dios*, Nancy DeMoss Wolgemuth y Tim Grissom, de forma gentil pero convincente, nos demuestran que el avivamiento personal viene cuando nuestra cabeza y nuestro corazón se encuentran con Dios con convicción santa a través de Su Palabra. Ya seas nuevo en la fe o tengas años en ella, vale la pena procurar con fuerza esta conexión debido al avivamiento personal que llega como resultado de ello. *En busca de Dios* es un mapa amoroso e instructivo que te dirige hacia a esa meta.

WOODROW KROLL
Back to the Bible

En busca de Dios es un recurso refrescante y bíblicamente fundamentado que involucra el corazón, la mente y la voluntad para perseguir al "amante de nuestra alma"... Es un libro maravillosamente escrito; un estudio equilibrado que reta el corazón sin manipular las emociones.

CRAWFORD W. LORITTS, JR.
Fellowship Bible Church

He aquí un útil plan de estudio para acelerar nuestro crecimiento espiritual. Es totalmente bíblico, y fácil de entender, y está dirigido a todos los que queremos aplicar los principios del avivamiento a nuestra vida individual. Aquí encontrarás la clave para un caminar más cercano a Dios, algo que está accesible para los que tienen hambre de profundizar su comunión con el Salvador.

ERWIN W. LUTZER
The Moody Church

No hay duda de que la comunidad cristiana necesita desesperadamente el avivamiento espiritual que ofrece el estudio *En busca de Dios*. Es mi oración que el avivamiento que buscan venga pronto.

DENNIS RAINEY
FamilyLife

En busca de Dios es una publicación bienvenida para todos los que continuamos confiando en que Dios contestará nuestras oraciones por avivamiento. Nos recompensará con un más profundo caminar con Cristo y nos pondrá en una posición donde nuestra vida pueda ser usada grandemente por Él.

JOSEPH M. STOWELL
Cornerstone University

Un avivamiento nacional es sumamente personal. De hecho, es tan personal que comienza contigo y conmigo. *En busca de Dios* provee una guía intima y reveladora para vivir una vida santa, y tener el alma bendecida desde lo alto y un corazón alegre que no pueda evitar la pasión por el Señor Jesús.

JONI EARECKSON TADA
Joni and Friends

El avivamiento no es más que Dios manifestándose a Sí mismo en medio de Su pueblo. Cuando Dios se revela a Su pueblo, este experimenta santidad en su corazón, un amor apasionado en su espíritu y fuego espiritual en los huesos que excede toda otra experiencia espiritual previamente conocida. ¡Esta es la mayor necesidad de la Iglesia de hoy! Millones de personas y miles de iglesias necesitan hacer de la búsqueda de Dios su esfuerzo primordial, y necesitan persistir en esta obra de amor hasta que Dios venga y haga llover justicia sobre nosotros. Este manual te será de ayuda. Te ruego que lo uses, para la gloria de Dios y para el bien del mundo.

RICHARD OWEN ROBERTS
International Awakening Ministries

Muchos hablan del avivamiento, pero pocos ayudan a los cristianos a entender y conocer cómo experimentar el avivamiento de manera personal. Sin embargo, Nancy DeMoss Wolgemuth lo ha logrado. Ella ha construido algo interactivo y bíblicamente sólido para ayudar a una persona a trabajar a través de los temas del avivamiento. Me gusta de manera especial el formato de pequeños grupos, que le permite a una persona aplicar el material a su vida, al mismo tiempo que lo hace en un contexto de comunidad más amplio. Cualquier iglesia o comunidad que considere seriamente el tema del avivamiento debe comprar este libro.

DALE SCHLAFER
Center for World Revival & Awakening

En busca de Dios

El gozo de un avivamiento en la relación personal con Dios

Un estudio de doce semanas para uso individual y en grupos

"Buscad a Dios y vivirá vuestro corazón".

SALMO 69:32B (RV-1960)

Nancy DeMoss Wolgemuth y Tim Grissom
Life Action Ministries

EDITORIAL MOODY

CHICAGO

Originalmente publicado en inglés en 2004 con el título *Seeking Him: Experiencing the Joy of Personal Revival* por Moody Publishers, Inc., con ISBN 978-0-8024-1362-8.

Traducido al español por Patricia Llibre de Felip, Aileen Pagán de Salcedo, Mayra Beltrán de Ortiz, Odette Armaza de Carranza y Laura González de Chávez

Publicado en asociación con el agencia literario de Wolgemuth & Associates.

Correctora del español: Mercedes De la Rosa-Sherman
Diseño de la cubierta: Erik Peterson
Diseño del interior: Smartt Guys design
Foto de la cubierta: copyright © IakovKalinin/iStockphoto

ISBN: 978-0-8024-1153-2

Moody Publishers
820 N. LaSalle Boulevard
Chicago, IL 60610

7 9 10 8 6

Impreso en los Estados Unidos de América

CONTENIDO

MENCIONES

En busca de Dios es el resultado de un esfuerzo de colaboración que ha pasado por múltiples etapas a través de más de una década. El producto final es el fruto de la inversión de muchas personas, particularmente las siguientes:

• *Del Fehsenfeld Jr.* Desde 1971, cuando fundó Life Action Ministries, hasta el día de su partida como resultado de un tumor cerebral en 1989, Del modeló, predicó y enseñó los principios que constituyen la base de *En busca de Dios.*

• *Los evangelistas itinerantes del Life Action Ministries y su equipo de trabajo* elaboraron y le dieron forma a muchos de los conceptos presentados en este material.

• *Claude King* aportó valiosas ideas durante las etapas iniciales del proyecto.

• *Eric Stanford* corrigió una versión inicial y escribió algunos de los recuadros.

• *El equipo de la Editorial Moody,* que "resucitó" un proyecto que había sido olvidado por varios años y proveyó el estímulo necesario para su publicación.

• *Dawn Wilson* contribuyó con una investigación sustancial.

• *Mary Horner Collins* reformateó el material y aportó ideas editoriales significativas.

• *Mike Neises* fue el coordinador de la producción durante la etapa más reciente de escribir y corregir el libro.

• *Tim Grissom* ha participado en el desarrollo de este estudio desde el principio. Él escribió las "Historias de fe" basándose en entrevistas con las personas que contaron sus testimonios; también escribió porciones significativas del material de la sección "Encuentro con la verdad".

• *Nancy DeMoss Wolgemuth* escribió la mayor parte de la sección "Personalízalo" y gran parte de la sección "Encuentro con la verdad"; también es la autora principal y correctora de la versión final.

Desde 1971, diversos equipos Life Action Ministries han llevado a cabo más de 1.200 reuniones extensas de avivamiento en iglesias locales. Con una sola excepción, las "Historias de fe" que se encuentran en este libro son recuentos verídicos de personas que experimentaron un avivamiento personal en el contexto de esas reuniones. (La historia de fe de la lección 12 fue coescrita por

Tim Grissom). Todos los nombres en estas historias de fe han sido cambiados, a excepción de los de Tim y de su difunta esposa, Janiece.

Para obtener más información sobre Life Action Ministries o preguntar sobre la posibilidad de llevar a un miembro de su equipo a su iglesia local, comuníquese con: Life Action Ministries, P.O. Box 31, Buchanan, MI, 49107; (269) 684-5905; correo electrónico: info@lifeaction.org; www.lifeaction.org.

INTRODUCCIÓN

¿Estás cansado de tratar de ser un buen cristiano? ¿Estás sobrecargado y agotado con las actividades de la iglesia? ¿A veces sientes que simplemente estás siguiendo la rutina de la vida cristiana? ¿Te encuentras a menudo seco espiritualmente? ¿Es tu experiencia en la vida cristiana más de pesadez o vergüenza que de gozo y libertad? Si contestaste *sí* a cualquiera de estas preguntas, quizás Dios te esté llamando a algo más profundo. ¡Quizás estés listo para experimentar un avivamiento personal!

Bienvenido a *En busca de Dios*, un estudio interactivo diseñado a guiarte a una relación avivada con nuestro amado Padre celestial. Dios quiere revelarse en tu vida; quiere llenar tu corazón de Él; quiere liberarte de toda pasión no santa o profana; quiere que bebas de las profundidades del gozo que hay en su presencia; quiere que tu servicio a Él sea lo que desborda de una vida auténtica y del amor genuino; quiere que seas el reflejo de Su gloria en nuestro mundo oscuro. Te quiere a ti —y a toda la iglesia— avivada.

Aclaración de términos

Según cuál sea tu trasfondo, la palabra *avivamiento* puede que tenga una mala connotación o que te suene a un concepto anticuado. *Avivamiento* es una etiqueta que se le ha puesto a varios acontecimientos, entre ellos una serie de reuniones religiosas anuales, campañas evangelizadoras, épocas de fervor religioso más intenso, así como de reformas morales y sociales.

Aunque todos estos elementos pueden estar presentes en tiempos de avivamiento, no llegan al corazón del verdadero avivamiento. El avivamiento no es un *evento* que podemos poner en el calendario. Tampoco es sinónimo de *evangelización*, aunque cuando viene el avivamiento, los incrédulos se convierten y nacen en la familia de Dios. Además, aunque nuestras emociones participan, el avivamiento no debe confundirse con puras *emociones*. Y aunque no hay nada más emocionante que la Iglesia avivada con la presencia de Dios, el avivamiento no puede necesariamente ser equivalente a un intenso *entusiasmo* y la *emoción* que vemos en muchas congregaciones grandes cristianas hoy.

Entonces, ¿qué es realmente un avivamiento? ¿Para quién es? ¿Tenemos algún grado de influencia en cuándo y dónde ocurrirá? ¿Cómo sabemos si es genuino? En este estudio exploraremos estas inquietudes.

La palabra *avivamiento* literalmente significa "traer de nuevo a la vida". Para nuestro propósito en este libro usaremos una simple definición: el avivamiento es lo que ocurre cuando el pueblo de Dios, individualmente o en grupo, es restaurado hasta tener una correcta relación con Él. El avivamiento es una obra sobrenatural de Dios; no es algo que podamos fabricar o empaquetar. En tiempos de avivamientos personales o grupales, el pueblo de Dios experimenta Su presencia y Su poder en formas que no habían vivido antes y en grados que parecían no ser posibles. Una iglesia avivada es el principal medio a través del cual el plan redentor de Dios se da a conocer alrededor del mundo.

En su libro *Revival* [Avivamiento], Richard Owen Roberts señala:

> A pesar de la tremenda cantidad de actividad encontrada en los círculos religiosos hoy, en un sentido muy real se entiende que la Iglesia misma es como un gigante dormido[...]Cuando el avivamiento llega, el gigante no solo se sacude y se despierta, sino que se mueve con un poder dinámico y un impacto glorioso. ¿Te puedes imaginar al Cuerpo de Cristo completo moviéndose en toda la tierra con un propósito unificado y el poder del Espíritu Santo? [...]Desata todo este poder transformador contra las fuerzas de pecado y del mal en tu comunidad. De eso se trata el avivamiento. [1]

La descripción de Roberts de avivamiento como el despertar de un gran gigante, la Iglesia, nace de épocas memorables de la historia, momentos en los que Dios soberanamente reveló Su gloria y desató el poder de Su Espíritu en una forma no usual, en Su iglesia y a través de ella. La puesta en circulación de *En busca de Dios* está pautada para conmemorar el centésimo aniversario de una de dichas visitaciones divinas.

Destellos de Su gloria

El fin del siglo XIX estuvo marcado por una preocupación inusual por asuntos espirituales. Los creyentes en el mundo fueron movidos a orar por avivamiento. En noviembre de 1904, el Espíritu de Dios comenzó a moverse de manera extraordinaria en el Principado de Gales. Lo que sucedió en los próximos meses fue completamente sobrenatural.

Evan Roberts fue uno de los instrumentos que Dios usó en esta época de avivamiento. El fuego de Dios ardió en el corazón de este joven de veintiséis años, minero de carbón con poca educación académica. Dondequiera que iba, Evan Roberts presentaba un mensaje que era simple, al grano y transcendente en el tiempo. Fue conocido como los "Cuatro Puntos". ¿Quería el pueblo de Dios un derrame de Su Espíritu? Se necesitaban cuatro condiciones:

En tiempos de avivamiento, el pueblo de Dios experimenta Su presencia y Su poder en grados que parecían no ser posibles. Una iglesia avivada es el principal medio a través del cual el plan redentor de Dios se da a conocer alrededor del mundo.

"¡Arrodilla a la Iglesia y salva al mundo!" fue el grito que recorrió parajes y ciudades, en las iglesias y en los corazones de hombres, mujeres, niños y jóvenes en todo Gales.

- Confesar todo pecado conocido.
- Dejar toda cosa dudosa y perdonar a todos.
- Obedecer a las direcciones del Espíritu Santo.
- Públicamente confesar a Cristo como Salvador.

Una de las características que marcaron el avivamiento de Gales fue un sentir ineludible de la presencia de Dios. Los cultos de iglesias que habían sido fríos y formales comenzaron a tener nueva vida. Los creyentes e incrédulos por igual experimentaron una fuerte convicción de pecado; las confesiones y restituciones, en ocasiones muy costosas, estaban a la orden del día. Las iglesias estaban abarrotadas día y noche, no como respuesta a anuncios, promociones u oradores famosos, sino porque el pueblo irresistiblemente era llevado por el Espíritu de Dios. En cinco meses se habían agregado cien mil nuevos conversos a las iglesias. (Cinco años después, el 80 % de los que habían hecho profesión de fe seguían fieles a su profesión).

El impacto del avivamiento se sintió en todos los ámbitos de la sociedad. Los negocios del juego y el alcohol perdieron; cerraron tabernas y burdeles; se pagaron grandes deudas; se cancelaron o pospusieron eventos deportivos debido a falta de interés; los jueces no tenían casos que juzgar; en dos condados, la tasa de nacimientos ilegítimos se redujo un 44%; las mulas en las minas tuvieron que volverse a entrenar porque los mineros no usaban obscenidades cuando daban las órdenes.

A medida que las noticias del avivamiento corrieron, Dios comenzó a moverse en otros países del mundo. Los Estados Unidos recibieron el "excedente" de lo que Dios hacía en Gales. El 20 de enero de 1905, el titular de primera plana del periódico *Denver Post* decía: "Ciudad entera se detiene para orar aun en la hora pico de los negocios". En Portland, Oregón, 240 tiendas acordaron cerrar sus puertas de 11:00 a.m. a 2:00 p.m. cada día mientras sus clientes y empleados asistían a reuniones de oración. En Atlantic City, los ministros reportaron que de una población de cincuenta mil solo cincuenta adultos quedaron inconversos.

"¡Hazlo de nuevo, Señor!".

Pocos hoy han sido testigos de avivamientos y despertares espirituales en esa magnífica escala, pero ¡hay un deseo creciente en muchos creyentes que anhelan y ansían ver a Dios "hacerlo otra vez"!

Creemos que el Dios de la Escritura, el Dios que desplegó Su gloria en los grandes avivamientos del pasado, es el mismo Dios que adoramos hoy. Él no ha cambiado. ¡No es menos capaz de convertir el corazón de una nación hoy de lo que fue hace cien años! Todos los males sociales y políticos que amenazan con deshacer

El impacto del avivamiento se sintió en todos los ámbitos de la sociedad.

¡El Dios que desplegó Su gloria en los grandes avivamientos del pasado no es menos capaz de convertir el corazón de una nación hoy de lo que fue hace cien años!

nuestro mundo hoy, todas las falsas religiones que compiten por la alianza de los hombres, no son competencia para nuestro Dios. Él está dispuesto (sí, ansioso) de manifestarse y manifestar Su gracia a este pródigo planeta perdido. Pero primero debemos tener una Iglesia avivada. Y una Iglesia avivada consiste en personas avivadas.

El salmista dijo: "Buscad a Dios y vivirá vuestro corazón" (Salmo 69:32b, RV–1960). Si lo buscas de todo corazón, puedes estar seguro de que Él te restaurará, te renovará y te reavivará. Ese avivamiento pronto afectará a otros. Dios no derrocha Su bondad en nosotros simplemente para que la disfrutemos a solas. Hemos sido salvos "para que anunciéis las virtudes de aquel que os llamó de las tinieblas a su luz admirable" (1 Pedro 2:9). Una persona, una familia, un grupo pequeño, una iglesia, no importa lo "insignificante" que sean, que se comprometan a buscar al Señor, podrán convertirse en parte del "gigante despierto" que Dios usará para difundir Su gloria y la fama de Su Nombre en todo el mundo.

Mientras lo buscas de todo corazón en las próximas semanas, nuestra oración es que Dios se te revele de una manera fresca, que avive tu corazón y que siempre pueda ser magnificado en tu vida y a través de ella.

Nancy DeMoss Wolgemuth
Tim Grissom
Life Action Ministries

> Si lo buscas de todo corazón, puedes estar seguro de que Él te restaurará, te renovará y te avivará.

---

[1] Richard Owen Roberts, *Revival* (Wheaton: Tyndale, 1982), 20.

*Dios tenga misericordia de nosotros, y nos
bendiga; haga resplandecer su rostro sobre nosotros; Selah.
Para que sea conocido en la tierra tu camino,
en todas las naciones tu salvación.*

Salmo 67:1–2 (RV–1960)

CÓMO APROVECHAR AL MÁXIMO ESTE ESTUDIO

En busca de Dios es una guía para personas o, idealmente, para pequeños grupos de cristianos que están comprometidos a buscar avivamiento para su vida y el mundo. El libro ha sido diseñado como un estudio de doce semanas, pero puede ser adaptado y usado en un lapso de tiempo más largo, según los deseos y las necesidades del grupo. Los suministros necesarios para este estudio son mínimos: un ejemplar del libro *En busca de Dios*, una Biblia y un bolígrafo o lápiz. Eso es todo.

Recuerda, este es un estudio *interactivo*. Aunque contiene mucho material de lectura, también tiene muchas oportunidades de reflexión personal y para responder. Siéntete en la libertad de marcar el libro tanto como desees, personalizándolo con tus propias meditaciones y preguntas.

Cada lección está dividida en cinco secciones de estudio personal. Una sexta sección provee una guía para la interacción de grupo. El estudio puede ser completado de manera individual sin el componente de grupo pequeño. Pero creemos que hay ventajas en trabajar con este libro en un grupo de creyentes con ideas afines; es algo sumamente valioso. Si aún no formas parte de algún grupo que se esté reuniendo para hacer este estudio, considera pedirle a uno o varios amigos cristianos que te acompañen en esta trayectoria.

En cada lección encontrará estos elementos:

- *Profundiza en la Palabra.* Lecturas bíblicas opcionales para aquellos que deseen meditar en pasajes relacionados al tema tratado.

- *Historia de fe.* Una historia inspiradora y personal de avivamiento. Estos testimonios vienen de una muestra representativa de hombres, mujeres, laicos y siervos vocacionales cristianos. Los detalles de sus historias y los asuntos particulares que enfrentan pueden ser o no similares a los tuyos. Pero los principios que aprendieron pueden aplicarse a tu vida, independientemente de la etapa o de la situación por la que estés atravesando. Esta historia de fe podrá familiarizarte con el tema de la lección y animarte a creer que Dios puede hacer lo que desee en tu propia vida.

- *Encuentro con la verdad.* Estudios de pasajes bíblicos relacionados. La Palabra de Dios es nuestra guía y el Espíritu Santo, nuestro maestro. Estos "encuentros con la verdad" y los pasos descritos te ayudarán a entender mejor el corazón y el obrar de Dios.

- *Personalízalo.* Un ejercicio de inventario personal o una serie de preguntas para reflexión y para responder. Estos segmentos te retarán a evaluar tu propia conducta y actitudes, y te animarán a aplicar lo que has aprendido. (Nota: quizás desees fotocopiar algunas páginas de estas secciones para tu propio uso, y de esa forma tener mayor libertad de responder honestamente a las preguntas que sean de naturaleza más personal).

- *La búsqueda grupal de Dios.* Preguntas para guiar la discusión de grupo y el tiempo de oración. El cristianismo no es una actividad que se vive en soledad; las revelaciones y el aliento de los demás son cruciales a la hora de buscar a Dios para avivamiento. El tiempo de estudio en grupo será más valioso si todos los participantes han leído y han trabajado en la tarea diaria. Cada miembro debe comprometerse a prepararse y asistir a las reuniones de forma regular.

- *Versículos para memorizar, puntos e ideas claves, pensamientos y citas.* Los recuadros al margen proveen información útil, frases inspiradoras y versículos pertinentes que pueden memorizar durante la semana.

Este libro de estudio no tiene la intención de añadir más "deberes" a tu vida. El propósito, más bien, es revelar más de Dios y conocer mejor Sus caminos, exponer tu corazón poco a poco y dirigirte en un peregrinar hacia mayor libertad, perdón, plenitud y fruto espiritual. Quizás creas que es imposible avivarte. Pero ¡anímate! Nuestro Dios es un Dios redentor; Él está en el proceso de hacer todas las cosas nuevas. Y promete encontrarnos cuando le buscamos de todo corazón.

El avivamiento:

¿QUIÉN LO NECESITA?

El avivamiento del que estaremos hablando en este estudio es para el pueblo de Dios, aquellos que por fe en Jesucristo han recibido salvación y le pertenecen. (Las personas que no le pertenecen no pueden ser "avivadas"; primero necesitan ser regeneradas). Desde los tiempos de Adán y Eva, el pueblo de Dios a menudo ha decidido resistirse a Su voluntad y rebelarse. Por Su gran amor, Dios sigue llamándoles a una comunión íntima con Él. La gracia de Dios, el deseo y poder que nos da para regresar a Él, siempre acompaña a Su llamada al avivamiento.

Versículo a memorizar

"Sembrad para vosotros según la justicia, segad conforme a la misericordia; romped el barbecho, porque es tiempo de buscar al SEÑOR hasta que venga a enseñaros justicia".

(OSEAS 10:12)

Profundiza en la PALABRA

2 Reyes 22:8—13, 18—20
Esdras 10:1—12
Jeremías 3:19—4:4
Santiago 4:4—10

DÍA 1: **Historia de fe**

1 ¿Por qué te decidiste a hacer este estudio? Ahora que inicias tu búsqueda de Dios de una manera fresca, ¿cuáles son algunas de tus expectativas y temores?

_____

_____

_____

_____

Lee la siguiente historia de este señor. Luego contesta las preguntas que siguen.

Era un hombre que verdaderamente tenía todo lo que quería: una bella familia, una hermosa casa, varios negocios exitosos y el respeto de la comunidad y la iglesia. Como el necio hombre rico en la parábola de Jesús, mis "graneros estaban repletos" y me sentía muy bien. Ciertamente no sentía necesidad de un "avivamiento" en mi vida.

Pero Dios conocía mi verdadera condición, y me amaba lo suficiente como para hacer algo al respecto. Asistí a una serie extendida de servicios de avivamiento en mi iglesia. A través de los estudios bíblicos, Dios comenzó a mostrarme lo ciego que estaba y la bancarrota espiritual en la que me encontraba. Estaba siendo confrontado con verdades de la Palabra de Dios y el Espíritu Santo me traía esa convicción. Esto me resultó muy incómodo; de hecho, cuando tuve que irme en viaje de negocios por tres días en medio de la cruzada sentí alivio; ¡pensé que me le escaparía al Señor! Pero, increíblemente, el Espíritu de Dios fue conmigo. Fueron tres días terribles de convicción.

El próximo domingo, el predicador contó la historia de la Biblia sobre Naamán, el comandante del ejército Sirio. Era un líder próspero que tenía todo bajo control, excepto que padecía lepra. Naamán quería sanar, pero no quería hacerlo a la manera de Dios. Así que lo hizo como yo lo hubiera hecho: cargó con seis mil siclos de oro y diez talentos de plata, y fue a pagar para salir de su problema. En medio de esta historia, el Espíritu de Dios me dijo: "Eres como Naamán; tienes lepra espiritual y necesitas ser sanado. Puedes ser restaurado, pero tendrás que hacerlo a Mi manera".

Me di cuenta de que era orgulloso, rebelde, ingrato e indomable.

> "¡Pensé que me le escaparía al Señor! Pero, increíblemente, el Espíritu de Dios fue conmigo".

Caí de rodillas y clamé al Señor como pude, pidiéndole que me dijera qué quería que hiciera. En mi corazón sentí que me dijo: "Quiero dos cosas: sumisión y obediencia". Esas eran palabras muy extrañas para mis oídos, pero me puse a Sus pies, confesé mis pecados y me arrepentí.

Dios poco a poco me mostró que estaba tratando de agarrarme de todas las "cosas" que estaba acumulando en vez de confiar en Su provisión para nosotros. Empezó a trabajar conmigo en relación con mis negocios y asuntos financieros, lo que resultó en un cambio de valores liberador y radical para mi familia.[1]

> Dios dijo: "Quiero dos cosas: sumisión y obediencia".

2 Identifica algunos de los factores externos e internos que trajeron el cambio espiritual en la vida de este hombre.

_____

_____

_____

_____

3 ¿Has experimentado el tipo de encuentro con Dios que él describe? ¿Cuál fue el mensaje que necesitabas escuchar?

_____

_____

_____

_____

No somos los primeros seres humanos que descubrimos la necesidad de un avivamiento personal. Escucha el antiguo clamor del corazón del salmista:

> _¿No volverás a darnos vida_
>   _para que tu pueblo se regocije en ti?_
> _Muéstranos, oh Señor, tu misericordia,_
>   _y danos tu salvación._
> _Escucharé lo que dirá Dios el Señor,_
>   _porque hablará paz a su pueblo, a sus santos;_
>   _pero que no vuelvan ellos a la insensatez._
> _Ciertamente cercana está su salvación para los que le temen,_
>   _para que more su gloria en nuestra tierra._ (Salmo 85:6–9)

DÍA 1
LECCIÓN 1

4 De acuerdo a estos versículos, ¿quién necesita avivamiento?

_____

_____

_____

_____

CLAVE !

El avivamiento es para el pueblo de Dios que se ha desviado espiritualmente.

5 ¿Cuáles son algunos de los resultados del avivamiento en el pueblo de Dios?

_____

_____

_____

_____

_____

CÁPSULA +

Si aún no lo has hecho, asegúrate de leer la introducción. Ayuda a definir lo que es el avivamiento.

DÍA 2: **Encuentro con la verdad**
TRABAJO PREPARATORIO

Para iniciar nuestro estudio veamos el Antiguo Testamento, donde claramente vemos el deseo de Dios de restaurar a su pueblo descarriado. Considera, por ejemplo, al profeta Oseas.

Dios mandó a Oseas a profetizar a la nación de Israel. Aunque ellos eran el pueblo escogido por Dios, la nación estaba en un triste estado de declive moral y espiritual. Por años habían disfrutado de las bendiciones de Dios (abundancia material, fuerza militar, relaciones pacíficas con naciones vecinas) y aun así se alejaron de Él. Dejaron de ver a Dios como la fuente de sus bendiciones y en su lugar eligieron darse crédito a ellos mismos por todo. Dejaron de adorar a Dios. Cesaron de amarlo. Lo reemplazaron con ídolos, metas mundanas y bienes terrenales.

Fue a este pueblo confundido que el profeta Oseas fue enviado con repetidas reprimendas y llamados. Si no se volvían al Señor, les advertía, el juicio ciertamente vendría. Esta es la esencia del mensaje de Oseas:

> *¹² Sembrad para vosotros según la justicia,*
> *segad conforme a la misericordia;*
> *romped el barbecho,*
> *porque es tiempo de buscar al* Señor
> *hasta que venga a enseñaros justicia.*
> *¹³ Habéis arado iniquidad, habéis segado injusticia,*
> *habéis comido fruto de mentira.*
> *Porque has confiado en tu camino, en la multitud de tus guerreros.*
> (Oseas 10:12–13).

6 ¿Cuál era la acusación de Oseas contra los israelitas?

_____

_____

_____

7 ¿Qué crees que significa "romped el barbecho"?

_____

_____

_____

DÍA 2
LECCIÓN 1

 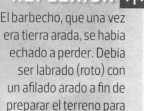
El barbecho, que una vez era tierra arada, se había echado a perder. Debía ser labrado (roto) con un afilado arado a fin de preparar el terreno para sembrar y a la larga dar fruto y producir.

La condición de la Iglesia de Occidente es muy similar a la de la nación de Israel. De muchas maneras hemos abandonado a Dios e intentado reemplazarlo con otros dioses (ídolos). Si Oseas estuviera predicando hoy, ¡prácticamente no tendría que alterar sus palabras! Podría decirle al pueblo de Dios hoy:

- Vuelvan a un estilo de rectitud de carácter, al tiempo cuando estaban cerca de Dios y obedecían su Palabra.

- Acepten la misericordia de Dios y perdonen a los que les han hecho daño.

- Dejen que Dios "labre" el duro terreno de sus corazones, especialmente en aquellas áreas donde se han resistido a Su voluntad.

- Lloren por sus pecados.

- Consideren las consecuencias del pecado que están sufriendo.

- Acepten la responsabilidad admitiendo que se buscaron esas consecuencias.

- Hagan de la búsqueda de Dios su compromiso más importante.

8 Con el mensaje anterior en mente, ¿has caminado en tu vida cristiana más cerca de Dios que ahora? Si es así, ¿cuáles son algunas de las consecuencias que estás experimentando como consecuencia de esa pérdida de intimidad con Dios?

_____

_____

_____

_____

DÍA 3: **Encuentro con la verdad**
EL AMOR DE DIOS NOS ATRAE

¿Por qué quiere Dios reavivar nuestro corazón y restaurar nuestra relación con Él? Una de las razones es ¡porque nos ama!

Tenemos que estar alertas ante los malos entendidos del corazón y los caminos de Dios cuando estudiamos Su trato con Su pueblo, especialmente en el Antiguo Testamento. Debido a la cantidad de juicios de Dios registrados ahí, puede que nos dé la impresión de que Dios estaba muy deseoso de castigarlos, o de que es muy duro, exigente e impaciente. Pero realmente es lo opuesto. Los juicios venían después de *años* de pedirle a Su pueblo que se volviera a Él.

Mira de nuevo el libro de Oseas. Dios dijo:

> *¹ Cuando Israel era niño, yo lo amé,*
> *   y de Egipto llamé a mi hijo.*
> *² Cuanto más los llamaban los profetas,*
> *   tanto más se alejaban de ellos;*
> *   seguían sacrificando a los Baales*
> *   y quemando incienso a los ídolos.*
> *³ Sin embargo yo enseñé a andar a Efraín,*
> *   yo lo llevé en mis brazos;*
> *   pero ellos no comprendieron que yo los sanaba.*
> *⁴ Con cuerdas humanas los conduje, con lazos de amor,*
> *   y fui para ellos como quien alza el yugo de sobre sus quijadas;*
> *   me incliné y les di de comer.* (Oseas 11:1–4)

Luego, después que Su pueblo pasó por un tiempo de corrección y disciplina, Dios les rogó de nuevo:

> *¹ Vuelve, oh Israel, al Señor tu Dios,*
> * pues has tropezado a causa de tu iniquidad.*
> *² Tomad con vosotros palabras, y volveos al Señor.*
> * Decidle: Quita toda iniquidad,*
> * y acéptanos bondadosamente,*
> * para que podamos presentar el fruto de nuestros labios.*
> *³ Asiria no nos salvará,*
> * no montaremos a caballo,*
> * y nunca más diremos: "Dios nuestro"*

> **!** **CLAVE**
>
> El amor inescrutable de Dios por nosotros lo lleva a atraernos de vuelta a Él cuando nos apartamos.

a la obra de nuestras manos,
pues en ti el huérfano halla misericordia.

⁴ Yo sanaré su apostasía,
los amaré generosamente,
pues mi ira se ha apartado de ellos. (Oseas 14:1–4)

9 ¿Cuándo comenzó Dios a amar a Su pueblo?

❏ Después de que ellos "se limpiaron".

❏ Después de que Él desahogó su ira contra ellos.

❏ Cuando aún eran pequeños, en el principio de su existencia.

10 ¿Crees que Dios dejó de amarlos en algún momento?

❏ Sí, por lo menos por un tiempo.

❏ No. Dios siempre los amó, aun cuando ellos necesitaban disciplina.

Explica tu respuesta:

_____

_____

_____

_____

_____

_____

_____

_____

_____

Los pasajes de Oseas 11 y 14 nos dan una vista del antes, durante y después de cómo y por qué Dios reaviva y renueva a Su pueblo. La constante en todas las etapas es Su amor. Dios los amó cuando ellos eran recién nacidos (la palabra "niño" de Oseas 11:1 literalmente significa *lactante*); los amó después de que regresaron a Él de su etapa de rebeldía; y los amó durante todo el proceso de la corrección.

Fue Su amor por ellos, de hecho, lo que hizo que ellos quisieran volver a Él. No fue que de repente ellos sintieron amor por Él de nuevo, ni que de algún modo recordaron lo maravilloso que era vivir conscientes del amor de Dios. Fue que Dios *hizo* que ellos desearan esa relación de amor de nuevo. Capacitó a Su pueblo no solo para que viera lo mal que había estado y la razón por la cual Su disciplina

era necesaria, sino que Él les daría la bienvenida porque nunca había cesado de amarlos.

Quizás tu propio corazón esté hambriento de una intimidad con Dios, una intimidad que hace mucho no disfrutas o que quizás nunca has conocido. Ese mismo deseo es iniciativa de Dios. ¡Él quiere que vuelvas! ¿Por qué? Porque te ama y sabe que no puedes experimentar todo lo que Él tiene para ti si persistes en la condición que estás.

11 Escribe una oración agradeciendo a Dios por su amor fiel y su deseo de restaurar a Su pueblo cuando se ha alejado de Él.

_____

_____

_____

_____

_____

_____

_____

_____

_____

_____

_____

_____

_____

_____

_____

_____

_____

_____

"El avivamiento es esa obra de Dios extraña y soberana en la cual Él visita a su propio pueblo: restaurándolo, reanimándolo y liberándolo en la abundancia de sus bendiciones".

—Stephen Olford

DÍA 4: **Encuentro con la verdad**
EL REGRESO A NUESTRO PRIMER AMOR

La necesidad de los creyentes de retornar de todo corazón a Dios—ser avivados—también está en el Nuevo Testamento. El libro de Apocalipsis registra la visión del apóstol Juan. En esta visión, Jesús habla a siete iglesias. La iglesia de Éfeso una vez había sido un grupo de creyentes fervientes, profundamente enamorados de Jesús. Habían mantenido la pureza doctrinal y su separación de prácticas malas. Habían trabajado duro y perseveraron, y tenían un celo por el servicio. Aun así, algo andaba mal. Después de aplaudir sus puntos fuertes, Jesús les habla de un asunto que es una grave inquietud para Él:

> *⁴ Pero tengo esto contra ti: que has dejado tu primer amor. ⁵ Recuerda, por tanto, de dónde has caído y arrepiéntete, y haz las obras que hiciste al principio; si no, vendré a ti y quitaré tu candelero de su lugar, si no te arrepientes.*
> (Apocalipsis 2:4–5)

12 ¿Qué había hecho la iglesia de Éfeso que disgustó tanto al Señor? Expresa en tus propias palabras lo que es "dejar el primer amor".

_____

_____

_____

_____

_____

_____

_____

13 ¿Cuáles tres verbos encuentras en el mandato de Jesús? ¿Qué luz arroja esto al proceso de avivamiento?

_____

_____

_____

_____

_____

_____

_____

_____

CLAVE !

Podemos volver a nuestro "primer amor" por el Señor.

Con los años, los cristianos de Éfeso habían perdido de vista al Salvador. Su amor por Él había perdido el fervor. Habían transferido su afecto a otro lugar, y este desvío amenazaba con costarles muy caro.

Dios quiere que le amemos a Él primero y ante todo. Cuando nos encontramos confiando más en las personas que en Dios, esto indica que el foco de nuestro corazón se ha desviado de Él (Jeremías 17:5). El amor por las personas—amigos, familiares o aun nosotros mismos—puede competir con nuestro amor por Él (Mateo 10:37). Otros sustitutos de la relación de amor centrada en Dios pueden incluir el dinero, los placeres, los amigos, el trabajo, los rituales de adoración, las enseñanzas de líderes respetables o el conocimiento bíblico sin una relación con Cristo.

El avivamiento no comienza cuando una persona desviada decide regresar al Señor, sino cuando nuestro amado Padre Celestial, queriendo que Su pueblo disfrute de la seguridad y protección de Su amor, lo llama a Él. Dios es quien inicia; el llamado al avivamiento es una muestra de amor del corazón de Dios.

14 ¿Has transferido tu amor por Dios a otro lugar? ¿Cuáles son algunas de las cosas que compiten con tu amor por Él?

_____

_____

_____

_____

_____

_____

_____

_____

_____

REFLEXIÓN

Éfeso, una ciudad al oeste de Asia menor (ahora Turquía), fue un centro para las primeras etapas del cristianismo. Pablo basó sus operaciones ahí por tres años, y el apóstol Juan se cree que pasó sus últimos años como obispo de Éfeso.

DÍA 5: **Personalízalo**

"Mientras estemos contentos con vivir sin avivamiento, así viviremos".

—Leonard Ravenhill

El avivamiento es la obra soberana de Dios. Él elige cuándo y a quién lo envía. También es cierto que podemos hacer algunas cosas para preparar el avivamiento en nuestra vida. Prepararnos para lo que Dios ha determinado que hará es un patrón que vemos en la Escritura. Por ejemplo, en la víspera del paso a la Tierra Prometida, Josué les dijo a los hijos de Israel: "...*Consagraos, porque mañana el Señor hará maravillas entre vosotros*" (Josué 3:5). Del mismo modo, podemos preparar nuestro corazón para la renovación espiritual.

Las siguientes preguntas están ideadas para revelar áreas específicas que debes tener en cuenta cuando te preparas para un avivamiento personal o grupal. La intención no es producir culpa, sino que sean una herramienta útil. Contesta cada pregunta con toda honestidad, no como una vez fue en tu vida o como los otros creen que es, sino basado en lo que Dios te revela que es la condición actual de tu corazón.

Lee los pasajes de la Biblia si el tiempo te lo permite. Ponte de acuerdo con Dios acerca de cada necesidad que Él te revela. Confiesa cada pecado que Él expone. Alábalo por su increíble amor y poder de perdón. No te afanes; dale a Dios tiempo para que te hable y date tiempo para responder.

CÁPSULA +

Antes de que inicies la revisión de la lista, lee la oración del Salmo 139:23–24: "Escudríñame, oh Dios, y conoce mi corazón; pruébame y conoce mis inquietudes. Y ve si hay en mí camino malo, y guíame en el camino eterno".

Preparación de mi corazón para el avivamiento

1. La salvación genuina (2 Corintios 5:17)

    a. ¿Hubo un momento en mi vida en que genuinamente me arrepentí, me hice consciente de mi pecado y me volví de él?

    b. ¿Hubo un momento en mi vida cuando confié solamente en Jesucristo para salvarme?

    c. ¿Hubo un momento en mi vida en que me rendí por completo a Jesucristo como Señor y Salvador de mi vida?

2. La Palabra de Dios (Salmo 119:97, 140)

    a. ¿Me encanta leer y meditar en la Palabra de Dios?

    b. ¿Son mis momentos devocionales constantes y significativos?

    c. ¿Aplico la Palabra de Dios a mi vida cotidiana?

3. **La humildad (Isaías 57:15)**

   a. ¿Reconozco y admito ante Dios con prontitud en confesión cuando he pecado?

   b. ¿Admito con prontitud ante otros que me he equivocado?

   c. ¿Me gozo cuando los demás son elogiados y reconocidos y la gente no nota mis logros?

4. **La obediencia (1 Samuel 15:22; Hebreos 13:17)**

   a. ¿Obedezco de manera constante lo que sé que Dios quiere que haga?

   b. ¿Obedezco de manera constante las autoridades humanas a quienes Dios ha puesto en mi vida?

5. **Un corazón puro (1 Juan 1:9)**

   a. ¿Confieso por nombre mis pecados?

   b. ¿Mantengo mis "cuentas" al día con Dios (confieso y renuncio pronto ante Su convicción)?

   c. ¿Estoy dispuesto a renunciar a todo pecado por Dios?

6. **Una conciencia tranquila (Hechos 24:16)**

   a. ¿Busco de manera constante el perdón de aquellos a los que he ofendido o hecho daño?

   b. ¿Está mi conciencia tranquila con todos? (¿Puedo decir honestamente que "no hay nadie a quien haya hecho daño u ofendido cuyo perdón no haya procurado y enmendado el daño"?)

7. **Prioridades (Mateo 6:33)**

   a. ¿Muestra mi agenda que Dios es una prioridad en mi vida?

   b. ¿Revela mi chequera que Dios es primero en mi vida?

8. **Valores (Colosenses 3:12)**

   a. ¿Amo lo que Dios ama y odio lo que Dios odia?

   b. ¿Valoro mucho las cosas que complacen a Dios (por ejemplo: dar, ser testigo ante las almas perdidas, estudiar Su Palabra, orar)?

   c. ¿Están mis afectos y metas ligados a valores eternos?

9. **Sacrificio (Filipenses 3:7–8)**

   a. ¿Estoy dispuesto a sacrificar lo que sea necesario para ver a Dios moverse en mi vida y en la Iglesia (tiempo, comodidad, reputación, placeres y otras cosas)?

   b. ¿Está mi vida caracterizada por el sacrificio genuino por la causa de Cristo?

> "El avivamiento despierta en nuestro corazón una mayor consciencia de la presencia de Dios, un nuevo amor a Dios, un nuevo odio al pecado y hambre de Su Palabra".
>
> —Del Fehsenfeld Jr.

"El avivamiento no es emoción ni agitación; es más bien una invasión del cielo que le trae al hombre una deliberada consciencia de Dios".

—Stephen Olford

10. **Control del Espíritu (Gálatas 5:22–25; Efesios 5:18–21)**

   a. ¿Estoy dejando que Jesús sea el Señor de cada área de mi vida?

   b. ¿Estoy dejando que el Espíritu de Dios "llene" (controle) mi vida cada día?

   c. ¿Hay indicios constantes del "fruto del Espíritu" en mi vida?

11. **"Primer amor" (Filipenses 1:21, 23)**

   a. ¿Estoy tan enamorado de Jesús como siempre?

   b. ¿Estoy dedicado a Jesús, lleno de su gozo y paz, y es Él continuamente el objeto de mi amor?

12. **Motivaciones (Mateo 10:28; Hechos 5:29)**

   a. ¿Estoy más preocupado por lo que Dios piense de mi vida que lo que otros piensen?

   b. ¿Oraría, leería la Biblia, daría y serviría tanto si nadie más que Dios lo notara?

   c. ¿Estoy más preocupado por complacer a Dios que por ser aceptado y apreciado por otros?

13. **Pureza moral (Efesios 5:3–4)**

   a. ¿Mantengo mi mente libre de libros, revistas o amenidades que puedan estimularme a fantasear o hacer pensar en ideas que no son moralmente puras?

   b. ¿Son mis conversaciones y comportamiento puros y sin reproche?

14. **Perdón (Colosenses 3:12–13)**

   a. ¿Busco resolver los conflictos en las relaciones lo antes posible?

   b. ¿Soy pronto para perdonar a aquellos que me han hecho daño o me han herido?

15. **Evangelización (Lucas 24:47–48; Romanos 9:3)**

   a. ¿Siento carga por las almas perdidas?

   b. ¿Testifico de Cristo de manera constante?

16. **Oración (1 Timoteo 2:1)**

   a. ¿Soy fiel en orar por las necesidades de otros?

   b. ¿Oro específica, ferviente y fielmente por el avivamiento en mi vida, iglesia y nación?

---

[1] La historia de fe en esta leccion 1 es una adaptación de "Transformed by His Grace", *Spirit of Revival*, vol. 25, N.º 1, marzo de 1995, pp. 15–16, publicado por Life Action Ministries.

La Búsqueda Grupal de Dios

Usa estas preguntas y actividades cada semana para discusiones de grupo sobre lo que cada persona cubrió del material durante la semana. Recuerda que hay que respetar las respuestas y mantener la confidencialidad. El propósito de reunirse es aprender los unos de los otros, así como animarse en una búsqueda plena de Dios.

Comparte

1. ¿Por qué decidiste participar en este estudio sobre la búsqueda de Dios y el avivamiento personal?

Conversa

2. Antes de iniciar esta guía de estudio, ¿qué creías que era un "avivamiento"? ¿Ha cambiado tu forma de ver lo que es un avivamiento?

3. Si leíste los pasajes de la sección "Profundiza en la palabra", ¿cuáles partes te alentaron? ¿Cuáles preguntas, si las hubo, te surgieron?

4. ¿Qué aprendiste de la historia de fe acerca del hombre autosuficiente? ¿De qué cosas tiendes a sujetarte en busca de seguridad, aun cuando sean muy fáciles de perder?

5. El profeta Oseas fue enviado a la nación de Israel. Ellos se habían alejado de Dios y lo habían reemplazado con otras cosas. ¿De qué manera los cristianos hoy reemplazan a Dios con otras cosas?

_____

_____

_____

_____

CÁPSULA +

No leas rápidamente esta Escritura ni los puntos del resumen. Deja que Dios hable a tu corazón. Escucha y responde en la medida en que el Espíritu de Dios te examine.

6. Lee Oseas 10:12–13 en voz alta. Revisa el resumen de los siete puntos del mensaje de Oseas de la página 24. Si estás dispuesto, explica al grupo cómo uno de los puntos del sermón tiene aplicación personal para ti.

_____

_____

_____

7. Cuéntale al grupo acerca de alguien a quien conoces o de quien has escuchado hablar que ha amado de manera abnegada a una persona, aunque esa persona no lo merecía. ¿De qué modo este ejemplo real te ayuda a entender el amor de Dios hacia Sus hijos descarriados?

_____

_____

_____

_____

8. ¿Qué te dice acerca de Dios la idea de que Él inicia el avivamiento en Su pueblo? ¿Qué te dice de ti mismo?

_____

_____

_____

_____

9. La "Preparación de mi corazón para el avivamiento" (día 5) es una herramienta de diagnóstico espiritual que ayuda a evaluar tu propia necesidad de avivamiento personal. Si te sientes cómodo, comparte alguna forma específica en que Dios ha usado este ejercicio para traer convicción o revelar un área de necesidad en tu vida.

_____

_____

_____

Oración por avivamiento

El gozo y la recompensa de caminar de cerca con Dios, buscándole, son inmensos. Abajo tenemos ocho resultados del avivamiento personal. Que una o varias personas los lean en voz alta.

1. **El avivamiento restaura el primer amor.** En tiempos de avivamiento el amor que una vez teníamos revive.

2. **El avivamiento trae un deseo de la Palabra de Dios, la oración, la alabanza y la obediencia.** En la medida en que experimentemos mayor intimidad con Dios, aquellas disciplinas y actividades que una vez temíamos se convierten en un deleite.

3. **El avivamiento resuelve conflictos.** La gracia de Dios nos capacita para humillarnos, admitir actitudes pecaminosas, perdonar a aquellos que nos han herido y buscar el perdón de aquellos a quienes hemos ofendido. La reconciliación—con Dios y las personas—es una marca del verdadero avivamiento.

4. **El avivamiento repara matrimonios divididos.** ¿Conoces alguna situación familiar "sin esperanza": esposos al borde del divorcio o con amargura entre ellos, pero juntos por las apariencias? Cuando hay avivamiento *no hay situación* sin esperanzas.

5. **El avivamiento se lleva toda amargura, temor y preocupación.** "Hemos visto que han sucedido más cosas en su vida en cuatro días que en cuatro años de consejería". Así es como unos padres describieron el cambio drástico en su hija adolescente que anteriormente era rebelde e inmoral. Como sucede muchas veces, esta jovencita llegó a tener gran convicción de los sentimientos de amargura que tenía contra alguien. La razón de su comportamiento rebelde fue obvia cuando comenzó a admitir con honestidad sus heridas y a aceptar la responsabilidad de sus erradas acciones y respuestas. La ira y la amargura pronto perdieron poder en ella y fue liberada.

6. **El avivamiento refresca el espíritu.** ¿Vives constantemente con presión y ansiedad? ¿Has descubierto que las cosas a las que acudes para aliviarte ya no te satisfacen o no te quitan el estrés? Según Hechos 3:19, los "tiempos de refrigerio" vienen de "la presencia de Dios". ¡Qué buena descripción de avivamiento! Dios nos invita a ir a Su presencia. Ahí y solo ahí encontraremos descanso genuino.

> *"El avivamiento no es un simple toque emocional; es control total".*
>
> —Un creyente recién avivado

7. **El avivamiento renueva nuestra mente.** Una vida avivada se caracteriza por un pensamiento centrado en Dios. Empezamos a ver las cosas desde Su perspectiva más que desde nuestro propio punto de vista limitado.

8. **El avivamiento reforma la vida.** Alguien ha descrito el avivamiento como un cambio de mando completo, y Dios regresa a su lugar correcto como Señor de nuestra vida. Los viejos hábitos desaparecen y se establecen nuevos. El resentimiento y la desesperación se entierran y se reemplazan por contentamiento y esperanza. El perdón fluye libremente.

¿Cuál de estos resultados del avivamiento necesitas en particular y deseas ver en tu propia vida?

_____

_____

_____

_____

Agrúpense en cuatro o cinco personas a lo sumo y oren unos por otros en una o más de estas áreas:

- **OREN** para que Jesús se convierta en el primer amor de cada corazón.

- **OREN** para que tengan un mayor deseo de leer y obedecer la Palabra de Dios y de adorarle.

- **OREN** para que se resuelva todo conflicto pendiente.

- **OREN** por la solución de todo conflicto familiar que haya en el grupo.

- **OREN** para que sean libertados de toda amargura, ira y preocupación, y que cada vida se caracterice por el amor, el perdón y la confianza centrada en Dios.

- **OREN** para que cada uno cultive el hábito de volverse a Dios PRIMERO cuando enfrente alguna tribulación.

- **OREN** para que Dios renueve su mente.

- **OREN** para que cada miembro del grupo experimente el verdadero arrepentimiento a medida que "buscan a Dios" juntos en los días que nos quedan por delante.

La humildad:

VAYAMOS A DIOS BAJO SUS CONDICIONES

L a humildad es una virtud más alabada que buscada. ¿Quién quiere considerarse menos? El mundo admira la confianza en uno mismo, la ambición, sí, ¡incluso el orgullo! Sin embargo, la humildad bíblica, reconocerse uno como pecador ante el Dios Santo, es un prerrequisito para iniciar el camino al avivamiento.

Versículo a memorizar

"Porque todo el que se ensalce, será humillado; y el que se humille será ensalzado".

(LUCAS 14:11)

Profundiza en la PALABRA

Salmo 8
Proverbios 8:13; 11:2; 16:18; 29:23
Miqueas 6:6—8
Lucas 18:9—14
Juan 13:1—17

DÍA 1: **Historia de fe**

1 ¿Has conocido a alguien que realmente fuera humilde? ¿Cómo se evidenciaba esa humildad en su vida?

_____

_____

_____

_____

Lee la siguiente historia y contesta las preguntas que siguen.

Yo era un esposo y padre exigente. Estaba convencido de que estaba en buena condición espiritual, pero sentía que los miembros de mi familia tenían serias necesidades espirituales. Creo que parte de la razón por la que sus "problemas" me molestaban eran porque me hacían lucir mal. Después de todo, yo era bien conocido en la comunidad y trabajaba como diácono en nuestra iglesia; quería que mi familia me hiciera lucir bien.

¡No hace falta decir que tenía un gran problema de orgullo!

El avivamiento comenzó en mi vida cuando fui honesto con Dios. Él empezó a trabajar calladamente en mí. Había tenido problemas para dormir, y una noche estuve despierto toda la noche pensando en algo que había hecho años antes y que había tratado de olvidar. Dios me estaba apremiando a que lidiara con eso, algo que yo consideraba un "caso cerrado". Sabía que si hacía lo que Dios me mandaba a hacer corría el riesgo de ir a prisión.

Una vez fui llamado a ser testigo de un juicio federal. Alterado por las motivaciones poco honorables de una de las partes involucradas, decidí que dependía de mí que las cosas se "arreglaran". A propósito empecé a dar respuestas vagas a preguntas directas. No dije "toda la verdad" como juré decir. Así que aquí estaba yo, despierto a mitad de la noche, tratando de razonar con Dios que lo mejor era dejar en el pasado lo pasado. Era muy tarde para eso, ¿de qué serviría?

¡Pero Dios no estaba de acuerdo! Independientemente de qué otras áreas de mi vida yo rendía, ni de lo profundas que fueran las luchas de pecados que confesaba, este asunto específicamente era el que Dios quería que yo atendiera. Finalmente dije: "Sí, Señor". Llamé a la oficina del juez y le expliqué mi situación a su asistente. Le dije que no había sido honesto en el

banquillo de los testigos y que Dios había puesto en mí la necesidad de hacer lo correcto. Estaba preparado para hacer lo que la ley requiriera o recibir el castigo que fuera debido.

Por siete meses no recibí noticias del juez. Eso es una larga espera para alguien que piensa en la posibilidad de ir a prisión. Pero todo era parte del proceso de limpieza de Dios. Finalmente me llamaron a comparecer a hacer una declaración, en la cual sería cuestionado por los abogados de ambas partes. Cuando me enteré del resultado de ese procedimiento habían pasado cinco meses más, y me informaron que ninguna de las partes quería reabrir el caso. ¡Era hombre libre! Una vez más, mi libertad real llegó un año antes cuando Dios comenzó su trabajo en mí vida.

No ha sido todo maravilloso, pero muchas cosas en mi familia y en mi vida han cambiado a medida que Dios continúa pelando las capas de orgullo y desobediencia en mí. Mi familia ahora parece que quiere mi liderazgo, un gran cambio de ser yo quien lo exigía. Las debilidades y necesidades de los demás no me molestan tanto. Siento una nueva compasión y paciencia hacia las personas ahora que he visto la viga en mi propio ojo. Y puedo dormir por la noche.

> "Siete meses es una larga espera para alguien que piensa en la posibilidad de ir a prisión".

> "Dios continúa pelando las capas de orgullo y desobediencia".

2 ¿Qué indicios de orgullo vemos en la vida de este hombre? ¿Qué indicios de humildad?

_____

_____

_____

_____

En preparación para un avivamiento, Dios da convicción a Su pueblo de su pecado y lo llama a que regresen a Él. Un pasaje familiar del Antiguo Testamento nos detalla cómo debemos responder a Dios si deseamos experimentar el avivamiento que Él nos quiere mandar.

> *Si se humillare mi pueblo, sobre el cual mi nombre es invocado, y oraren, y buscaren mi rostro, y se convirtieren de sus malos caminos; entonces yo oiré desde los cielos, y perdonaré sus pecados, y sanaré su tierra.* (2 Crónicas 7:14)

REFLEXIÓN

En su contexto inmediato, 2 Crónicas 7:14 está dirigido a la nación de Israel. Sin embargo, los principios que revela tienen una aplicación atemporal para la vida de cada creyente.

3 Enumera las cuatro condiciones que Dios establece para Su pueblo en este pasaje.

_____

_____

_____

_____

_____

4 ¿Cuál es la primera condición de las cuatro de 2 Crónicas 7:14? ¿Por qué crees que Dios la puso de primera?

_____

_____

_____

_____

_____

DÍA 2: **Encuentro con la verdad**

LA PERSPECTIVA DE DIOS DEL ORGULLO

El orgullo, lo opuesto a la humildad, es el obstáculo más formidable para el avivamiento. El orgullo nos ciega a nuestra verdadera condición espiritual y nos hace pensar mejor de nosotros mismo de lo que debemos. Cuando somos orgullosos nos volvemos más importantes que los demás. Cuando somos orgullosos nos mueve el promovernos a nosotros mismos y el proteger nuestra reputación. El orgullo nos mantiene alejados de Dios.

> **!** CLAVE
>
> El orgullo es un obstáculo para el avivamiento.

5 ¿Qué nos dicen los siguientes pasajes del orgullo? ¿Cómo se manifiesta? ¿Cómo lo ve Dios? ¿Cuáles son las consecuencias de tener un corazón orgulloso?

Salmo 10:4 _____

Salmo 31:23 _____

Proverbios 8:13 _____

Proverbios 11:2 _____

Proverbios 16:18 _____

Proverbios 29:23 _____

Abdías 1:3 _____

Mateo 23:12 _____

Santiago 4:6 _____

6 El orgullo, obviamente, no es un asunto trivial para Dios. ¿Por qué crees que Dios se opone tanto al orgullo humano?

_____

_____

_____

> *"El vicio esencial, el mayor mal de todos, es el orgullo. La falta de castidad, la avaricia, la borrachera son nimiedades en comparación: fue mediante el orgullo que el diablo llegó a ser diablo; el orgullo lleva a todo otro vicio: es completamente una manera de pensar antiDios".*
>
> **—C. S. Lewis**

Con la misma fuerza con la que Dios rechaza el orgullo, así le atrae la humildad, como lo muestra este versículo.

> *Porque así dice el Alto y Sublime*
> *que vive para siempre, cuyo nombre es Santo:*
> *Habito en lo alto y santo,*
> *y también con el contrito y humilde de espíritu,*
> *para vivificar el espíritu de los humildes*
> *y para vivificar el corazón de los contritos.* (Isaías 57:15)

7 ¿Qué crees que significa ser "contrito y humilde de espíritu"?

_____

_____

_____

_____

8 De conformidad con este pasaje, ¿cómo responde Dios a aquellos que son verdaderamente humildes?

_____

_____

_____

_____

Dios decide exaltar al humilde. Promete habitar en íntima comunión con ellos. Los de corazón humilde son candidatos para el avivamiento.

9 Escribe una oración expresando tu respuesta a lo que has visto en la Palabra de Dios hoy acerca del orgullo y la humildad.

_____

_____

_____

_____

DÍA 3: Encuentro con la verdad

DOS REYES, DOS DECISIONES

La inclinación de nuestro corazón hacia el orgullo o la humildad se hace evidente cuando Dios llama a nuestra atención algo en nuestra vida que no le agrada. La forma en que respondemos a Él en momentos de convicción revela la verdadera condición de nuestro corazón. Esto queda ilustrado en la vida de dos reyes del Antiguo Testamento: Roboam y Asa.

Roboam heredó el trono de Israel de su padre, Salomón. En medio de su reinado encontró problemas.

> *¹Cuando el reino de Roboam se había afianzado y fortalecido, él abandonó la ley del Señor y todo Israel con él. ² Y sucedió que en el año quinto del rey Roboam, debido a que ellos habían sido infieles al Señor, Sisac, rey de Egipto, subió contra Jerusalén ³ con mil doscientos carros y sesenta mil hombres de a caballo. Y era innumerable el pueblo que vino con él de Egipto: libios, suquienos y etíopes. ⁴ Y tomó las ciudades fortificadas de Judá y llegó hasta Jerusalén.*
>
> *⁵ Entonces el profeta Semaías vino a Roboam y a los príncipes de Judá que se habían reunido en Jerusalén por causa de Sisac, y les dijo: Así dice el Señor: "Vosotros me habéis abandonado, por eso también yo os abandono en manos de Sisac.* (2 Crónicas 12:1–5)

El corazón de Roboam se llenó de sí mismo y de pecado. Había alejado a la nación de Dios. Dios levantó un enemigo para castigar a Roboam por su rebelión. Dios quería que Roboam entendiera por qué la nación estaba sitiada, así que envió a un profeta a explicarlo. Lee lo que aconteció:

> *⁶ Y los príncipes de Israel y el rey se humillaron y dijeron: Justo es el Señor. ⁷ Cuando el Señor vio que se habían humillado, vino la palabra del Señor a Semaías, diciendo: Se han humillado; no los destruiré, sino que les concederé cierta libertad y mi furor no se derramará sobre Jerusalén por medio de Sisac.* (2 Crónicas 12:6–7)

10 ¿Cómo respondieron Roboam y los líderes del pueblo cuando se les confrontó con su pecado?

_____

_____

! CLAVE

La forma en que respondemos a Él en momentos de convicción revela la verdadera condición de nuestro corazón.

☼ REFLEXIÓN

El faraón Sisac invadió Judá alrededor del 926 a. C. saqueando a Jerusalén y obligando a Roboam a pagar tributos. La versión egipcia de esta invasión enumera más de cien ciudades que fueron capturadas por Sisac. Pero aun así, Jerusalén no fue destruida y Judá no perdió su condición nacional.

11 ¿Cómo respondió Dios cuando su pueblo se humilló? ¿Cómo se benefició toda la nación de la humildad de Roboam?

_____

_____

_____

_____

Ahora veamos al nieto de Roboam, Asa, quien fue rey de Judá tres años después de la muerte de Roboam. Asa tuvo un reinado largo y próspero (la mayor parte del tiempo). La Biblia registra muchas cosas positivas acerca de Asa y su liderazgo. Inició su reinado dando importantes pasos de obediencia.

> _²Y Asa hizo lo bueno y lo recto ante los ojos del Señor su Dios, ³porque quitó los altares extranjeros y los lugares altos, destruyó los pilares sagrados, derribó las Aseras, ⁴ y ordenó a Judá que buscara al Señor, Dios de sus padres y cumpliera la ley y el mandamiento. ⁵También quitó los lugares altos y los altares de incienso de todas las ciudades de Judá. Y bajo él, el reino estuvo en paz. ⁶Y edificó ciudades fortificadas en Judá, ya que el país estaba en paz y nadie estaba en guerra con él durante aquellos años, porque el Señor le había dado tranquilidad. ⁷Dijo, pues, a Judá: Edifiquemos estas ciudades y cerquémoslas de murallas y torres, puertas y barras. La tierra es aún nuestra, porque hemos buscado al Señor nuestro Dios; le hemos buscado, y Él nos ha dado tranquilidad por todas partes. Edificaron, pues, y prosperaron._ (2 Crónicas 14:2–7)

Sin embargo, aun bajo el liderazgo piadoso de Asa, vinieron problemas al reino. El ejército etíope se armó en batalla contra Judá. En su tribulación, Asa confió en Dios. Clamó a Dios y por Su mano, el enemigo huyó. Dios honró la fe de Asa y le afirmó la bendición en su liderazgo. Asa respondió en humildad y la nación profundizó en la fe (véase 2 Crónicas 15).

Años después vino otro enemigo, y esta vez Asa respondió de forma diferente. En vez de confiar en el Señor, Asa acudió a los sirios en busca de ayuda. Dios envió a un profeta a confrontarlo por esta insensatez.

> _⁷En aquel tiempo el vidente Hananí vino a Asa, rey de Judá, y le dijo: Por cuanto te has apoyado en el rey de Aram y no te has apoyado en el Señor tu Dios, por eso el ejército del rey de Aram ha escapado de tu mano. ⁸¿No eran los etíopes y los libios un ejército numeroso con muchísimos carros y hombres de a caballo? Sin embargo, porque te apoyaste en el Señor, Él los entregó en tu mano. ⁹Porque los ojos del Señor recorren toda la tierra para fortalecer a aquellos cuyo corazón es completamente suyo. Tú has obrado neciamente en esto. Ciertamente, desde ahora habrá guerras contra ti._ (2 Crónicas 16:7–9)

REFLEXIÓN

Los israelitas repetidamente cedieron ante la tentación de adoptar la adoración cananea. Los pilares eran usados en la adoración cananea para representar al dios masculino Baal, y unas columnas de madera representaban a la diosa Asera. Los "lugares altos" eran las plataformas donde se llevaban a cabo los rituales paganos. Se usaba incienso en esas adoraciones.

12 ¿Por qué era malo que Asa buscara ayuda en los sirios para hacer frente a sus enemigos?

_____

_____

_____

Aunque había errado grandemente, a Asa se le dio la oportunidad de humillarse, reconocer su error y recibir la misericordia de Dios. La Escritura nos dice luego como respondió al profeta de Dios:

> ¹⁰*Entonces Asa se irritó contra el vidente y lo metió en la cárcel, porque estaba enojado contra él por esto. Y por ese tiempo, Asa oprimió a algunos del pueblo.* ¹²*En el año treinta y nueve de su reinado, Asa se enfermó de los pies. Su enfermedad era grave, pero aun en su enfermedad no buscó al SEÑOR, sino a los médicos.* ¹³*Y Asa durmió con sus padres. Murió el año cuarenta y uno de su reinado.* (2 Crónicas 16:10, 12–13)

13 ¿Qué indicios de orgullo ves en este relato? ¿Cómo afectó el orgullo de Asa sus respuestas y su liderazgo?

_____

_____

_____

_____

14 Roboam y Asa son ilustraciones de la humildad y el orgullo.

¿Cuál rey comenzó a reinar con orgullo y rebeldía? _____

¿Cuál rey acabó su reinado con orgullo y rebeldía? _____

Ambos hombres pecaron. Ambos fueron confrontados con su pecado. Uno aceptó la confrontación como parte de la limpieza del Señor; el otro, como un asalto a su reputación. La humildad restauró a Roboam; el orgullo arruinó a Asa.

15 ¿Cómo respondes normalmente cuando Dios usa a otros para señalarte áreas de pecado en tu vida? ¿Se parece tu respuesta más a la de Roboam o a la de Asa?

_____

_____

_____

_____

_____

> *"Oh hombre, odia el orgullo, huye de él, aborrécelo, ¡no dejes que anide en ti!".*
>
> —C. H. Spurgeon

DÍA 4: **Encuentro con la verdad**

LA HUMILDAD ES NECESARIA

La humildad nunca ha sido popular en los ojos del mundo. Si quieres triunfar, la autoconfianza y autopromoción son, sin lugar a dudas, los consejos que recibes para escalar. Sin embargo, en el reino de Dios, y especialmente en el proceso de avivamiento, la humildad y el quebrantamiento son esenciales.

Humillarnos es el primer paso hacia Dios. Pero ¿cómo hacemos esto? Isaías nos da instrucciones de su experiencia personal.

> [1]En el año de la muerte del rey Uzías vi yo al Señor sentado sobre un trono alto y sublime, y la orla de su manto llenaba el templo. [2]Por encima de Él había serafines; cada uno tenía seis alas: con dos cubrían sus rostros, con dos cubrían sus pies y con dos volaban. [3]Y el uno al otro daba voces, diciendo: Santo, Santo, Santo, es el Señor de los ejércitos, llena está toda la tierra de su gloria. [4]Y se estremecieron los cimientos de los umbrales a la voz del que clamaba, y la casa se llenó de humo. [5]Entonces dije: ¡Ay de mí! Porque perdido estoy, pues soy hombre de labios inmundos y en medio de un pueblo de labios inmundos habito, porque han visto mis ojos al Rey, el Señor de los ejércitos.
>
> [6]Entonces voló hacia mí uno de los serafines con un carbón encendido en su mano, que había tomado del altar con las tenazas; [7]y con él tocó mi boca, y dijo: He aquí, esto ha tocado tus labios, y es quitada tu iniquidad y perdonado tu pecado. (Isaías 6:1–7)

16 Enumera los eventos en el orden en que ocurrieron.

Isaías vio a Dios en Su extraordinaria santidad y majestad.

Isaías confesó su pecado.

Dios perdonó y limpió a Isaías.

Isaías reconoció la profundidad de su propio pecado y se sintió abrumado.

_____

_____

_____

_____

17 ¿Qué aprendes de la experiencia de Isaías acerca del avivamiento personal?

_____

_____

_____

_____

La visión de Dios que tuvo Isaías en el templo es una ilustración del proceso de avivamiento. Como Isaías, cuando renovamos nuestra comprensión de la santidad de Dios, reconocemos la profundidad de nuestra propia maldad. Con un corazón quebrantado y contrito confesamos a nuestros pecados y renunciamos a ellos. Dios responde a nuestra humillación con perdón; nos restaura y nos hace instrumentos utilizables para llevar a cabo sus propósitos en nuestro mundo.

18 La transformación en la vida de Isaías comenzó con una visión de Dios. ¿Cómo es que conocer a Dios y "ver" su gloria y santidad cambian nuestra vida? ¿Qué podemos hacer para tener una mejor perspectiva de quién es Dios realmente?

_____

_____

_____

_____

DÍA 5: **Personalízalo**

Los sacrificios de Dios son el espíritu contrito; al corazón contrito y humillado, oh Dios, no despreciarás (Salmo 51:17). La siguiente lista contrasta el corazón de un orgulloso con el del humilde y contrito de espíritu.

Pídale a Dios que te muestre las características del orgullo que hay en tu corazón. Encierra en un círculo las que apliquen.

"Si alguien quiere adquirir humildad, puedo, creo, decirle cuál es el primer paso. El primer paso es reconocer que uno es orgulloso... si crees que no eres engreído, en verdad eres muy engreído".

—C. S. Lewis

ORGULLO...	HUMILDAD...
1. Me enfoco en los errores de los demás.	**1.** Me sobrecoge el sentido de mi gran pobreza espiritual.
2. Tengo un espíritu crítico; veo las faltas de los demás a través de un telescopio y las mías a través de un microscopio.	**2.** Soy compasivo; tiendo a perdonar todo el tiempo porque reconozco lo mucho que he sido perdonado.
3. Tengo mucha justicia propia; veo a los demás como inferiores a mí.	**3.** Estimo a todos los demás como superiores a mí mismo.
4. Tengo un espíritu independiente y autosuficiente.	**4.** Tengo un espíritu dependiente de los demás; reconozco mi necesidad de los demás.
5. Tengo que probar que tengo la razón.	**5.** No soy contencioso.
6. Reclamo mis derechos; tengo una personalidad exigente.	**6.** Concedo mis derechos; tengo un espíritu manso.
7. Protejo mi tiempo, mis derechos y mi reputación con celo.	**7.** Practico la autonegación.
8. Tengo deseo de ser servido.	**8.** Estoy motivado a servir a los demás.
9. Tengo deseos de hacerme de un nombre o ser reconocido.	**9.** Estoy motivado a ser fiel a los demás y ayudarles a ser exitosos.
10. Deseo avanzar en la vida.	**10.** Deseo exaltar a los demás.

11. Tengo una necesidad grande de ser reconocido y apreciado.

11. Tengo un gran sentido de mi indignidad; me sobrecoge la idea de que Dios pueda usarme a pesar de ello.

12. Me duele cuando otros son promovidos y a mí me ignoran.

12. Me entusiasma dar crédito a los demás y me regocijo cuando ellos son exaltados.

13. Tengo una idea inconsciente de que la compañía para la cual trabajo "es privilegiada de tenerme por todos los talentos que tengo". Pienso en lo que puedo hacer para Dios.

13. Mi corazón dice: "No soy digno de tener este trabajo". Sé que no tengo nada que ofrecerle a Dios excepto lo que en Su gracia me permite hacer.

14. Me siento confiado de lo mucho que sé.

14. Me sobrecoge lo mucho que tengo que aprender.

15. Usualmente estoy pendiente de mí mismo.

15. No me preocupo en lo más mínimo por mí.

16. Mantengo a las personas alejadas.

16. Tiendo a correr el riesgo de acercarme a los demás y me arriesgo a amarles e intimar con ellos.

17. Tiendo a culpar a los demás rápidamente.

17. Acepto mi responsabilidad personal y puedo aceptar cuando estoy equivocado.

18. Cuando soy criticado tiendo a retirarme y defenderme.

18. Recibo la crítica con un espíritu humilde y manso.

19. Me preocupo bastante por lo que los demás puedan pensar de mí; trabajo duro para proteger mi imagen y mi reputación.

19. Me gusta ser genuino; no me interesa lo que piensen los demás, sino lo que piense Dios.

20. Se me dificulta compartir mis necesidades espirituales con otras personas.

20. Siempre estoy dispuesto a ser transparente con los demás cuando Dios me dirige a hacerlo.

"Un hombre verdaderamente humilde es sensible a su distancia natural de Dios, a su dependencia de Él y a la insuficiencia de su propio poder y sabiduría".

—Jonathan Edwards

21. Me aseguro de que los demás no se den cuenta cuando peco; mi instinto es cubrir lo que he hecho.

22. Me cuesta mucho trabajo decir: "Me equivoqué, por favor perdóname".

23. Tiendo a generalizar cuando confieso mis pecados.

24. Me preocupan las consecuencias que pueden tener mis pecados.

25. Tengo remordimiento por mis pecados y me preocupa que me hayan descubierto.

26. Tiendo a esperar que el otro venga a pedirme perdón cuando hay algún conflicto o mal entendido.

27. Tiendo a compararme con los demás y eso me hace sentir que soy digno de honor.

28. Estoy ciego a la verdadera condición de mi corazón.

29. Pienso que no tengo nada de qué arrepentirme.

30. Entiendo que no necesito avivamiento, aunque los demás sí.

21. Una vez he sido quebrantado, no me importa quién se entere; estoy dispuesto a ser descubierto porque no tengo nada que perder.

22. Siempre me apresuro a admitir mis errores y a buscar el perdón cuando es necesario.

23. Cuando admito mis pecados soy bien específico.

24. Me duele enormemente reconocer la raíz de mi pecado.

25. Verdaderamente me arrepiento de los pecados que Dios me muestra; los abandono inmediatamente.

26. Tomo la iniciativa de buscar la reconciliación cuando hay algún malentendido o un conflicto en alguna relación, sin importar cuán equivocada esté la otra parte.

27. Cuando me comparo con la santidad de Dios me siento desesperadamente necesitado de Su misericordia.

28. Camino en la luz.

29. Me doy cuenta de que tengo una necesidad continua en mi corazón de arrepentirme.

30. Continuamente siento la necesidad de refrescarme en la presencia del Señor para ser llenado de Su Espíritu Santo.[1]

¿Cuál es tu coeficiente de orgullo? No debemos esperar a que Dios nos humille. Debemos *humillarnos nosotros mismos*. Cuando lo hacemos, Dios siempre nos recibe con brazos abiertos de gracia y amor. Respóndele a Dios en oración ahora mismo.

- Ponte de acuerdo con Dios acerca de cada indicio de orgullo que Él te ha mostrado con este ejercicio.

- Pídele perdón por tu orgullo, dándote cuenta de que el orgullo en realidad es un intento tuyo de ser "Dios".

- Pídele que te continúe revelando cualquier cosa que muestre orgullo en tu vida.

- Pídele que te muestre los pasos prácticos que puedas dar para humillarte ante Él y ante los demás.

---

[1]Para descargar una versión para imprimir de la lista "Orgullo vs. Humilidad", visite la página de *En busca de Dios* en www.moodypublishers.com y haga clic en la pestaña de Recursos.

> *"Estoy persuadido de que el amor y la humildad son los más altos logros en la escuela de Cristo y las pruebas más brillantes de que Él es realmente nuestro Amo".*
>
> **—John Newton**

LA BÚSQUEDA GRUPAL DE DIOS

Comparte

1. Revisemos:

- ¿Para quién es el avivamiento?
- ¿Por qué quiere Dios avivar a Su pueblo?
- ¿Quién inicia el avivamiento, Dios o nosotros?

"El orgullo es la raíz de todos los demás pecados: la envidia, la contienda, el descontento y todos los obstáculos que pudieran evitar la renovación".

—Richard Baxter

Conversa

2. El hombre de la historia de esta semana decía que el avivamiento personal no le llegó hasta que se humilló delante de Dios y de los demás. ¿Por qué crees que la humildad—ante Dios y los demás—es vital para el avivamiento? ¿Cómo afecta el orgullo el avivamiento?

3. ¿Por qué crees que la familia del hombre respondió mejor a su liderazgo después de que él obedeció a Dios?

4. Nuestro estudio bíblico comparó a dos reyes, Roboam y Asa. ¿Qué aprendiste de la respuesta de cada rey a la palabra de Dios en su vida?

5. ¿Cuáles son algunas de las formas en que el orgullo se manifiesta en nuestra vida? ¿Cómo afecta nuestras relaciones con otras personas?

_____

_____

_____

_____

6. Lee 1 Pedro 5:5–7 en voz alta y contesta las siguientes preguntas:
¿Qué significa estar revestidos de humildad en el trato mutuo?

_____

_____

_____

_____

¿Qué diferencia habría en nuestros hogares, lugares de trabajos e iglesias si todos los creyentes se "revistieran de humildad"?

_____

_____

_____

_____

¿En qué modo Dios se opone al orgulloso?

_____

_____

_____

_____

¿Cómo responde Dios a la humildad?

_____

_____

_____

_____

¿Cómo es que la preocupación y la ansiedad son una expresión de orgullo más que de humildad?

_____

_____

_____

_____

7. Isaías tuvo un encuentro con Dios que cambió su vida cuando vio lo que Dios era (véase Isaías 6). ¿Cómo podemos llegar a ver y a conocer a Dios como Él realmente es?

_____

_____

_____

_____

8. ¿Qué medios ha usado Dios para confrontarte con el pecado en los últimos meses? ¿Cómo respondiste?

_____

_____

_____

9. ¿Cómo te habló Dios mientras leías la lista de orgullo y humildad?

_____

_____

_____

10. Si te sientes cómodo, comparte una expresión de orgullo de la que Dios te haya dado convicción en esta pasada semana. (El deseo de compartir tu respuesta puede ser una manera práctica de humillarte delante del Señor).

_____

_____

_____

_____

Oren por avivamiento

Al cerrar, oren juntos por la continua gracia de Dios para buscarle con humildad. Pídanle Su misericordia en sus vidas individuales y en Su Iglesia. Confiesen indicios específicos de orgullo con los cuales aún luchan. Pídanle a Dios que les haga más sensibles a las manifestaciones de orgullo en sus vidas. Oren por un bautismo de humildad en el cuerpo de Cristo, entre la congregación y los líderes cristianos. Pídanle a Dios que revele Su grandeza de manera que todos se postren ante Él.

"La humildad es el desplazamiento de nuestro ser y la exaltación de Cristo. La humildad significa que Cristo es todo y nuestro ser, nada".

—T. A. Hegre

OPCIONAL

Durante la siguiente semana aparten tiempo para meditar en la santidad de Dios. Quizás quieran leer pasajes específicos de las Escrituras y cantar himnos o coros que enfaticen Su Santidad extraordinaria. Cuando nos enfocamos en lo grande y santo de Dios, nos damos cuenta de lo pequeños y pecadores que somos en comparación.

La honestidad:
EL SILENCIO NO SIEMPRE ES ORO

Buscar a Dios para un avivamiento personal requiere un nivel de honestidad que, a primera vista, puede parecer amedrentador. Cubrir nuestras faltas es un reflejo involuntario. De primera impresión, muchas veces parece la mejor opción. Queremos que los demás piensen lo mejor de nosotros. Sin embargo, la humildad—uno de los pre-requisitos para el avivamiento—requiere que estemos dispuestos a ser honestos con Dios y con los demás acerca de nuestra verdadera condición espiritual.

Versículo a memorizar

"El que encubre sus pecados no prosperará, mas el que los confiesa y abandona hallará misericordia".
(PROVERBIOS 28:13)

Profundiza en la PALABRA

Génesis 3:6—13
Proverbios 30:7—9
Hechos 5:1—11

DÍA 1: **Historia de fe**

1 Piensa en alguna vez en que hayas sido tentado a dejar una mejor impresión de ti mismo de lo que realmente era verdad. ¿Qué hiciste? ¿Por qué?

_____

_____

_____

_____

Lee esta historia acerca de la difícil trayectoria de un hombre por "caminar en la luz" con Dios, su esposa y los demás. Luego contesta las preguntas.

Si eres de mi generación puede que recuerdes la canción "The Great Pretender" (El gran engañador). La escribió Buck Ram y los Platters la cantaban. Pero para vergüenza mía, yo la personificaba.

En enero de 1995, mi esposa y yo estábamos en las últimas. Nuestro matrimonio se había desintegrado al punto que la reconciliación parecía imposible. Habíamos ido a consejero tras consejero; nada parecía ayudar.

Mientras tanto, yo pastoreaba una iglesia metropolitana en crecimiento. Tenía buena reputación en nuestra asociación denominacional estatal y a menudo me llamaban para dar charlas. Por fuera era feliz y exitoso. Internamente estaba confundido. Mi esposa y yo estábamos emocionalmente divorciados y vivíamos cada uno por su lado en nuestra casa.

Por ocho meses, mi esposa no pudo ir a la iglesia porque el pastor, su esposo, era un hipócrita. Muchas veces los domingos en la mañana nos gritábamos y estrellábamos puertas. Me subía en el carro, manejaba hasta la iglesia, y cinco minutos más tarde subía al púlpito y predicaba y fingía. Sabía que un hombre no tiene ministerio si no tiene un ministerio en su casa primero, pero rehusaba aplicar esto a mi vida.

Llegó el momento de tener una cruzada de avivamiento en nuestra iglesia. Sabía que tenía que llamar al equipo de avivamiento y explicarles lo que pasaba. Sugirieron que mi esposa y yo asistiéramos a una cruzada en otra ciudad primero. De este modo estaríamos obligados a concentrarnos en nuestro matrimonio y nuestras necesidades personales. Así que viajamos a la conferencia donde nos registramos en habitaciones de hotel por separado. Durante la primera sesión nos sentamos juntos y nos sentíamos muy

> "Muchos domingos en la mañana nos gritábamos, y cinco minutos más tarde yo subía al púlpito y predicaba".

infelices. Finalmente ella dijo: "Hace ocho meses que no me siento al lado tuyo en la iglesia y no puedo hacerlo ahora". Así que se fue al fondo del auditorio.

El lunes, cada uno se reunió con su líder de equipo. Él no estaba impresionado con mis credenciales ni mi reputación en la iglesia, ni estaba interesado en protegerla. De manera amorosa pero penetrante, me confrontó con la verdad.

No hablamos de mi esposa; hablamos de mí. Finalmente fui forzado a encarar la realidad que por tanto tiempo había negado. Fui retado a hacer una lista de las formas en que había herido el espíritu de mi esposa. Después del número treinta y uno estaba abrumado, y sabía que la lista no estaba para nada completa. Pero había iniciado el camino de la honestidad, y con él, el camino de la reconciliación y la sanidad. En oración delante del Señor lidié con aquellas cosas que enumeré. Luego se las confesé a mi esposa.

De las múltiples formas en que la herí, una en particular trajo mucha convicción. Algunos de nuestros feligreses sabían que ella había tenido luchas emocionales a nuestro regreso del campo misionero. Tanto por mi silencio como por algunas cosas que dije, induje a la congregación a creer que ella era el problema y yo, una víctima. Eso era una hipocresía en grado máximo, pues yo era el verdadero problema.

Al confesar mis muchas faltas y buscar el perdón de mi esposa, Dios comenzó a ablandar su corazón. Descubrí que una esposa tiene una gran reserva de paciencia y comprensión si sabe que su esposo está dispuesto a asumir la responsabilidad de su parte y a ser honesto acerca de sus necesidades y luchas. Cuando llegamos a casa, fuimos directo a nuestra habitación, recuperamos nuestros anillos de bodas (hacía mucho que los habíamos guardado) y nos comprometimos a reconstruir nuestro matrimonio.[1]

"Fuimos directo a nuestra habitación, y recuperamos nuestros anillos de bodas (hacía mucho que los habíamos guardado)".

2 ¿Cómo había engañado este hombre a su esposa, a los demás y a sí mismo? ¿Cuáles fueron las consecuencias?

_____

_____

_____

_____

3 ¿Por qué es tan difícil ser transparentes acerca de nuestras necesidades y fallas con aquellos a quienes tenemos más cerca?

_____

_____

_____

_____

Lee los siguientes versículos del libro de los Salmos.

> ¹SEÑOR, ¿quién habitará en tu tabernáculo?
>   ¿Quién morará en tu santo monte?
> ²El que anda en integridad y obra justicia, que habla
>   verdad en su corazón. (Salmo 15:1–2)

> ³¿Quién subirá al monte del SEÑOR?
>   ¿Y quién podrá estar en su lugar santo?
> ⁴El de manos limpias y corazón puro;
>   el que no ha alzado su alma a la falsedad,
>   ni jurado con engaño.
> ⁵Ese recibirá bendición del SEÑOR,
>   y justicia del Dios de su salvación. (Salmos 24:3–5)

4 ¿Qué crees que significa hablar la verdad en tu corazón? ¿Por qué crees que la honestidad completa con Dios y con los demás es un prerrequisito para disfrutar de una relación de intimidad con Dios?

_____

_____

_____

DÍA 2: **Encuentro con la verdad**
UNA VERDAD COMO UN TEMPLO

Desde que Adán y Eva desobedecieron a Dios, la tendencia de cubrir nuestro pecado ha formado parte de nuestra naturaleza pecaminosa (véase Génesis 3:7–8). No nos tienen que enseñar a esconder o fingir; viene de manera natural. Aun después de haber sido redimidos en Cristo y de que el Espíritu Santo mora en nosotros, a menudo batallamos con el deseo de engañar. Pero Dios no puede bendecir ni avivar un corazón que rehúsa reconocer la verdad.

Ayer leímos dos pasajes del libro de Salmos en los que David expresa la importancia de caminar delante de Dios en la verdad. Esa fue una lección que David aprendió por las malas.

Aunque David fue elegido por Dios para ser un líder, rechazó la ley de Dios y cometió el abominable pecado de adulterio (véase 2 Samuel 11). Sin embargo, aunque fue muy dañino, él podría haberle evitado a su hogar y a su reino muchos meses de angustia si simplemente hubiera decidido ser honesto acerca de su falta. En vez de eso, eligió esconderlo, cubrirlo y negar su mala conducta.

David le mintió a Betsabé, la mujer con la que cometió adulterio. Le mintió a su esposo, Urías. Les mintió a sus guardias. Vivió una mentira frente a su pueblo. Se mintió a sí mismo actuando como si lo que hizo no hubiera sido tan malo, pensando que podía salirse con la suya y que no había una consecuencia mayor que sufrir.

Por encima de todo, David le mintió a Dios tratando de cubrir su pecado y rehusando reconocerlo y confesarlo.

El Salmo 32 es el relato de primera mano de David contándonos el proceso por el cual él descubrió el gozo profundo de experimentar la misericordia y el perdón de Dios. Lee este pasaje y luego contesta las preguntas que siguen.

> *¹¡Cuán bienaventurado es aquel cuya transgresión es perdonada,*
>   *cuyo pecado es cubierto!*
> *²¡Cuán bienaventurado es el hombre a quien el Señor no culpa de iniquidad,*
>   *y en cuyo espíritu no hay engaño!*
> *³Mientras callé mi pecado, mi cuerpo se consumió*
>   *con mi gemir durante todo el día.*
> *⁴Porque día y noche tu mano pesaba sobre mí;*
>   *mi vitalidad se desvanecía con el calor del verano. (Selah)*

REFLEXIÓN

Durante la época de sequía, la tierra de Israel está sometida a grandes vientos sirocos que soplan del desierto. Estos vientos crean una atmósfera caliente y opresiva. Quizás esto es lo que David tenía en mente cuando habló del "calor del verano".

⁵Te manifesté mi pecado,
*   y no encubrí mi iniquidad.*
Dije: Confesaré mis transgresiones al Señor;
*   y tú perdonaste la culpa de mi pecado. (Selah)*

5 En los versículos 3–4, David describe el tormento que pasó mientras vivía la mentira delante de Dios (*"mientras callé mi pecado . . ."*). Completa estas declaraciones de cómo David sufrió por su pecado:

"Mi cuerpo_____"

"tu mano [de Dios] _____"

"mi vitalidad _____"

6 En tus propias palabras, ¿cómo describirías las consecuencias que David experimentó (física, emocional y espiritualmente) como resultado de su resistencia a presentarse limpio delante de Dios?

_____

_____

_____

_____

CLAVE !
Encubrir el pecado es
doloroso y destructivo.

Por casi un año, David vivió con el Espíritu de Dios dándole convicción y presionando en su alma. Guardar silencio acerca de su mal obrar—rehusando confesar su pecado—solo profundizó la angustia en David. Se deterioró física, emocional y espiritualmente.

Si le pasó a David, nos puede pasar a nosotros. Somos tan vulnerables a las trampas del pecado como él lo era, y tan hábiles como él para tratar de enmascarar nuestra falta. Rehusarnos a ser honestos producirá las mismas consecuencias para nosotros que produjo para David. Pero la maravillosa verdad es que ¡*tenemos otra opción*!

7 ¿Qué hizo finalmente David para regresar al Señor y ser liberado del peso de su culpa? (Salmo 32:5)

_____

_____

_____

8 ¿Cómo respondió Dios cuando David finalmente decidió "manifestar" su pecado (v. 5)?

_____

_____

_____

_____

Cuando leemos los versículos que inician el Salmo 32, casi podemos escuchar el gozo y alivio que vuelve al espíritu de David. Cuando finalmente renunció a su orgullo, se humilló y fue honesto con Dios y con los demás acerca de su pecado, el alivio que viene del cielo se derramó sobre él. El peso de su iniquidad fue levantado y perdonado su pecado.

Esa puede ser tu experiencia también. Como indica este pasaje, Dios está dispuesto a cubrir (con la sangre de Cristo) todo pecado que estemos dispuestos a descubrir ante Él. Si David pudo experimentar la libertad y el gozo de una relación restaurada con Dios después de cometer tan grande pecado, ¡tú también puedes conocer esa "bendición"!

Simplemente inicia con lo que tienes a la mano, cualquier pecado con el que Dios te esté dando convicción, sea "grande" o "pequeño". Recuerda, no hay pecado tan grande que Dios no pueda perdonar; ni pecado tan pequeño que te puedas dar el lujo de mantenerlo escondido.

¿Necesitas hacer una pausa ahora mismo y ser honesto con Dios acerca del pecado y el mal en tu vida? ¡Cuán bienaventurado es aquel en cuyo espíritu _no hay engaño_!

> "El avivamiento personal comienza cuando el creyente afronta su pecado con honestidad. Aunque dolorosa, solo la honestidad con Dios y los demás capacitará al cristiano a caminar en pureza y poder".
>
> —Jim Elliff

DÍA 3: **Encuentro con la verdad**
ANDA EN LA LUZ

Habiendo observado de cerca la vida y el ministerio de Jesús, el apóstol Juan se maravilló de la naturaleza autorreveladora de Dios. Escribió esto en su primera carta:

> *⁵Y este es el mensaje que hemos oído de Él y que os anunciamos: Dios es luz, y en Él no hay tiniebla alguna. ⁶Si decimos que tenemos comunión con Él, pero andamos en tinieblas, mentimos y no practicamos la verdad; ⁷mas si andamos en la luz, como Él está en la luz, tenemos comunión los unos con los otros, y la sangre de Jesús su Hijo nos limpia de todo pecado. ⁸Si decimos que no tenemos pecado, nos engañamos a nosotros mismos y la verdad no está en nosotros. ⁹Si confesamos nuestros pecados, Él es fiel y justo para perdonarnos los pecados y para limpiarnos de toda maldad.* (1 Juan 1:5–9)

9 ¿A qué equiparaba Juan a Dios (v. 5)? ¿Qué nos dice esa metáfora sobre Dios?

_____

_____

_____

_____

10 Dice Juan que como Dios es luz, en Él_____

_____ (v. 5). ¿Cuál es la implicación de esta verdad para nuestra relación con Dios?

_____

_____

_____

CLAVE !
Negar el pecado afecta nuestra comunión con Dios.

11 ¿Qué dice Juan acerca de alguien que dice conocer a Dios, pero que persiste en vivir un estilo de vida contrario a Dios? (v. 6)

_____

_____

_____

12 Solo cuando "andamos en la luz" podemos vivir una comunión genuina con Dios y con los demás. ¿Qué crees que significa andar en la luz?

_____

_____

_____

13 ¿Qué puede causar que un hijo de Dios elija cubrir su propio pecado en vez de andar en la luz delante de Dios y los demás?

_____

_____

_____

14 ¿A quién engañamos si nos defendemos y nos declaramos inocentes cuando de hecho hemos pecado? (v. 8) ¿Cómo afecta nuestra relación con Dios y con los demás rehusarnos a andar en la luz?

_____

_____

_____

15 ¿Qué debemos hacer para que nuestros pecados sean perdonados? ¿Con base en qué es Dios "justo" para perdonarnos los pecados?

_____

_____

_____

> *"Si creemos que somos inocentes y que no tenemos necesidad de tener un espíritu quebrantado, no es que esas cosas no estén ahí, sino que no las hemos visto. Hemos estado viviendo en una ilusión sobre nosotros mismos".*
>
> **—Roy Hession**

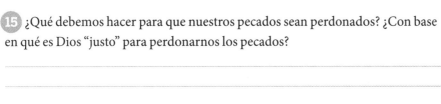 **REFLEXIÓN**

"Confesar" nuestro pecado es reconocer nuestra culpa ante Dios; es ponernos de acuerdo con Él acerca de nuestro pecado.

Juan había conocido el gozo de una relación íntima con Dios a través de Jesucristo y quería que sus lectores también la vivieran. Él nos recuerda que "Dios es luz" y que cuando encubrimos o rehusamos reconocer el pecado en nuestra vida, nos engañamos a nosotros mismos y no podemos disfrutar de la comunión completa con Dios ni con los demás. De hecho, ¡la persona que habitualmente encubre su pecado no tiene garantía de ser hijo de Dios! Por tanto, la disposición a ser honestos y confesar nuestro pecado es una prueba de la salvación genuina y es vital para experimentar el perdón de Dios y la comunión restaurada cuando pecamos como creyentes.

Dios quiere que vivamos en comunión íntima con sus hijos. Eso no es posible a menos que seamos honestos con Él acerca de la verdadera condición de nuestro corazón, que Él la conoce muy bien. No importa lo que hayas hecho, puedes vivir el gran amor y la sublime gracia de Dios.

DÍA 4: **Encuentro con la verdad**

ROMPE EL SILENCIO

El silencio no es oro cuando lo usamos tratando de esquivar la verdad. Todo intento que hacemos de escondernos de Dios, mediante el silencio o la mentira, es absurdo. ¿De verdad creemos que Dios no notará nuestro pecado o nuestro esfuerzo en esconderlo? Aparentemente, sus discípulos pensaban que este era el caso.

> *³³Y llegaron a Capernaúm; y estando ya en la casa, les preguntaba: ¿Qué discutíais por el camino? ³⁴Pero ellos guardaron silencio, porque en el camino habían discutido entre sí quién de ellos era el mayor.* (Marcos 9:33–34)

¿No es increíble que un grupo de hombres tan cercanos a Cristo estuviera de verdad discutiendo quién de ellos era el más importante? Así fue, y Cristo lo oyó. Oyó su discusión y escuchó, en su silencio, las actitudes pecaminosas y orgullosas que movían a cada uno de ellos a querer tener autoridad sobre los demás.

Al preguntar: "¿Qué discutíais por el camino?", Cristo daba a sus discípulos la oportunidad de limpiarse, de "andar en la luz" con Él. En vez de eso, se cerraron, esperando, sin duda, evitar decir la verdad. Pero una mentira por omisión es también una mentira.

16 ¿Por qué razón esperaría Cristo para hablar con los discípulos en vez de interrumpirlos mientras aún estaban hablando? ¿Por qué la espera para confrontarlos?

_____

_____

_____

_____

Los discípulos no fueron los primeros en tratar de esconder su pecado. Adán y Eva hicieron el mismo intento fallido:

> *⁸Y oyeron al Señor Dios que se paseaba en el huerto al fresco del día; y el hombre y su mujer se escondieron de la presencia del Señor Dios entre los árboles del huerto. ⁹Y el Señor Dios llamó al hombre, y le dijo: ¿Dónde estás?* (Génesis 3:8–9)

Después de tomar parte en lo que Dios había prohibido, Adán y Eva perdieron su inocencia y descubrieron su culpa… y su desnudez. Inmediatamente se

> **! CLAVE**
>
> Nuestro instinto natural es evitar decir la verdad sobre nosotros mismos.

dispusieron a ocultarse, cociendo hojas de higos y buscando la forma de confundirse con el paisaje.

¿Alguna vez has pensado lo ridículo que fue que Adán y Eva pretendieran que un árbol o arbusto los escondería de Dios? ¿Alguna vez has pensado lo ridículo que es que tú y yo creamos que con silencio acerca de nuestro pecado podemos despistar a Dios?

Así de interesante también es la pregunta de Dios: ¿Dónde estás? (v.9). Claro que Dios sabía exactamente dónde estaban Adán y Eva; ¡Él lo había visto todo! Sabía lo que habían hecho y sabía dónde se estaban escondiendo.

17 ¿Por qué crees que Dios le preguntó a Adán: "¿Dónde estás?" en vez de decirle que había visto todo lo que había hecho?

_____

_____

_____

_____

18 ¿Qué nos enseña esto acerca de la manera en que Dios trata con nosotros cuando hemos pecado?

_____

_____

_____

_____

En su fidelidad, Dios les da a sus hijos descarriados la oportunidad de arrepentirse. Él quiere que rompamos el silencio y admitamos nuestras faltas o actitudes pecaminosas. Puede que haga esto mandando a uno de sus siervos a confrontarnos (como Cristo confrontó a sus discípulos), permitiendo que suframos la consecuencia de nuestro pecado, o dejándonos experimentar la profundidad de su amor y misericordia. Sea cual fuere la manera que Dios llama nuestra atención, la mejor respuesta a Dios es la honesta. La honestidad es liberadora.

La Escritura nos recuerda que somos responsables ante un Dios que todo lo ve y todo lo sabe. Podemos estar seguros de que todo intento por ocultar nuestro pecado fallará.

> _²Y nada hay encubierto que no haya de ser revelado, ni oculto que no haya de saberse._ (Lucas 12:2)

¹³Y no hay cosa creada oculta a su vista, sino que todas las cosas están al descubierto y desnudas ante los ojos de aquel a quien tenemos que dar cuenta. (Hebreos 4:13)

19 A la luz de todo lo que has hecho, dicho o pensado, ¿cómo te hacen sentir estos versículos? ¿Te afirman o te hacen sentir incómodo?

_____

_____

_____

_____

En los versículos que anteceden a Hebreos 4:13 vemos que es para nuestro bien y por la misericordia de Dios que Él nos revela la verdad sobre nosotros, no importa lo vergonzosa que esa verdad pueda ser. Aprendemos que la razón por la que Dios revela nuestros pensamientos, acciones y motivos es traernos paz (reposo, Hebreos 4:11–12). Dios no es un "*abusador*"; es un Salvador. Él no puede ser blando ante el pecado. Su justicia requiere una santidad que nosotros, en nuestra humanidad, no tenemos la capacidad de alcanzar. Las exigencias de la justicia de Dios han sido satisfechas mediante la muerte sacrificial y sustitutoria de Cristo en la cruz. Sin embargo, debemos limpiarnos ante Él; debemos confesar. El silencio solo condena manteniéndonos culpables.

Piensa en esto… confesar nuestro pecado—romper el silencio—nos conduce al perdón y la limpieza de Dios. Así que, ¿por qué escondernos? ¿Por qué mantenernos en silencio?

Si algo hay en tu vida que sabes es desagradable a Dios, alguna actitud o conducta pasada, ¿tratas de esconderla de Dios esperando que Él la pase por alto? ¿Está Dios llamándote a que rompas hoy ese silencio?

> **! CLAVE**
> La honestidad sobre nuestro pecado abre la puerta para que experimentemos la sublime gracia de Dios.

DÍA 5: **Personalízalo**

Los cristianos que buscamos avivamiento tenemos un enemigo en esta lucha con el engaño. Jesús le llamó "mentiroso y padre de toda mentira" (Juan 8:44). El Dr. Bill Elliff hace la siguiente observación:

> *El diablo exitosamente ha logrado enseñarnos que hay algún beneficio al mentir[…] seremos más respetados, más apreciados, viviremos más cómodamente si encubrimos la verdad. De ningún modo debemos admitir quiénes somos en realidad. (¡Imagínate cómo podría eso arruinar nuestra reputación!).*
>
> *¡El enemigo miente sobre la mentira! Su misma naturaleza le impide decir la verdad sobre los beneficios de la verdad. En realidad, la fuente de la verdad produce una ola de resultados de redención. La honestidad es tan refrescante como el manantial en la montaña y es el medio de Dios para lavar y purificar nuestra vida hipócrita.[2]*

Sí, es cierto que tenemos un enemigo fuerte, ¡pero el poder de Cristo aún es más fuerte! Aparta un tiempo para meditar en los siguientes pasajes y responde en oración a las preguntas de abajo. Al hacerlo, permite que el Espíritu Santo examine tu corazón. Pídele a Dios que te muestre toda área en la que no estés andando en la luz con Él, contigo mismo o con los demás. Agradécele Su gracia y poder para limpiar y avivar los corazones honestos.

Honestidad con Dios

He aquí, tú deseas la verdad en lo más íntimo… (Salmo 51:6)

- ¿Participo a veces en oraciones o alabanzas corporativas mientras mi corazón está frío, indiferente o resistente a la voz del Señor?

- ¿Son mis oraciones honestas? ¿Uso palabras que creo impresionarán a Dios, o me comunico con Él honestamente, expresándole mis verdaderos sentimientos y deseos?

- ¿Lo honro en ocasiones con mis labios solamente, mientras mi mente y mi corazón están lejos? ¿En qué estoy pensando verdaderamente mientras oro?

- Cuando debo orar en público, ¿soy consciente de la presencia de Dios o estoy más pendiente de que los demás me están escuchando?

- ¿Sirvo a Dios con un corazón de amor y devoción genuinos o tengo un deseo sutil y secreto de ser reconocido y aplaudido?

- ¿Sirvo a Dios para glorificarlo a Él o para impresionar a otros? (Mateo 5:16).

- ¿Me apresuro a ponerme de acuerdo con Dios cuando el Espíritu me muestra un pecado, o tiendo a racionalizarlo, justificarlo y defenderme?

- ¿Veo mi pecado tal cual Dios lo ve, o tiendo a verlo como "debilidades" o "problemas" o "peculiaridades de personalidad"?

- ¿Amo tanto la verdad que de forma regular y activa le pido a Dios que escudriñe mi corazón para que me revele si hay algo que no le complace?

Honestidad conmigo mismo

Sed hacedores de la palabra y no solamente oidores que se engañan a sí mismos. (Santiago 1:22)

- ¿Acaso hay verdades en la Palabra de Dios que reconozco que están en mi cabeza o que le "predico" a otros, pero que no estoy practicando en mi vida?

Si decimos que no tenemos pecado, nos engañamos a nosotros mismos y la verdad no está en nosotros. (1 Juan 1:8)

- ¿Ignoro, me resisto o niego la convicción que el Espíritu Santo o la Palabra de Dios me traen en relación con mi pecado?

Porque si alguno se cree que es algo, no siendo nada, se engaña a sí mismo. (Gálatas 6:3)

- ¿Tengo una mejor autoestima de lo que Dios sabe que soy? ¿Acaso tengo una idea inflada de mis talentos y dones y de mi valor delante de Dios y delante de los demás?

Honestidad con los demás

Por tanto, dejando a un lado la falsedad, HABLAD VERDAD CADA CUAL CON SU PRÓJIMO, porque somos miembros los unos de los otros (Efesios 4:25)

- ¿Trato de producir en los demás una mejor impresión de lo que es honestamente genuino?

- ¿Trato de producir en los demás la impresión de que soy espiritualmente más maduro y comprometido de lo que en realidad soy?

> *"Nada puede entrar en el cielo que no sea real; nada erróneo, equivocado, engreído, hueco, profesional, pretencioso, insustancial puede entrar por sus puertas. Solo la verdad puede morar con el Dios de verdad".*
>
> —C. H. Spurgeon

*"La única base para la
verdadera comunión
entre Dios y el hombre
es vivir abiertamente
con ambos ".*

—Roy Hession

- ¿Estoy permitiendo que mi cónyuge crea que soy moralmente puro y fiel cuando en realidad he fallado moralmente?

- ¿Estoy encubriendo mis pecados del pasado en lugar de tratar con ellos de forma bíblica?

- ¿Estoy ocultando a mi cónyuge, padres, profesor, jefe, etc., pecados o fracasos específicos?

- ¿Me comunico amablemente con ciertas personas mientras en mi corazón albergo resentimientos o amargura hacia ellas?

- ¿Construyo barreras para que las personas no puedan ver claramente quién soy? ¿Estoy dispuesto a permitir a los demás entrar en mi vida, a ser honesto sobre mis necesidades espirituales, a pedir oración para esas necesidades y a rendir cuentas a los demás en las áreas donde necesito crecer o cambiar?

---

[1] La historia de fe en esta Lección 3 ha sido adaptada de "The Great Pretender," *Spirit of Revival*, vol. 25, no. 1, septiembre de 1995, publicado por Life Action Ministries, pp. 15–16.

[2] Bill Eliff, "When I Kept Silent", *Spirit of Revival*, vol. 25, no. 2, septiembre de 1995, publicado por Life Action Ministries, p. 20.

La Búsqueda Grupal de Dios

Comparte

1. ¿Qué parte de este estudio o de las Escrituras fueron las que te ayudaron mejor a entender lo que es el avivamiento en tu vida? ¿Por qué?

_____
_____
_____
_____
_____

Conversa

2. El pastor en la historia de fe admitió que había engañado a otros por lo que NO dijo. ¿De qué forma podemos ser deshonestos con las personas?

_____
_____
_____
_____
_____

3. ¿Cuáles son algunas de las áreas de nuestra vida que con más frecuencia tratamos de esconder de los demás?

_____
_____
_____
_____
_____

4. La honestidad trabaja en ambas direcciones. ¿Por qué piensas que otros sentirían miedo de ser honestos con nosotros? ¿Qué podemos hacer para crear mayor libertad en el Cuerpo de Cristo para ser honestos unos con otros?

_____
_____
_____
_____
_____

5. Nombra algunos de los beneficios de una vida transparentemente honesta. Enumera algunos de las posibles consecuencias de negarte a vivir una vida abierta ante Dios y los demás.

_____

_____

_____

_____

6. ¿Te acuerdas de algún personaje bíblico cuya vida ilustre ya sea la insensatez de fingir o la bendición de una vida de honestidad y transparencia? Discute tus respuestas.

_____

_____

_____

_____

7. Lee el Salmo 32:1–5 en voz alta. Describe la condición de David mientras vivía una mentira.

_____

_____

_____

_____

Describe la condición de David después de ser honesto y confesar.

_____

_____

_____

_____

¿Qué prueba ves de una confesión completa, no parcial, de parte de David, y de perdón de parte de Dios?

_____

_____

_____

_____

8. Lee 1 Juan 1:5–9 en voz alta. ¿Cómo nos beneficia a nosotros como personas el "andar en la luz"?

_____

_____

_____

_____

¿Cómo se beneficia el Cuerpo de Cristo cuando sus miembros "andan en la luz"?

_____

_____

_____

9. ¿Cuando leíste las preguntas de la sección "Personalízalo" el día 5, hubo algún área en particular de deshonestidad con Dios, contigo o con los demás que Dios te señalaba?

_____

_____

_____

_____

+ CÁPSULA

"La honestidad produce honestidad". Cuando alguien se vuelve honesto con hermanos y hermanas en Cristo y es amado y apoyado, entonces otros también comenzarán a perder el miedo de ser honestos. El andar en la luz restaura y preserva la unidad en la Iglesia.

Ora por avivamiento

Para cerrar, formen grupos de dos o tres. Pasen unos minutos "andando en la luz" unos con otros. Permitan que cada persona comparta por lo menos una necesidad espiritual de su vida: quizás un área de su carácter que no sea como Jesús, un pecado particular con el que luche, alguna relación que necesite resolverse, etc.

Sé tan abierto y específico acerca de tu necesidad como el Señor te dé la libertad de ser; claro, no hables mal de otro ni divulgues detalles de pecados que fueran inapropiados para decir a los demás.

Después que cada persona que quiera compartir lo haya hecho, oren unos con otros acerca de las necesidades que han compartido.

Según el Señor los dirija, oren unos por otros durante la semana y ríndase cuentas de esas áreas.

Arrepentimiento:

EL GRAN CAMBIO

Hemos aprendido que la humildad y la honestidad proveen tierra fértil donde las semillas de la gracia y el avivamiento pueden crecer y dar fruto. El siguiente paso es responder a la convicción que nos da Dios del genuino arrepentimiento. El concepto de arrepentimiento resulta muy extraño para las mentes modernas. Entonces, ¿qué es arrepentimiento? ¿Cuál es su rol en la vida de un hijo de Dios? ¿Cómo sabemos si realmente nos hemos arrepentido? Este estudio explorará estas preguntas.

Versículo a memorizar

"Crea en mí, oh Dios, un corazón limpio, y renueva un espíritu recto dentro de mí". **(SALMO 51:10)**

Profundiza en la PALABRA

Salmo 51
Ezequiel 18:30—32
Lucas 15:1—7
Hechos 3:17—20

DÍA 1: **Historia de fe**

1 ¿Qué imágenes, sentimientos o reacciones vienen a tu mente cuando piensas en "arrepentimiento"?

_____

_____

_____

_____

> Comencé a estar de acuerdo con Él acerca de mis pecados[...] Literalmente volví a la vida.

Lee la siguiente historia sobre la experiencia de arrepentimiento de una mujer, y luego contesta las preguntas que siguen.

Después de 23 años de participación activa en la iglesia, estaba exhausta. Estaba cansada de tratar de vivir la vida cristiana, y en mi corazón sabía que solo de boca estaba sirviendo al señorío de Cristo. Mi corazón se había vuelto frío y se había endurecido. Pensé en escapar a través del sueño (por años había sido adicta a medicamentos de venta sin receta para dormir), pasatiempos, novelas, televisión, cualquier cosa para llenar el vacío y evitar enfrentar la esterilidad de mi vida.

Sabiendo que estaba deprimida y me sentía desgraciada, mi esposo intentó ayudar. Pero yo estaba convencida de que a él no le importaba (¡Satanás ayudó a perpetuar esa mentira!). Lo culpé a él por la tristeza y superficialidad de mi vida. Pensé que si él fuera diferente, entonces yo sería diferente y nuestro matrimonio y ministerio también serían diferentes. Empecé a vivir en un mundo de fantasías, imaginándome qué tal sería salir de mi matrimonio. Seriamente le di cabida a pensamientos acerca del divorcio.

Finalmente, me desesperé tanto que clamé a Dios pidiéndole que obrara en mi vida. ¡Y Él me oyó! Respondió mis súplicas demostrándome la verdad acerca de mi corazón y mi vida. Me mostró mi orgullo, que me llevó a pensar que yo merecía a alguien mejor. Me mostró que mi enojo y amargura hacia mi esposo estaban en realidad diciendo: "Dios, tú cometiste un error en la persona que me diste como esposo".

Mientras el Espíritu de Dios trabajaba en mi corazón, comencé a estar de acuerdo con Él acerca de mis pecados de orgullo y amargura. Dios me capacitó para dejar de culpar a mi esposo y a otros por mi condición. Literalmente volví a la vida. Comencé a alejarme de las cosas de las cuales

dependía, en vez de depender de Él. Deposité en "el altar" mis pastillas para dormir, y Dios en Su gracia me liberó de la esclavitud que había experimentado por años. Me liberó de años de resentimiento hacia mi esposo y me dio un nuevo amor por él. ¡Dios realmente revivió mi corazón![1]

2 ¿Qué "claves" ves en la historia de esta mujer que le permitieron abrir la puerta para experimentar un avivamiento personal?

_____

_____

_____

_____

3 ¿Por qué regularmente culpamos a otros o a nuestras circunstancias de nuestra condición espiritual?

_____

_____

_____

_____

4 Lee el Salmo 51:1–6. Nota la total ausencia de justificaciones de parte de David, una vez que Dios le dio convicción de pecado. ¿Por qué es tan importante aceptar toda la responsabilidad por nuestros pecados?

_____

_____

_____

_____

5 Salmo 119:59 ofrece una buena definición del arrepentimiento: _"Consideré mis caminos, y volví mis pasos a tus testimonios"_. ¿Cómo ilustra la historia de esta mujer un genuino arrepentimiento?

_____

_____

_____

_____

DÍA 2: **Encuentro con la verdad**
EL LLAMADO AL ARREPENTIMIENTO

El rol del arrepentimiento puede verse en la historia de todo movimiento de avivamiento. Uno de estos fue en Rumania en la década de los setenta. Los cristianos rumanos fueron una vez ridiculizados como los "Arrepentidos", con base en el énfasis que le daban al arrepentimiento como parte esencial de la conversión. Había una iglesia en el pueblo de Oradea que languidecía desde hacía un tiempo. Entonces Dios llamó a un piadoso pastor para ir al área; él estaba comprometido con la oración. Empezó a predicar sobre el tema "Los arrepentidos deben arrepentirse".

Dios comenzó a moverse en sus corazones, y los cristianos hicieron un "pacto de arrepentimiento". Accedieron a abstenerse del alcohol en cualquier presentación y de mentirles a sus empleadores. (Ambas eran prácticas muy comunes y fueron las acciones sobre las cuales la convicción de Dios fue más intensa). Estos creyentes rumanos tomaron en serio su renuncia al estilo de vida que era común entre los incrédulos a su alrededor.

La región pronto ardió en un avivamiento y despertar espiritual. Muchos se convirtieron y se bautizaron. Se estableció una escuela universitaria bíblica que se convirtió en la mayor productora de líderes de iglesias de Europa del Este. Varios años más tarde, cuando el régimen comunista se derrumbó, los que estaban formando el nuevo gobierno pensaron en el consejo de los líderes de las iglesias de Oradea. La influencia de los "Arrepentidos" se sintió por toda aquella parte del mundo.

Como nuestros hermanos rumanos, todo hijo de Dios que le busca de todo corazón debe darse cuenta de que el arrepentimiento no es una opción sino un requisito. Dios dice: "…Volved a mí y yo volveré a vosotros…" (Malaquías 3:7). El acto de volverse a Dios, renunciar al pecado conocido y obedecer lo que Él dice es arrepentimiento. Ese es un paso crucial para todos los que estén buscando a Dios para avivamiento.

Los llamados de arrepentimiento abundan por toda la Biblia. En el Antiguo Testamento, las naciones de Israel y Judá repetidamente se desviaban del Señor, y cada vez Dios enviaba mensajeros para suplicar a su pueblo que se volviera a Él.

Este mismo mensaje es un tema prominente en todo el Nuevo Testamento también, desde el principio hasta el final.

CLAVE !

El avivamiento requiere arrepentimiento.

CLAVE !

El arrepentimiento conlleva volverse al Señor, renunciar al pecado y obedecer a Dios.

6 Lee Mateo 3:2 y 4:17. ¿Cuál fue el mensaje predicado por Juan el Bautista y el Señor Jesús?

_____

_____

_____

_____

7 Lee Apocalipsis 2:5,16, 21–22; 3:3,19. En este último libro de la Biblia, ¿cuál es la exhortación que Jesús hace a las iglesias una y otra vez?

_____

_____

_____

_____

8 ¿Cuántas veces tiene una persona que arrepentirse para tener una buena relación con Dios?

- ❏ Una vez, cuando la persona cree en Cristo para salvación.
- ❏ Durante servicios especiales en la iglesia cuando otros están también "rededicando" su vida a Dios.
- ❏ Diariamente, para tener cuentas claras con Dios.
- ❏ Al momento de recibir salvación y en cualquier otro momento en que Dios traiga convicción de pecado a la persona.

Una actitud de arrepentimiento es crucial en nuestro paso inicial hacia Cristo para obtener salvación. Los apóstoles del Nuevo Testamento pidieron tanto a los judíos como a los griegos responder en "arrepentimiento hacia Dios y fe en el Señor Jesucristo" (Hechos 20:21). Para convertirse al cristianismo, la persona debe arrepentirse, _alejarse_ de su vieja forma de vida y volverse a Cristo para obtener perdón y salvación.

Sin embargo, el arrepentimiento no se termina ahí. Esta misma actitud es necesaria a lo largo del desarrollo de nuestra relación con Dios. Los cristianos seguirán siendo tentados a pecar aunque hayan sido creados de nuevo. Algunas veces cederán ante la tentación y pecarán. Sin embargo, la inclinación de aquellos que son de la familia de Dios será la de confesar humildemente y renunciar al pecado cuando sean confrontados con él en su vida.

En un punto de su ministerio, el apóstol Pablo se vio forzado a enviar una fuerte carta disciplinaria a la iglesia de Corinto para tratar un asunto en particular que necesitaba ser corregido. En la segunda carta a los corintios, él elogia a los

! CLAVE

El arrepentimiento es tanto para los cristianos como para los no cristianos.

cristianos de allí por responder a su anterior reprimenda con profundo pesar y genuino arrepentimiento.

> ⁹ Pero ahora me regocijo, no de que fuisteis entristecidos, sino de que fuisteis entristecidos para arrepentimiento; porque fuisteis entristecidos conforme a la voluntad de Dios, para que no sufriérais pérdida alguna de parte nuestra.
>
> ¹⁰ Porque la tristeza que es conforme a la voluntad de Dios produce un arrepentimiento que conduce a la salvación, sin dejar pesar; pero la tristeza del mundo produce muerte.
>
> ¹¹ Porque mirad, ¡qué solicitud ha producido en vosotros esto, esta tristeza piadosa, qué vindicación de vosotros mismos, qué indignación, qué temor, qué gran afecto, qué celo, qué castigo del mal! En todo habéis demostrado ser inocentes en el asunto. (2 Corintios 7:9–11)

9 Los creyentes corintios hicieron más que solamente *profesar* arrepentimiento. ¿Cuál fue la prueba de que estaban realmente arrepentidos sobre este asunto?

_____

_____

_____

_____

10 Con base en este pasaje, ¿cómo describirías la diferencia entre sentir *remordimiento* por el pecado ("pena mundana") y estar arrepentido del pecado ("pena que viene de Dios")?

_____

_____

_____

_____

Desde el punto de la regeneración hasta el día en que finalmente somos libres de la presencia del pecado, la actitud de nuestro corazón siempre debería ser: "Señor, yo estoy dispuesto a renunciar a todo pecado que tú me muestres con tal de tener un corazón puro que te glorifique".

En otras palabras, una vez arrepentido, siempre serás un arrepentido.

"El creyente en Cristo es una persona que se arrepiente cada día de su vida: comienza con arrepentimiento y termina con arrepentimiento".

—Jim Eliff

DÍA 3: **Encuentro con la verdad**
UN CAMBIO DE MENTALIDAD

Antes de que el pecado se materialice, está primero en el pensamiento. Llamamos a esto ser *tentado*. Si no pedimos a Dios que nos ayude y nos libere en estos momentos de tentación, o si nos permitimos ser indulgentes con esos pensamientos pecaminosos en nuestra mente, a la larga terminaremos pecando.

Una vez que pecamos, Dios nos da los medios para escapar de la tentación y del control que ejerce el pecado a través del Espíritu Santo que mora en nosotros. Llamamos a esto convicción, ese "llamado interno" de dar marcha atrás y cambiar de dirección cuando hemos pecado.

Justo cuando el pecado comienza en nuestra mente (como una tentación), así mismo comienza el arrepentimiento en nuestra mente mientras el Espíritu Santo nos da convicción. La mente es una parte crucial de nuestra anatomía espiritual, como nos enseñan los siguientes versículos:

[Jesús] le dijo: "Amarás al Señor tu Dios con todo tu corazón, y con toda tu alma, y con toda tu mente". (Mateo 22:37)

¹Por consiguiente, hermanos, os ruego por las misericordias de Dios que presentéis vuestros cuerpos como sacrificio vivo y santo, aceptable a Dios, que es vuestro culto racional. ²Y no os adaptéis a este mundo, sino transformaos mediante la renovación de vuestra mente, para que verifiquéis cuál es la voluntad de Dios: lo que es bueno, aceptable y perfecto. (Romanos 12:1–2)

11 ¿Cuál es el rol que tiene nuestra mente en nuestro objetivo de agradar a Dios y de parecernos a Cristo?

Ya que respondemos a los asuntos espirituales con nuestra mente primero, la "renovación de nuestra mente" debe incluir entrenamiento en:

- reconocer y huir de las tentaciones, y
- responder rápidamente a la convicción que nos da el Espíritu Santo.

REFLEXIÓN

La palabra griega *metanoeo*, traducida como *arrepentimiento* en el Nuevo Testamento, significa "pensar diferente acerca de algo o cambiar de mentalidad".

CLAVE

El arrepentimiento empieza en la mente como convicción de pecado.

12 ¿Cómo podemos entrenar nuestra mente para resistir la tentación y responder a la convicción del Espíritu?

_____

_____

_____

"El arrepentimiento es dejar el pecado que amábamos antes y mostrar que estamos seriamente afligidos no volviendo a él nunca más".

—C. H. Spurgeon

Una vez que el Espíritu nos convence de pecado, ¿cómo sabemos si realmente nos hemos arrepentido? Lee los siguientes pasajes para encontrar las respuestas.

Juan el Bautista advirtió a la gente:

> *Por tanto, dad frutos dignos de arrepentimiento.* (Mateo 3:8)

En el libro de Apocalipsis, Jesús dice a la iglesia de Éfeso:

> *⁴Pero tengo esto contra ti: que has dejado tu primer amor. ⁵Recuerda, por tanto, de dónde has caído y arrepiéntete, y haz las obras que hiciste al principio; si no, vendré a ti y quitaré tu candelero de su lugar, si no te arrepientes.* (2:4–5)

CLAVE !

Un arrepentimiento real influye en la conducta.

13 De acuerdo con estos versículos, ¿cuál es la prueba de que realmente te has arrepentido?

- ❏ Sentirme mal por el pecado.
- ❏ Confesar mi pecado y decir: "Lo siento".
- ❏ Un cambio en mi conducta.

El arrepentimiento no puede considerarse genuino si no hay una prueba externa, un cambio de conducta. No es solo una cuestión de sentirse mal por el pecado. Si el arrepentimiento es real será visible. La manifestación externa del arrepentimiento puede ser instantánea o puede verse con el tiempo. El tiempo para que se dé un cambio real puede depender de la naturaleza del pecado y del tiempo que lo practicamos, o de cualquier otra variable. Pero tarde o temprano habrá un cambio de conducta.

14 Por lo que has estudiado hasta ahora, escribe una breve descripción de "cómo es" el arrepentimiento en la vida de un creyente. (Tal vez quieras memorizar la simple definición sugerida aquí).

_____

_____

_____

_____

15 Brevemente describe un momento en tu vida, desde que te convertiste, en que hayas dejado tu "primer amor" o que Dios te haya dado convicción de algún pecado en particular y te hayas arrepentido realmente. ¿Qué tenía de malo tu forma de pensar o la dirección que habías tomado? ¿Cómo cambiaron tu pensamiento y tu conducta como prueba de tu arrepentimiento?

DEFINICIÓN

El arrepentimiento es un cambio de mentalidad que resulta en un cambio de conducta.

DÍA 4: **Encuentro con la verdad**
RESPUESTA AL LLAMADO DE DIOS

El llamado de Dios al arrepentimiento puede que no sea una experiencia fácil ni placentera. Algunas veces, Él usa nuestra propia conciencia para convencernos. Otras veces puede dejar que "nos descubran". Él incluso puede enviar a uno de sus servidores a que nos reprenda. Independientemente de cómo Dios trate con nuestro pecado, es importante que entendamos tres cosas:

1. *El simple hecho de que Dios revele el pecado en nuestra vida y nos apremie a arrepentirnos es una prueba de Su gran amor, misericordia y bondad.* Aun en la vida de un cristiano, el pecado lleva a la destrucción. Algo en nuestra vida se destrozará como resultado de nuestro pecado no confesado. Dios no quiere eso para sus hijos y nos "herirá" temporalmente, si es necesario, con tal de restaurarnos. No nos dejará en el camino de la destrucción sin ofrecernos una oportunidad de arrepentirnos (véase Romanos 2:1–10).

2. *El mejor momento para responder a Dios es el momento en que nos da convicción.* Mientras más nos tardemos, más resistencia hagamos a su Espíritu, y más difícil se hará el humillarnos y arrepentirnos.

3. *Dios nunca nos pide que hagamos algo para lo cual no nos haya dado la gracia primero para hacerlo.* En términos del arrepentimiento, esto significa que independientemente de lo fuerte que sea nuestra dependencia del pecado o el tiempo que hayamos estado involucrado con él, por Su gracia Dios nos puede liberar (véanse 1 Corintios 10:13 y 2 Corintios 12:9).

Para poder mantener un estilo de vida de arrepentimiento, debemos mantener nuestro corazón en una postura de humildad. Los corazones orgullosos no responden bien a Dios, una verdad que se demuestra en la vida del rey Uzías. Lee el pasaje a continuación y luego contesta las preguntas que siguen.

> *³ Uzías tenía dieciséis años cuando comenzó a reinar, y reinó cincuenta y dos años en Jerusalén. El nombre de su madre era Jecolías, de Jerusalén. ⁴ E hizo lo recto ante los ojos del Señor, conforme a todo lo que su padre Amasías había hecho. ⁵ Y persistió en buscar a Dios en los días de Zacarías, quien tenía entendimiento por medio de la visión de Dios; y mientras buscó al Señor, Dios le prosperó.*

CLAVE !
Cuando Dios nos llama al arrepentimiento, es hora de actuar.

"Mientras más reconocemos nuestra deuda con la gracia de Dios, y mientras más vemos los sufrimientos de Cristo para hacer efectiva nuestra redención, más odiamos el pecado y más nos lamentamos de haber caído en él".

—C. H. Spurgeon

¹⁶ Pero cuando llegó a ser fuerte, su corazón se hizo tan orgulloso que obró corruptamente, y fue infiel al Señor su Dios, pues entró al templo del Señor para quemar incienso sobre el altar del incienso. ¹⁷ Entonces el sacerdote Azarías entró tras él, y con él ochenta sacerdotes del Señor, hombres valientes, ¹⁸ y se opusieron al rey Uzías, y le dijeron: No te corresponde a ti, Uzías, quemar incienso al Señor, sino a los sacerdotes, hijos de Aarón, que son consagrados para quemar incienso. Sal del santuario, porque has sido infiel y no recibirás honra del Señor Dios. ¹⁹ Pero Uzías, con un incensario en su mano para quemar incienso, se llenó de ira; y mientras estaba airado contra los sacerdotes, la lepra le brotó en la frente, delante de los sacerdotes en la casa del Señor, junto al altar del incienso. ²⁰ Y el sumo sacerdote Azarías y todos los sacerdotes lo miraron, y he aquí, tenía lepra en la frente; y le hicieron salir de allí a toda prisa, y también él mismo se apresuró a salir, porque el Señor lo había herido.

²¹ Y el rey Uzías quedó leproso hasta el día de su muerte, y habitó en una casa separada, ya que era leproso, porque fue excluido de la casa del Señor. Y su hijo Jotam estaba al frente de la casa del rey gobernando al pueblo de la tierra.
(2 Crónicas 26:3–5, 16–21)

16 Dios prosperó a Uzías porque buscaba al Señor. ¿Qué cambios ocurrieron que causaron que Uzías fuera infiel a Dios?

_____

_____

17 Mientras estaba en medio del pecado, a Uzías le fue dada una oportunidad para arrepentirse. ¿Cómo llamó Dios a Uzías al arrepentimiento?

_____

_____

_____

18 ¿Cómo respondió Uzías cuando fue confrontado con la verdad? ¿Cuáles fueron las consecuencias?

_____

_____

El arrepentimiento endereza nuestro corazón, como si enderezáramos un barco que se haya virado. El propósito del arrepentimiento no es hacernos sentir mejor con nosotros mismos, sino restaurar nuestra relación con Dios de forma tal que

DÍA 4
LECCIÓN 4

nuestra vida pueda darle gloria a Él nuevamente y podamos ser usados para Sus propósitos. ¡De eso se trata el avivamiento personal!

Entonces, ¿qué es una persona arrepentida? Considera las siguientes afirmaciones que describen algunas de las formas en que una persona sensible a la obra de Dios de dar convicción debiera responder.

- *Un arrepentido renueva su mente con la verdad de la Escritura constantemente.* Es consciente de que la batalla de la tentación es primero en la mente, y de que el proceso de arrepentimiento comienza allí también.

- *Un arrepentido responde a Dios inmediatamente.* A la primera señal de convicción, admite su pecado delante de Dios, se aparta de él y se vuelve al Señor.

- *Un arrepentido obedece completamente a Dios.* Se arrepiente profundamente y no mira con anhelo el pecado que quedó atrás. Rechaza el placer temporal que le ofrece el pecado prefiriendo el gozo permanente de las bendiciones de Dios.

- *Un arrepentido sigue a Dios personalmente.* No basa su compromiso con Dios en lo que otros hacen. La actitud de su corazón es: "Aunque otros no me acompañen, yo le seguiré a Él".

- *Un arrepentido acepta fielmente la disciplina de Dios.* Puesto que se da cuenta de que el pecado tiene consecuencias, acepta la disciplina de Dios como un acto de amor y como un recordatorio la próxima vez que enfrenta la tentación.

19 Note los verbos utilizados en la descripción de arriba. ¿Cuál es nuestra parte en el arrepentimiento? ¿Cuál es la parte de Dios?

_____

_____

_____

20 Con base en esta descripción, ¿puedes definirte como un "verdadero arrepentido"? ¿Por qué si o no? Escribe una corta oración pidiendo a Dios que te dé un corazón arrepentido.

_____

_____

_____

CLAVE !

El arrepentimiento nos capacita para glorificar a Dios.

"El arrepentimiento es odiar lo que una vez se amaba, y amar lo que una vez se odiaba".

—Jim Eliff

DÍA 5: **Personalízalo**

Has descubierto lo que es el arrepentimiento. Ahora es el momento de examinar tu propio corazón. En oración y con honestidad, responde las siguientes preguntas. Mientras lo haces, pídele a Dios que te revele áreas donde puedas estarte resistiendo Su amorosa convicción. Tal vez quieras escribir una respuesta personal a algunas preguntas en específico, mientras el Señor ilumina tu corazón con Su luz.

1. ¿Alguna vez he experimentado el arrepentimiento que caracteriza una genuina salvación?

2. ¿Me molesta el pecado en mi vida?

3. ¿Tengo una actitud que diga: "Señor, estoy dispuesto a renunciar a todo lo que yo sepa que es pecado y esté en mí, y a todo lo que me muestres en el futuro que sea pecaminoso"?

4. ¿Estoy yo dispuesto a llamar a mis malas acciones "pecado" en vez de verlas como debilidades, "batallas" o rasgos de personalidad?

5. ¿Estoy más preocupado por ofender a Dios que por las consecuencias de mi pecado?

6. ¿Estoy dispuesto a aceptar la responsabilidad de mis acciones, sin echarle la culpa a nadie más?

7. ¿Estoy dispuesto a dar los pasos que sean necesarios para lograr una completa restitución por mi pecado?

8. ¿He experimentado en este último año arrepentimiento genuino que haya dado como resultado un cambio de actitud o conducta?

9. ¿Me ha dado Dios convicción de algún pecado en específico en mi vida del cual no me haya yo arrepentido? De ser así, ¿estoy dispuesto a arrepentirme de esos pecados ahora mismo?

10. ¿Estoy dispuesto a rendir cuentas a otro creyente de aquellas áreas de mi vida donde haya fallado, de forma tal que pueda desarrollar nuevos patrones de victoria?

"Debe haber un divorcio entre tú y tus pecados. No una simple separación por un tiempo, sino un claro divorcio".
—C. H. Spurgeon

"El arrepentimiento genuino es dejar de pecar".
—San Ambrosio

¿Está Dios pidiéndote dejar a un lado algún pecado en particular que haya en tu vida? Responder a Dios es más importante que cualquier otra cosa que estuvieses planeando hacer próximamente. Si Dios habla, el momento de responder es *ahora*. ¿Estarías dispuesto a humillarte y a permitirle que te restaure? Recuerda, Él te ama, te ofrece gracia para cubrir todo pecado y anhela que camines en libertad y gozo.

Escribe una oración expresando tu respuesta a lo que Dios te ha enseñado acerca de tu corazón y cualquier necesidad de arrepentimiento que puedas tener. (La convicción que nos da el Espíritu Santo suele ser con asuntos específicos de nuestra vida; por lo tanto, trata de ser tan específico como te sea posible en tu respuesta, en vez de solo tratar con las generalidades).

---

[1] La historia de fe en esta Lección 4 es una adaptación de "Rescued from Pretense", *Spirit of Revival* vol. 19, no. 1, julio de 1989, p. 22, publicado por Life Action Ministries.

La Búsqueda Grupal de Dios

Comparte

1. ¿Qué es el *arrepentimiento* y por qué es tan crucial, tanto en el proceso de avivamiento individual como grupal?

Conversa

2. La mujer de la "Historia de fe" culpaba a su esposo y a otros por sus problemas. ¿Cómo entorpece nuestra tendencia de culpar a otros la obra de Dios en nuestra vida?

3. ¿Cuáles pruebas de arrepentimiento viste en la vida de esta mujer?

4. Repasa la historia de los rumanos del día 2. ¿Cómo puede esta historia demostrar la importancia del avivamiento grupal e individual?

+ CÁPSULA

Para continuar creciendo en humildad y arrepentimiento es imprescindible ser responsable y animarnos mutuamente.

5. ¿Cómo sería en nuestros días si los creyentes comenzaran a vivir como "arrepentidos"? ¿Cómo cambiarían nuestras iglesias? ¿Cómo podría ser el impacto en nuestra cultura?

_____

_____

_____

_____

6. ¿Cómo puede el arrepentimiento afectar tanto nuestra mente como nuestra conducta?

_____

_____

_____

_____

7. Cuando Dios da convicción de pecado al corazón de uno de Sus hijos, ¿qué nos dice esto de Él?

_____

_____

_____

_____

8. ¿Cuándo es el mejor momento para responder a la convicción que nos da Dios y a Su llamado de arrepentirnos? ¿Por qué?

_____

_____

_____

_____

9. Comparte un área de tu vida donde hayas experimentado un verdadero arrepentimiento _desde_ que te convertiste al cristianismo.

_____

_____

_____

_____

10. Si estás dispuesto, voluntariamente, comparte con el grupo cómo Dios está tratando contigo (o ha tratado recientemente contigo) con respecto a ser más específico en la necesidad de arrepentimiento.

_____

_____

_____

Ora por avivamiento

Si el tiempo lo permite, terminen este tiempo con una lectura responsorial basada en el Salmo 51, la oración de David por arrepentimiento. (Para la historia del pecado de David, véase 2 Samuel 11:1—12:15). Haz esta tu oración ahora y por el resto de la próxima semana.

LÍDER: Ten piedad de mí, oh Dios, conforme a tu misericordia; conforme a lo inmenso de tu compasión, borra mis transgresiones.

GRUPO: Dependemos de Ti solamente para recibir compasión y misericordia. No tenemos ninguna otra fuente de perdón.

LÍDER: Lávame por completo de mi maldad, y límpiame de mi pecado.

GRUPO: Necesitamos que nos limpies por completo de cada pecado y de cada deseo de pecar.

LÍDER: Porque yo reconozco mis transgresiones, y mi pecado está siempre delante de mí.

GRUPO: La culpa es nuestra compañía constante cuando nos negamos a arrepentirnos.

LÍDER: Contra ti, contra ti solo he pecado y he hecho lo malo delante de tus ojos, de manera que eres justo cuando hablas y sin reproche cuando juzgas.

GRUPO: Todos nuestros pecados son cometidos contra Ti mientras Tú estás viendo. Tú eres justo. Tú tienes todo derecho de tratar con nuestro pecado.

LÍDER: He aquí, yo nací en iniquidad, y en pecado me concibió mi madre.

GRUPO: Nuestra naturaleza humana se inclina al pecado y esto desde nuestro nacimiento.

+ CÁPSULA

Si Dios está tratando contigo sobre un asunto de pecado personal o sobre uno que involucra a más personas, usa discreción en lo que compartas.

"El arrepentimiento no es un mero sentimiento de lamento o contrición, ni de contrición por una ofensa. El remordimiento que siento cuando he actuado impacientemente o hablado con dureza no es arrepentimiento.[...] El arrepentimiento es contrición por lo que somos en el fundamento de nuestro ser, de que estamos mal en nuestras más profundas raíces porque internamente nos gobierna el yo y no Dios".

—Florence Allshorn

LÍDER: He aquí, tú deseas la verdad en lo más íntimo, y en lo secreto me harás conocer sabiduría.

GRUPO: Tú nos conoces enteramente y quieres que seamos completamente honestos contigo acerca de la verdadera condición de nuestro corazón.

LÍDER: Purifícame con hisopo, y seré limpio; lávame, y seré más blanco que la nieve. Hazme oír gozo y alegría; que se regocijen los huesos que has quebrantado. Esconde tu rostro de mis pecados, y borra todas mis iniquidades. Crea en mí, oh Dios, un corazón limpio, y renueva un espíritu recto dentro de mí. No me eches de tu presencia, y no quites de mí tu Santo Espíritu.

GRUPO: Tú tienes que limpiarnos; nosotros no podemos limpiarnos a nosotros mismo ni prometer hacerlo mejor. Solo Tú puedes darnos un corazón limpio y un espíritu renovado.

LÍDER: Restitúyeme el gozo de tu salvación, y sostenme con un espíritu de poder. Entonces enseñaré a los transgresores tus caminos, y los pecadores se convertirán a ti.

GRUPO: Solo Tú puedes darnos el gozo que es el fruto del verdadero arrepentimiento. Por el poder de tu Espíritu Santo, Tú puedes restaurarnos, protegernos del pecado y utilizarnos como instrumentos de gracia en la vida de otros.

LÍDER: Líbrame de delitos de sangre, oh Dios, Dios de mi salvación; entonces mi lengua cantará con gozo tu justicia. Abre mis labios, oh Señor, para que mi boca anuncie tu alabanza. Porque no te deleitas en sacrificio, de lo contrario yo lo ofrecería; no te agrada el holocausto. Los sacrificios de Dios son el espíritu contrito, al corazón contrito y humillado, oh Dios, no despreciarás.

GRUPO: La única adoración y el único servicio que un corazón pecador puede ofrecerte a Ti es confesar y arrepentirse.

LÍDER: Haz bien con tu benevolencia a Sión; edifica los muros de Jerusalén. Entonces te agradarán los sacrificios de justicia, el holocausto y el sacrificio perfecto; entonces se ofrecerán novillos sobre tu altar.

GRUPO: ¡Restáuranos para adorarte y ayúdanos a servirte a ti otra vez!

La gracia:
LA PROVISIÓN DE DIOS PARA CADA NECESIDAD

Hasta ahora en nuestro estudio hemos visto la necesidad de la humildad, la honestidad y el arrepentimiento a medida que buscamos al Señor. En las siguientes lecciones consideraremos varias claves adicionales para llegar a experimentar un verdadero avivamiento: la santidad personal, la completa obediencia, una conciencia tranquila ante Dios y los demás, el perdón y la pureza sexual. En esta etapa del proceso sería fácil sentirse abrumado con un gran sentimiento de convicción de pecado, fracaso y culpa; algunos pudieran hasta verse tentados a dejar de buscar a Dios para ser avivados.

Lo bueno es que Dios no nos pide que cumplamos Sus requerimientos nosotros solos; de hecho, Él sabe que *no podemos* vivir con humildad, santidad y obediencia sin Él. Dios pone a la disposición de cada uno de Sus hijos un increíble recurso para poder vivir una vida piadosa y santa. Esta provisión maravillosa y extravagante se llama… *GRACIA*.

Versículo a memorizar

"Acerquémonos, pues, confiadamente al trono de la gracia, para alcanzar misericordia y hallar gracia para el oportuno socorro". **(HEBREOS 4:16, RV—1960)**

Profundiza en la PALABRA

Juan 1:14—18
Romanos 5:12—17
Tito 2:11—14

DÍA 1: **Historia de fe**

1 A través de este estudio quizás hayas estado luchando con un cambio en particular que Dios te ha estado instando a hacer, o con un pecado que sabes que Él quiere que confieses y dejes atrás. Marca los sentimientos que has tenido hasta ahora con respecto a esto:

> ❏ "Realmente deseo obedecer a Dios, pero no puedo... ¡es muy difícil!".
> ❏ "Tengo miedo de hacer lo que sé que debo hacer".
> ❏ "Sé lo que Dios quiere que haga, pero honestamente, no tengo el deseo de hacerlo".
> ❏ "Me siento abrumado(a) por mi culpabilidad y fracaso delante de Dios".
> ❏ "Nunca podré dar la talla para lo que debo ser".
> ❏ "Tengo que trabajar con más ahínco para arreglar mi vida y poder ser más piadoso(a)".

Si has tenido alguno de estos pensamientos, ¡quiero motivarte! Durante el estudio de esta semana podrás aprender cómo la gracia de Dios puede llenar cada una de estas necesidades y cómo podrás experimentar más de Su gracia abundante en tu vida.

Lee la siguiente historia sobre el pecado y la gracia y contesta las preguntas que le siguen:

En la superficie, las cosas parecían estar bien. Éramos activos en nuestra iglesia. El mayor de nuestros tres hijos era un cristiano con un profundo deseo de servir el Señor. Yo era un profesor respetado en una universidad estatal cercana. Pero debajo de la superficie, las cosas no estaban en calma. Uno de nuestros hijos se había vuelto rebelde y mi amor por mi esposa, Laurie, se había enfriado. Ya hacía años que no usaba mi anillo de matrimonio.

Cuando nuestra iglesia patrocinó una cruzada de avivamiento, Dios trató con mi esposa y conmigo de manera muy personal. Aprendimos que no podíamos vivir la vida cristiana apartados de la gracia de Dios, y que la única manera de experimentar esa gracia en nuestra vida era humillándonos. Este no era momento para doble ánimo. Dios nos estaba dando la oportunidad de "arreglar cuentas" y ser avivados. Laurie no pensaba que yo pudiera estar escondiendo ningún pecado de gran magnitud, pero la realidad era muy diferente. Sabía que los costos iban a ser altos cuando empecé a admitirle a ella algunas verdades.

"Laurie no pensaba que yo pudiera estar escondiendo algún pecado de gran magnitud, pero la realidad era muy diferente".

Un "pecado secreto" que había escondido por muchos años era que yo había robado dinero de una compañía desviando fondos de manera fraudulenta (facturando una venta menor de lo que en realidad le había cobrado al cliente y embolsillándome la diferencia). También, había hecho trampas en un examen al adquirir mi doctorado. Aunque había estudiado fielmente, me llené de pánico la noche antes del examen. Como asistente de cátedra tenía las llaves del lugar donde se habían guardado los exámenes y copié las preguntas. Debido a mi culpabilidad, nunca había podido colgar mi diploma en la pared de mi oficina.

Muchas veces pensé decir que era responsable de la trampa y del robo. Lo peor que podía pasar era que perdiera mi diploma y mi trabajo. Esas no eran consecuencias pequeñas, pero palidecían en comparación a lo que pensaba que sucedería si le confesaba a Laurie otro pecado oculto: le había sido infiel en varias ocasiones.

Mientras le confesaba todas estas cosas a Laurie, ella no podía salir de su sorpresa. Ella sabía hacía un tiempo que nuestro matrimonio no estaba bien, pero nos respetábamos el uno al otro y ambos amábamos a nuestros hijos. Ahora, todo lo que ella había creído sobre mí se había hecho añicos. Pero de alguna manera, por la gracia de Dios y con el consejo y el apoyo de hermanos cristianos, Laurie recibió mis confesiones con perdón. Más aún, se comprometió a ayudarme a hacer las restituciones necesarias por los daños que había hecho, mientras al mismo tiempo trabajábamos juntos para reconstruir nuestro matrimonio. Verdaderamente, transitábamos por un camino de gracia.

Manejamos por diez horas a través de cuatro estados. Primero me reuní con mi antiguo jefe, le confesé mis robos y le pedí que me perdonara. Expresó una sorpresa considerable de que yo hubiese hecho algo así, pero muy rápidamente me otorgó su perdón.

Luego nos reunimos con mi asesor del doctorado. Con muchas lágrimas le confesé las trampas que había hecho y le entregué mi diploma. De nuevo, la gracia de Dios ya había estado operando, demostrada por su respuesta compasiva. Explicó que no veía la necesidad de revocar mi diploma, ya que el haber visto las preguntas del examen unas cuantas horas antes de tomarlo no pudo haber afectado de forma apreciable mi desempeño. Me sentí humilde ante su perdón. Me informó que él también era cristiano y me exhortó a continuar hacia delante con lo que Dios estaba haciendo en mi vida.

> "Manejamos por diez horas a través de cuatro estados. Primero me reuní con mi antiguo jefe, le confesé mis robos y le pedí que me perdonara".

> "Transitábamos por un camino de gracia".

DÍA 1

LECCIÓN 5

En solo veinticuatro horas, Dios había obrado milagro tras milagro por nosotros. Con cada paso de humildad y obediencia, Dios había empezado a derramar Su increíble gracia en nuestra vida. Laurie y yo habíamos descubierto un amor entre nosotros que ninguno de los dos pensó que sería posible sentir en el pasado: el tipo de amor que viene solo al hacer las cosas a la manera de Dios. Nuestro corazón rebosaba de gozo cuando hablábamos sobre lo que Dios había hecho y lo que continuaría haciendo.

2 ¿Qué riesgos corrió este hombre al confesar su pecado a su esposa, a su jefe anterior y a su asesor de la universidad?

_____

_____

_____

3 ¿Qué consecuencias hubiera acarreado si hubiera mantenido esas cosas ocultas?

_____

_____

_____

4 ¿Qué hizo posible que pusiera las cuentas claras?

_____

_____

_____

CLAVE !

Dios está en control soberano de todas las heridas que otros nos infligen y las usará con propósitos redentores en nuestra vida si se lo permitimos.

5 David era un hombre desesperadamente apercibido de su necesidad de la gracia de Dios y no tenía miedo de solicitarla. Subraye cada frase en este pasaje que haga referencia a la solicitud de ayuda a Dios.

Encierre en un círculo cada frase que indique cómo Dios responde cuando Sus hijos claman a Él:

¹ Inclina, oh Señor, tu oído y respóndeme, porque estoy afligido y necesitado.
² Guarda mi alma, pues soy piadoso; tú eres mi Dios; salva a tu siervo que en ti confía.
³ Ten piedad de mí, oh Señor, porque a ti clamo todo el día.

⁴ Alegra el alma de tu siervo, porque a ti, oh Señor, elevo mi alma.

⁵ Pues tú, Señor, eres bueno y perdonador, abundante en misericordia para con todos los que te invocan.

⁶ Escucha, oh SEÑOR, mi oración, y atiende a la voz de mis súplicas.

⁷ En el día de la angustia te invocaré, porque tú me responderás. (Salmo 86:1–7)

6 ¿De qué forma expresa humildad solicitar la ayuda de Dios? ¿Qué seguridad nos da este salmo de que la gracia de Dios está disponible para llenar cualquiera de las necesidades que expresaste en la pregunta #1?

_____

_____

_____

_____

DÍA 2: **Encuentro con la verdad**

LA GRACIA SALVADORA

Si un hombre muere por un acto fortuito de violencia, y su padre le sigue la pista al culpable y lo mata, llamaríamos a esto *venganza*. Sin embargo, si el padre llama a la policía y el asesino es arrestado, juzgado, condenado y ejecutado, llamaríamos a esto *justicia*. Si durante el juicio el padre pide que liberen al culpable de la muerte merecida y tanto el juez como el jurado consienten en hacerlo, llamaríamos a esto *misericordia*.

Ahora imaginemos esto: además de pedir que el culpable sea librado de la muerte, el padre apela al juez para que permita que el ofensor pase a ser custodiado por él. El padre, milagrosamente, obtiene la aprobación del juez y se lleva al asesino a su hogar; dándole cabida en su corazón lo adopta y lo trata como a su propio hijo… llamaríamos a esto *gracia*.

CLAVE !
Por Su gracia, Dios perdona a los pecadores culpables y los reconcilia consigo mismo.

No hay palabra que cause más gozo al corazón de un seguidor de Cristo que la palabra *gracia*. La gracia es la dádiva de Dios para aquellos que han pecado en Su contra y que se merecen solo Su ira. La gracia es aquello que Dios nos da para poder llenar sus requerimientos y enfrentar las dificultades de la vida. El más magnífico despliegue de la gracia de Dios es nuestra salvación, como nos describe Efesios 2:1–9:

> *¹Y Él os dio vida a vosotros, que estábais muertos en vuestros delitos y pecados, ²en los cuales anduvisteis en otro tiempo según la corriente de este mundo, conforme al príncipe de la potestad del aire, el espíritu que ahora opera en los hijos de desobediencia, ³entre los cuales también todos nosotros en otro tiempo vivíamos en las pasiones de nuestra carne, satisfaciendo los deseos de la carne y de la mente, y éramos por naturaleza hijos de ira, lo mismo que los demás. ⁴Pero Dios, que es rico en misericordia, por causa del gran amor con que nos amó, ⁵aun cuando estábamos muertos en nuestros delitos, nos dio vida juntamente con Cristo (por gracia habéis sido salvados), ⁶y con Él nos resucitó, y con Él nos sentó en los lugares celestiales en Cristo Jesús, ⁷a fin de poder mostrar en los siglos venideros las sobreabundantes riquezas de su gracia por su bondad para con nosotros en Cristo Jesús. ⁸Porque por gracia habéis sido salvados por medio de la fe, y esto no de vosotros, sino que es don de Dios; ⁹no por obras, para que nadie se gloríe.*

7 Haga una lista de las frases o palabras de este versículo que mejor describan cuál era nuestra condición aparte de la gracia de Dios.

_____

_____

_____

_____

Nuestra condición era verdaderamente desesperante. No teníamos esperanza …ninguna posibilidad de sobreponernos al dominio del pecado por nosotros mismos. No teníamos ningún poder para iniciar nuestra propia salvación, ningún potencial de alguna vez tener una correcta relación con Dios. No podíamos hacer *nada* para cambiar o mejorar nuestra situación. Si nuestra condición de pecado nos hubiese solamente enfermado o debilitado, hubiésemos podido tener alguna esperanza de mejorar. Pero no estábamos enfermos; estábamos muertos. Alguien tenía que infundirnos vida. Y Alguien lo hizo.

8 En nuestra condición caída y pecaminosa, Dios hubiese sido justo al dejarnos sufrir las consecuencias de Su ira por toda la eternidad. En lugar de ello derramó sobre nosotros lo contrario. Enumera cuatro cualidades encontradas en Efesios 2:1–9 que Dios derramó sobre nosotros cuando estábamos muertos en nuestros "delitos y pecados".

M _____

A _____

G _____

B_____

9 De acuerdo a estos versículos, ¿cuál fue el resultado del regalo de Dios y de Su intervención a favor nuestro?

_____

_____

_____

_____

La condición pecaminosa de la raza humana era más que una simple irritación para Dios. El pecado no era algo por lo cual podíamos excusarnos, tratando de ponerle un "parche" a nuestra relación con Dios como si tan solo se tratara de un malentendido. Éramos hijos de la ira, culpables y condenados. No es un

> *"Oscura es la mancha que no podemos esconder; ¿de qué valdría tratar de lavarla? ¡Mira! Por ahí fluye una corriente carmesí; puedes ser hoy más blanco que la nieve. […] Maravillosa, infinita, insuperable gracia, ¡gratuitamente concedida a todos aquellos que creen! Tú, que estás anhelando ver Su rostro, ¿recibirás Su gracia en este momento?".*
>
> —Julia H. Johnston

pensamiento grato que nuestra alma eterna estuviese sentenciada a muerte, ¿verdad? *Pero donde está Dios encontramos gracia, y donde hay gracia hay perdón.*

Por Su gracia, Dios hizo por nosotros lo que nosotros no podíamos hacer por nosotros mismos: nos dio vida en lugar de muerte y perdón en lugar de condenación. En la cruz, Dios satisfizo Su propia venganza, cumplió Sus propias exigencias de justicia, extendió misericordia y luego añadió la sorpresa de Su gracia. Habiendo castigado el pecado, Dios perdonó a los pecadores; luego adoptó a todo el que creyese, haciéndolos herederos conjuntamente con su único Hijo. Así es el amor extravagante y la gracia de Dios.

10 ¿Qué frases de este pasaje que hemos estado considerando te hacen ver claramente que no podíamos habernos ganado o merecido la gracia de Dios?

_____

_____

_____

La gracia de Dios nunca nos es dada como recompensa por nada que hayamos podido hacer para merecerla. Mientras exploramos más profundamente las riquezas de la gracia de Dios, no solo en la salvación, sino también en nuestra santificación, tenemos que recordar que la gracia de Dios es siempre un *regalo* dado a quienes no se lo merecen. Eso es lo que la hace tan asombrosa.

¿Has recibido el regalo de la salvación que Dios te ofrece por medio de Su gracia? Si no lo has hecho, ¿quisieras hacerlo ahora? Llama a un pastor o a un amigo que pertenezca a Cristo y pídele que ore contigo ahora.

Si has recibido la gracia salvadora de Dios, ¿acaso has comenzado a darla por sentado o has perdido el sentido de asombro de lo que Dios ha hecho por ti? Tómate unos minutos para orar, dándole gracias a Dios por darte vida y por haber salvado tu alma. Quizás desees cantar un himno o algún coro, tal como "Sublime gracia".

"El amor de Dios es manifestado de forma brillante en Su gracia hacia pecadores no merecedores. Y eso es exactamente lo que es la gracia: el amor de Dios fluyendo libremente hacia quienes no son dignos de amor".

—A. W. Tozer

DÍA 3 **Encuentro con la verdad**
LA GRACIA SANTIFICADORA

Una vez recibimos la gracia salvadora de Dios, no nos convertimos de manera automática en gigantes espirituales que han llegado a la meta. Como hijos redimidos de Dios, continuamos siendo indefensos y necesitados aparte de Él. Necesitamos la gracia de Dios —cada momento de cada día— para santificarnos y conformarnos a la imagen de Cristo.

11 Marca cuáles de las siguientes frases son una realidad en tu vida. Hay ocasiones en que…

- ❏ Me siento fuertemente tentado(a) a pecar.
- ❏ Sucumbo ante la tentación de pecar.
- ❏ Siento que un pecado particular en mi vida tiene total dominio sobre mí.
- ❏ Sé lo que Dios desea que yo haga, pero no tengo el deseo de obedecerlo.
- ❏ Verdaderamente deseo obedecer a Dios, pero siento que no tengo el poder para lograrlo.
- ❏ Me siento totalmente inadecuado(a) para hacer algunas tareas que Dios me ha llamado a hacer.

Si has sido cristiano por más de unas cuantas semanas, probablemente habrás experimentado todas las cosas arriba mencionadas. Esos sentimientos hacen que muchos cristianos se desanimen y se sientan descorazonados, o que quizás hasta deseen darse por vencidos: *"Soy un fracasado…¡esta vida cristiana es muy dura!"*.

El hecho es que aun muchos cristianos fallan; somos débiles y tenemos necesidades. ¿Cómo manejamos estos retos? Gracias a Dios, a través de Jesucristo, Él ha provisto justo lo que necesitamos para lidiar con cada una de estas situaciones. Esta provisión maravillosa y sobrenatural es el mismo regalo que hizo posible que fuésemos salvados. Se debe a la *gracia* sublime de Dios.

Los cristianos reconocemos que somos *salvos* por gracia solamente, totalmente apartados de cualquier esfuerzo o habilidad propia. Sin embargo, muchos cristianos erróneamente piensan que una vez salvos, es responsabilidad suya vivir la vida cristiana. Piensan que pueden de alguna manera ser *santificados* por su propio esfuerzo o habilidad. Así que viven luchando para ser "buenos cristianos", y no se dan cuenta de que no pueden vivir la vida cristiana apartados de la gracia de Dios, así como tampoco pudieron salvarse sin esa gracia. En esta sección y la próxima, consideraremos algunas formas específicas en las que necesitamos la gracia de Dios como creyentes.

> **! CLAVE**
>
> Somos completamente dependientes de la gracia de Dios para vivir la vida cristiana.

> *"La gracia es una fuerza dinámica que hace más que afectar nuestra posición delante de Dios al acreditarnos justicia. La gracia afecta nuestra experiencia también [...] la gracia es un estilo de vida".*
>
> **–Larry Richards**

12 ¿Qué nos dicen las siguientes Escrituras con relación a la provisión de Dios cuando somos tentados a pecar?

¹³No os ha sobrevenido ninguna tentación que no sea común a los hombres; y fiel es Dios, que no permitirá que vosotros seáis tentados más allá de lo que podéis soportar, sino que con la tentación proveerá también la vía de escape, a fin de que podáis resistirla. (1 Corintios 10:13)

_____

_____

_____

_____

¹⁵Porque no tenemos un sumo sacerdote que no pueda compadecerse de nuestras flaquezas, sino uno que ha sido tentado en todo como nosotros, pero sin pecado. ¹⁶Por tanto acerquémonos con confianza al trono de la gracia para que recibamos misericordia, y hallemos gracia para la ayuda oportuna. (Hebreos 4:15–16)

_____

_____

_____

_____

Porque el pecado no tendrá dominio sobre vosotros, pues no estáis bajo la ley sino bajo la gracia. (Romanos 6:14)

_____

_____

_____

_____

> "La gracia no es simplemente indulgencia cuando pecamos. La gracia es también lo que nos da el poder de no pecar, lo cual es un regalo de Dios. La gracia es poder, no solo es perdón".
>
> — John Piper

¿Y qué pasa cuando fallamos y le damos lugar a la tentación? Es la gracia de Dios que nos da convicción cuando pecamos y nos da la habilidad y el deseo de confesar y dejar atrás nuestro pecado. ¿Alguna vez has pecado tan grande o frecuentemente que te sientes sobrecogido por la culpa y la condenación? Seguramente no podrías imaginar cómo Dios puede perdonarte…¡otra vez! Pero una vez más, la gracia de Dios es todo lo que necesitas.

13 De acuerdo a la Biblia, "*donde el pecado abundó, sobreabundó la gracia*" (Romanos 5:20). Parafrasea este versículo en tus propias palabras. ¿Cómo se aplica esta verdad de manera práctica en nuestra vida como creyentes?

_____

_____

_____

_____

Si Dios nos extiende Su gracia y perdón cuando confesamos y nos arrepentimos de nuestro pecado, ¿significa esto que tenemos libertad para pecar en cualquier momento que queramos siempre y cuando tengamos intención de confesarlo? Esto podría sonar ridículo, pero muchos creyentes del primer siglo sugirieron que si nuestros pecados pueden servir para iluminar la gracia de Dios, quizás podríamos sentirnos en la libertad de pecar más. El apóstol Pablo confrontó esa línea de pensamiento en términos claros y precisos:

> *¹¿Qué diremos, entonces? ¿Continuaremos en pecado para que la gracia abunde? ²¡De ningún modo! Nosotros, que hemos muerto al pecado, ¿cómo viviremos aun en él?* (Romanos 6:1–2)

> *¹¹Porque la gracia de Dios se ha manifestado, trayendo salvación a todos los hombres, enseñándonos, que negando la impiedad y los deseos mundanos, vivamos en este mundo sobria, justa y piadosamente.* (Tito 2:11–12)

14 De acuerdo a estos versículos, ¿de qué manera funciona la gracia de Dios como freno más que como una licencia para pecar?

_____

_____

_____

_____

No solo necesitamos la gracia de Dios cuando somos tentados y cuando pecamos; necesitamos Su gracia para hacer *cualquier cosa* que sea del agrado de Dios. De hecho, no hay ni siquiera un aspecto de la vida cristiana que podamos manejar *apartados* de la gracia de Dios.

El apóstol Pablo les recordó a los creyentes filipenses que "*Dios es quien obra en vosotros tanto el* querer *como el* hacer, *para su beneplácito*" (Filipenses 2:13). La gracia de Dios es la cualidad dinámica de Su vida en nosotros, dándonos tanto el *deseo* como el *poder* para obedecer a Dios.

Dios está totalmente apercibido de que somos incapaces de vivir una vida piadosa aun haciendo nuestros mejores esfuerzos y teniendo la mejor de las intenciones. Su gracia es la provisión sobrenatural para todo lo que carecemos. Él promete equiparnos y darnos poder para hacer cualquier cosa que requiera de nosotros.

> *Y Dios puede hacer que toda gracia abunde para vosotros, a fin de que teniendo siempre todo lo suficiente en todas las cosas, abundéis para toda buena obra.*
> (2 Corintios 9:8)

15 Haga un círculo alrededor de las palabras "toda" y "abunde" que aparecen en el versículo anterior. ¿De qué forma te estimula este texto cuando consideras las diversas tareas y responsabilidades que Dios te ha encomendado?

_____

_____

_____

_____

DÍA 4: **Encuentro con la verdad**
LA GRACIA EN EL SUFRIMIENTO

Hasta ahora en esta lección hemos considerado la gracia de Dios que asegura nuestra salvación; también hemos visto que es la gracia de Dios la que nos santifica. Ahora veremos la gracia que Dios provee cuando somos llamados a sufrir.

Tal como dijera Elizabeth Elliot, el sufrimiento viene de "tener lo que no queremos o querer lo que no tenemos"; esto puede variar en cuanto al alcance y la intensidad, desde un "tapón de tráfico, al pago de impuestos, a tumores".

Tú (o alguien a quien amas) podrías estar enfrentando una situación o una etapa que parece estar más allá de tus límites de sanidad y fortaleza. Podrías estar batallando con alguna enfermedad, dolor, crisis familiares o presiones económicas. Te sientes presionado contra la pared, sin ninguna esperanza de alivio ni ayuda a la vista. Cualesquiera que sean las circunstancias, puedes estar seguro de que tú (o tu ser querido) estás en la mira de la gracia. La gracia de Dios está disponible y es suficiente para tu necesidad. Él proveerá una manera para que puedas resistir.

El apóstol Pablo sabía lo que significaba sufrir privaciones, penurias y dolor. Por el nombre de Cristo sufrió rechazo y persecución, situaciones que pudieron haber causado que cualquier otro se diera por vencido.

En un momento, Pablo fue afligido con un "aguijón en su carne", algún tipo de enfermedad que le causaba mucho sufrimiento. En repetidas ocasiones, Pablo le imploró a Dios que le aliviara de ese problema. Tal y como vemos en 2 Corintios 12, el Señor escogió no otorgarle ese deseo. En lugar de ello, el Señor le dio a Pablo exactamente lo que necesitaba para lidiar con el aguijón y convertirlo en una bendición:

> *Acerca de esto, tres veces he rogado al Señor para que lo quitara de mí. Y Él me ha dicho: Te basta mi gracia, pues mi poder se perfecciona en la debilidad. Por tanto, muy gustosamente me gloriaré más bien en mis debilidades, para que el poder de Cristo more en mí.* (v. 8–9)

16 ¿Qué revela este pasaje sobre la gracia de Dios?

> ⚠ **CLAVE**
> La gracia de Dios nos capacita para soportar el más profundo dolor.

> ☼ **REFLEXIÓN**
> Las Escrituras no nos dicen cuál es el "aguijón en la carne" de Pablo. La palabra griega que se traduce como "aguijón" significa estaca de tienda, y se usaba para hablar de una estaca con la que se atravesaba una persona. Pero sea lo que fuese, el aguijón de Pablo no se trataba simplemente de una "espina" o "astilla". Era una aflicción mayor, recurrente y extremadamente dolorosa.

17 ¿De qué forma proveen nuestras debilidades y necesidades un escaparate para que se manifieste el poder de Dios?

_____

_____

_____

18 ¿Cómo respondió Pablo a la seguridad de la gracia de Dios?

_____

_____

_____

El apóstol Pedro escribió sus epístolas para fortalecer y animar a los creyentes que estaban atravesando por un intenso sufrimiento. La gracia de Dios es un tema prominente en sus cartas. Al final de 1 Pedro, él les recuerda a sus lectores que "el Dios de toda gracia" estaba activa, directa y personalmente involucrado en la vida de Sus hijos, aun cuando estuviesen sufriendo y creyeran que Él los había olvidado.

> _Y después de que hayáis sufrido un poco de tiempo, el Dios de toda gracia, que os llamó a su gloria eterna en Cristo, Él mismo os perfeccionará, afirmará, fortalecerá y establecerá._ (1 Pedro 5:10)

19 Cuando estamos en medio de una dificultad o experimentando penurias o dolor crónico, a veces creemos que "la situación va a continuar para siempre". ¿Qué perspectiva nos ofrece 1 Pedro 5:10 con relación a la duración de nuestros sufrimientos?

_____

_____

_____

20 ¿Qué nos dice este pasaje sobre los propósitos de Dios para nuestra vida y el posterior desenlace de nuestros sufrimientos? ¿Cómo puede la gracia de Dios transformar nuestros sufrimientos en algo de valor y belleza?

_____

_____

_____

"Cuando Dios declaró a Pablo 'Te basta mi gracia', estaba afirmando la total suficiencia de Su gracia para cada necesidad de la vida. La gracia de Dios era suficiente para el más hondo dolor que Pablo (o cualquier otro creyente) pudiera experimentar jamás".

—John MacArthur

"Cuando estás en el horno, tu Padre mantiene Sus ojos en el reloj y Su mano en el termostato".

—Warren Wiersbe

Recuerda, lo que es bueno para tus pecados también es bueno para tus penas. La gracia de Dios —manifiesta en Su provisión para nuestra condición pecaminosa así como en la fuerza que nos acompaña a través de las penas— siempre está disponible. El siguiente relato personal del coautor de este libro, Tim Grissom, ilustra la manera como Dios ministra gracia a Sus hijos que sufren.

Hace unos cuantos años, mi estudio personal sobre el tema de la gracia coincidió con una trayectoria inusualmente dolorosa para mí y para mi familia.

En enero de 1999, a mi esposa, Janiece, le diagnosticaron la enfermedad de Lou Gehrig (esclerosis lateral amiotrófica). Durante un período de once meses, ella se fue deteriorando físicamente hasta el punto de poder hacer muy poco por ella misma, aparte de respirar, hablar quedamente y tragar. Finalmente, tuvimos que hospitalizarla y murió diez días después a la edad de cuarenta y un años. Me quedé solo con cuatro hijos y el corazón destrozado.

Esto describe la realidad terrenal de nuestras circunstancias. Son dolorosas. Sobrecogedoras. Espantosas.

Pero existe otro lado, otra perspectiva —el lado del cielo— donde encontré esperanza. Descubrí que es totalmente posible "caminar por el valle de la sombra de muerte" sin "temer mal alguno". Aprendí que en la más dura de las estaciones de la vida, verdaderamente podemos crecer en nuestra consciencia de la presencia de Dios. Dios puede hacerse tan grande para nuestra comprensión que otras "realidades" pasan al trasfondo. Él se nos ofrece a Sí mismo: Su amor, Su compañía, Su fortaleza...¡Su gracia!

Mientras pasaba por los meses de enfermedad de mi esposa y luego por su muerte, las personas a menudo me preguntaban: "¿Cómo te sientes?". Yo solo podía responder que me sentía como si Dios nos estuviera cubriendo y cargando, que Él nos estaba escoltando a través del dolor y protegiendo para no quedar mortalmente heridos por esa pena.

Alrededor de seis meses después de la muerte de Janiece, leía 1 Pedro 5 cuando Dios llamó mi atención a los versículos 6 y 7: "Humillaos, pues, bajo la poderosa mano de Dios, para que Él os exalte a su debido tiempo, echando toda vuestra ansiedad sobre Él, porque Él tiene cuidado de vosotros".

¿Ves dónde Dios coloca Su mano cuando nos humillamos? Sobre nosotros para cubrirnos y debajo de nosotros para cargarnos. En ocasiones nuestra humillación se da por medio del arrepentimiento de pecado, y a veces viene a través del dolor y el sufrimiento. En cualquier caso, la humildad llama la presencia de Dios y Él nos coloca en el hueco de Sus manos. ¿Qué mejor lugar para estar?

21 ¿Qué revela la experiencia de Tim sobre el corazón y los caminos de Dios que pueda resultar de ayuda para ti o para algún ser querido que esté atravesando por un tiempo de dolor y sufrimiento?

_____

_____

_____

_____

Cuando somos humildes, Dios coloca Sus manos sobre nosotros para cubrirnos, y también por debajo para sostenernos.

DÍA 5: **Personalízalo**

La gracia es uno de los temas teológicos más ricos de la Biblia. Pero es mucho más que un buen concepto teológico. La gracia de Dios es una dádiva vital, práctica y transformadora que está disponible para cada hijo(a) de Dios, para cada situación y circunstancia y cada momento de la vida. Hoy queremos ir un paso más allá y aplicar lo que hemos aprendido sobre la gracia de Dios en esta lección. Nos haremos dos preguntas: *¿Para qué necesitamos la gracia de Dios?* y *¿Cómo podemos obtener más de la gracia de Dios en nuestra vida?*

¿Para qué necesitamos de la gracia de Dios?

La respuesta correcta es: *¡para todo!* Desde que nacemos hasta que somos regenerados durante el proceso de la santificación, hasta nuestro estado último de glorificación —desde la cuna hasta la tumba— somos completa y absolutamente, y siempre, dependientes de Su gracia. La gracia de Dios es Su provisión suficiente para cada necesidad que tengamos en la vida.

La gracia de Dios corre a nuestro lado en nuestros momentos de *debilidad* y *necesidad*. Tómate algunos momentos para identificar algunas maneras específicas en las que necesitas la gracia de Dios en esta etapa de tu vida.

Marca todas las que apliquen:

Necesito la gracia de Dios en mi vida para...

- ❏ lidiar con una gran decepción.
- ❏ perdonar a alguien que me ha herido profundamente.
- ❏ buscar el perdón de alguien a quien he hecho daño.
- ❏ restaurar una relación rota.
- ❏ terminar una relación equivocada.
- ❏ encarar una situación financiera difícil.
- ❏ manejar la soledad.
- ❏ tratar con el dolor de mi pasado.
- ❏ lidiar con la culpa y los fracasos del pasado.
- ❏ honrar a mis padres o a mi suegros.
- ❏ amar a mi esposa como Cristo amó la iglesia.
- ❏ respetar y someterme a mi esposo.
- ❏ cumplir el ministerio que Dios me ha confiado.
- ❏ ser moralmente puro(a).

> "Nada que pertenezca a la piedad y a la verdadera santidad se puede obtener sin gracia".
>
> –Agustín

❑ responder ante una situación difícil en el trabajo.

❑ soportar un dolor crónico o dolencia física.

❑ arrepentirme de un pecado en particular.

❑ resistir una tentación en particular.

❑ sobreponerme a un pecado que me agobia.

❑ romper un hábito.

❑ guardar mi lengua.

❑ amar a un miembro de mi familia que es difícil de amar.

❑ ser fiel a mi esposo(a).

❑ dar un paso específico en obediencia.

❑ ser amable y paciente con mis hijos.

❑ aceptar una oportunidad particular dentro del ministerio.

Enumera cualquier otra circunstancia que te venga a la mente para la cual necesites la gracia de Dios:

_____

_____

_____

¿Cómo podemos obtener más de la gracia de Dios?

La gracia de Dios es inmerecida, pero no es incondicional. Dios pone Su gracia a disposición, y siempre está presto a ofrecerla, pero hay una condición que se debe cumplir:

Pero Él da mayor gracia. Por eso dice: Dios resiste a los soberbios pero da gracia a los humildes. (Santiago 4:6)

¿A qué tipo de personas se opone Dios? ¿Por qué?

_____

_____

_____

¿Cuál es la condición de Dios para recibir más gracia?

_____

_____

_____

Dios resiste (literalmente "se coloca en contra") a los que son autosuficientes: aquellos que tratan de manejar su vida sin Él; aquellos que luchan para vivir la vida cristiana en sus propias fuerzas; aquellos que son muy orgullosos para reconocer su necesidad.

Pero Él, gozosa y generosamente, regala y derrama Su gracia —todo su favor divino y sus recursos— a aquellos que son humildes. Demostramos humildad cuando reconocemos nuestro estado de desamparo y nuestra necesidad (de Él y de los demás) y cuando clamamos a Él para pedirle Su gracia.

Lee el Salmo 84:11, Santiago 1:17 y 1 Pedro 5:10. ¿Qué *(¡Quién!)* es la fuente de toda gracia? ¿Qué sugiere esto sobre el lugar adonde debemos ir para suplir nuestras necesidades?

_____

_____

_____

_____

Vuelve a ver los puntos que marcaste (circunstancias para las cuales necesitas la gracia de Dios ahora). Humíllate delante de Dios y háblale sobre cada una de estas áreas donde necesitas ayuda. Clama a Él para que supla tu necesidad. Luego agradece a Dios que *Su gracia es suficiente* para ti en cada una de estas áreas.

LA BÚSQUEDA GRUPAL DE DIOS

Comparte

"Esta única palabra, GRACIA, contiene en sí misma toda la teología del Nuevo Testamento".

—J. I. Packer

1. ¿Cómo definirías el concepto de la gracia a un niño de seis años?

2. ¿Cómo te ha ayudado o retado esta semana tu comprensión de lo que es la gracia?

3. En la historia de fe, ¿en qué le ayudó a este hombre admitir sus "pecados secretos" a su esposa? ¿Le ayudó también a ella? ¿De qué manera?

4. ¿Cuáles son los riesgos de tal nivel de honestidad? ¿Valió la pena el resultado?

5. ¿Cómo se diferencia la gracia de la justicia? ¿De la misericordia?

6. Explique cómo se manifiesta la gracia de Dios en la salvación.

_____

_____

_____

_____

7. ¿Cómo puede la gracia de Dios ayudarnos a vencer la tentación y lidiar con el pecado?

_____

_____

_____

8. Lee Hebreos 4:15–16 en voz alta. ¿Qué te dice este pasaje sobre cómo podemos obtener más de la gracia de Dios?

_____

_____

_____

_____

"Si nos dejan solos, nuestros pecados serían demasiado duros; pero la gracia de Dios será suficiente para subyugarlos, para que no nos gobiernen y arruinen".

—Matthew Henry

9. Hemos visto que Dios resiste a los orgullosos, pero da gracia a los humildes (1 Pedro 5:5–7). ¿Por qué crees que esta afirmación es cierta? ¿Cuáles son algunas maneras en que podemos humillarnos y recibir más de su gracia?

_____

_____

_____

"Tus días malos nunca serán tan malos como para que no te alcance la gracia de Dios. Y tus días buenos nunca serán tan buenos como para que no necesites la gracia de Dios".

—Jerry Bridges

10. En el día 5 te pedimos que indicaras algunas de las cosas en tu vida para las cuales necesitabas la gracia de Dios. Pide a cada persona presente que comparta en una sola oración el área de su vida donde más necesita la gracia de Dios. Cuando cada persona termine de hablar, reafirmen a cada una de esas personas, diciéndole en voz alta: *"Te basta Su gracia"*. Luego haz que cada persona se diga a sí misma con fe: *"Me basta Su gracia"*.

Ora por avivamiento

Divídanse en pares, preferiblemente con tu compañero(a) de oración. Compartan cualquier otra situación de su vida para la cual necesiten la gracia de Dios. Si estás luchando con situaciones no resueltas de pecado, sé tan honesto como puedas con tu compañero(a). Recuerda que Dios derrama gracia sobre los humildes. Si necesitas más de la gracia de Dios (el deseo y el poder para obedecerle), esta es una oportunidad para cumplir con Sus condiciones de humildad.

Oren juntos. Confiesen su necesidad y clamen a Dios para que derrame gracia para cada necesidad. Oren para que cada uno experimente el poder sobrenatural de Dios en su vida. Agradezcan a Dios su gracia que salva, transforma, ayuda y sostiene.

La santidad:

UN CORAZÓN COMO EL SUYO

El concepto de *santidad* frecuentemente trae imágenes de caras severas, reglas rígidas y justicia propia. Pero buscar a Dios y vivir un avivamiento personal es todo menos aburrido. Así que, ¿qué significa ser santo?

La santidad puede definirse en dos niveles. La *santidad posicional*, que es la que Dios imparte cuando nos convertimos en Sus hijos. Como Dios es santo y nosotros pecadores, nos reconciliamos con Dios mediante la sangre de Cristo en la cruz (Colosenses 1:19–22). Dios nos imparte la santidad de Cristo para hacernos santos y sin mancha ante Él. Esa es nuestra posición espiritual en Cristo. Hemos sido separados del pecado y apartados para Dios.

La *santidad personal* (o santidad práctica) es el fruto externo de la santidad posicional, evidenciada en la forma en que pensamos y vivimos. Como pertenecemos a Dios y Su Espíritu Santo mora en nosotros, se nos manda vivir de conformidad con Su voluntad cada día, en cada paso que damos, y estamos divinamente equipados para ello. En esta lección nos enfocaremos, en primer lugar, en la santidad personal y práctica.

Versículo a memorizar

"Buscad la paz con todos y la santidad, sin la cual nadie verá al Señor".
(**HEBREOS 12:14**)

Profundiza en la PALABRA

Salmo 99
Efesios 1:3–4; 5:25–27
1 Pedro 1:13–17; 2:9–12

DÍA 1: **Historia de fe**

1 ¿Qué cualidades vienen a tu mente cuando piensas en la *santidad*?

_____

_____

_____

_____

> "Una noche, Dios comenzó a poner el dedo en este pecado secreto".

> "Por primera vez en muchos años empecé a sentir libertad en mi vida".

La siguiente es la historia de la experiencia de avivamiento de un hombre. Lee lo que le sucedió cuando tuvo un vislumbre de la santidad de Dios.

Como cristiano y pastor, honestamente creía que tenía un correcto respeto y reverencia por la santidad de Dios. A menudo predicaba sobre la santidad de Dios. Pero había escondido algo por años. En mi diario frecuentemente escribía de mi lucha con un "pecado secreto". No nombraba el pecado porque no quería arriesgarme a que alguien descubriese lo que sucedía dentro de mí. Pero yo sabía lo que era: tenía una vida desesperada de pensamientos impuros.

Una noche, Dios comenzó a poner el dedo en este pecado secreto. Finalmente tuve que admitirle al Señor abierta y honestamente que había estado cubriendo esta área de mi vida. Como tantos hombres, lo racionalizaba y justificaba como parte de mi naturaleza masculina. Aun así, sabía que lo que estaba experimentando era más que tentación. Me había pasado de la raya. Había abrazado la inmoralidad en mi corazón.

Fui al Señor, quebrantado, humillado y arrepentido. Y por primera vez en muchos años empecé a sentir libertad en mi vida. Al día siguiente compartí con mi esposa lo que le había confesado a Dios. Busqué su perdón también, pues no la había honrado en mis pensamientos. Amorosamente me perdonó. Luego le pedí que me pidiera cuentas y periódicamente me preguntara acerca de lo que había visto en televisión o lo que había leído.

En Isaías 6, el profeta Isaías es confrontado con la santidad de Dios. Él clamó: "¡Ay de mí! Porque perdido estoy, pues soy hombre de labios inmundos y en medio de un pueblo de labios inmundos habito, porque han visto mis ojos al Rey, el SEÑOR de los ejércitos". Cuando de nuevo me di cuenta de la santidad de nuestro Dios, también fui confrontado con mi propio pecado. Sabía que necesitaba compartir con mi congregación lo que Dios había hecho en mi vida.

Así que prediqué de Isaías 6 el próximo domingo.

Con las rodillas que me temblaban y las manos sudorosas, le conté a la congregación de mis años enredados en pensamientos impuros. Les pedí que me perdonaran, empecé a sentir la libertad del yugo que me ataba por años y le di todo honor y gloria a Dios.

Anhelaba que otros también conocieran esta libertad, así que invité a los hombres que también estuvieran batallando con pensamientos impuros a que se unieran a mí en la capilla. Esperaba ver tres o cuatro quizás que se unirían a orar allí. ¡Imagínense mi sorpresa cuando vi a sesenta y cinco hombres en fila entrar por la puerta! Sesenta y cinco de nosotros, muchos con lágrimas en las mejillas, nos unimos y comenzamos a confesar en círculo cómo no habíamos podido mantener la pureza en nuestros pensamientos. Nada se compara con ese momento en que mis hermanos en Cristo me rodearon y juntos nos comprometimos unos con otros a rendirnos cuenta, a orar unos por otros y a retarnos unos a otros.

Cuando somos confrontados con Su Santidad y nuestra naturaleza pecaminosa, Dios amorosamente comienza a convertirnos en lo que Él siempre ha querido que seamos: vasos santos y puros.

2 ¿Cómo impactó a este hombre y a su congregación una concientización de la santidad de Dios?

_____

_____

_____

_____

3 El pasaje que Dios usó para traer convicción al corazón de este pastor es uno muy conocido. Lee Isaías 6:1–7 meditándolo, pidiendo a Dios que se revele a tu vida de una nueva forma. Mientras lees, imagínate en la escena. ¿Qué crees que sería verdaderamente experimentar la presencia maravillosa de un Dios santo como lo hizo Isaías? ¿Cómo te da esperanza la experiencia de Isaías?

_____

_____

_____

_____

DÍA 2: **Encuentro con la verdad**
PREPARÉMONOS PARA LAS BODAS

Imagínate esto: un perfecto día de verano. Los amigos y la familia se reúnen para compartir esta feliz ocasión. Las decoraciones son elegantes y el ambiente es festivo. Hoy tú, el novio, ¡te casas con la mujer de tus sueños! Tus pensamientos son interrumpidos por el sonido del órgano que toca la marcha nupcial. La congregación se pone de pie y se dan la vuelta para ver a la bella novia que está a punto de entrar.

Luego, todos se quedan boquiabiertos. La novia camina torpemente con rolos en el pelo y pantalones de ejercicios. Se ve a sí misma en el horror de la escena frente a ella, y de repente el significado de todo esto la sobrecoge: "Lo siento muchooooo" —grita—, "¡olvidé qué día era hoy!".

Suena ridículo, ¿no? ¿Qué novia se ha olvidado del día de su boda o no lo ha preparado activamente? Sin embargo, entre muchos cristianos vemos un absurdo aún mayor. En la Escritura, la Iglesia (comprendida por aquellos que han nacido en la familia de Cristo mediante el arrepentimiento y la fe en Cristo) es mencionada como la "novia" o la "esposa" de Cristo (Apocalipsis 19:7; 21:2, 9; 22:17). El Señor Jesús mismo prometió volver para llevarse a Su novia al hogar que Él está preparando en el cielo. En ese momento el banquete nupcial será fantástico y la celebración también.

El apóstol Pablo nos da una emotiva descripción del corazón de nuestro Novio Celestial por Su novia y Su deseo expreso por el día de boda que aún está por venir:

> *25Maridos, amad a vuestras mujeres, así como Cristo amó a la iglesia y se dio a sí mismo por ella, 26para santificarla, habiéndola purificado por el lavamiento del agua con la palabra, 27a fin de presentársela a sí mismo, una iglesia en toda su gloria, sin que tenga mancha ni arruga ni cosa semejante, sino que fuera santa e inmaculada. (Efesios 5:25–27)*

4 Según este pasaje, ¿por qué murió Jesús y cuál era su objetivo para Su novia, la Iglesia?

_____

_____

_____

REFLEXIÓN

Ser santificados es ser hechos santos en nuestra práctica. La santificación es un proceso que comienza en cada hijo de Dios al momento de la regeneración y continúa hasta nuestra glorificación final cuando veremos a Cristo cara a cara.

Lamentablemente, muchos cristianos hoy viven como si hubieran olvidado la boda. En un sentido, *avivamiento* puede definirse como la Novia preparándose para la boda. Es la Iglesia (que incluye a todo verdadero creyente) preparándose para encontrarse con su Novio por medio de su santificación, limpia de todo lo que la profana. Si esa es la intención de nuestro Salvador por Su novia, ¿no debiera ser también el foco y la motivación de cada hijo de Dios?

5 ¿Qué tan importante es en tu pensamiento diario "prepararse para la boda"?

❏ Sinceramente, estoy muy preocupado con la vida aquí y ahora; no paso mucho tiempo ni me concentro mucho en ser santo o en prepararme para encontrarme con Cristo.

❏ Hago cierto esfuerzo y pienso en santificarme y en prepararme para el regreso de Cristo, pero frecuentemente me distraigo y me consumen las cosas de este mundo.

❏ Amo al Señor Jesús, estoy emocionado con su regreso y activamente busco "prepararme para la boda" perserverando en mi santificación.

A pesar de que no sabemos cuándo Cristo regresará, la Escritura nos dice cómo debemos vivir ahora en preparación para nuestra herencia celestial:

> *13Por tanto, ceñid vuestro entendimiento para la acción; sed sobrios en espíritu, poned vuestra esperanza completamente en la gracia que se os traerá en la revelación de Jesucristo. 14Como hijos obedientes, no os conforméis a los deseos que antes teníais en vuestra ignorancia, 15sino que así como aquel que os llamó es santo, así también sed vosotros santos en toda vuestra manera de vivir; 16porque escrito está: SED SANTOS, PORQUE YO SOY SANTO.* (1 Pedro 1:13–16)

6 ¿Qué instrucción les da Pedro a aquellos que esperan el regreso de Cristo?

_____

_____

_____

7 ¿Por qué debemos ser santos? ¿Cómo debemos mostrarlo?

_____

_____

_____

_____

La santidad: *un corazón como el Suyo* • 101

El lenguaje puede ser pasivo o activo. El lenguaje pasivo se refiere a algo que se hace por nosotros o a nosotros. El lenguaje activo describe la medida que tomamos para causar que algo suceda o prevenir que algo suceda.

8 ¿Qué tipo de lenguaje —pasivo o activo— se usa en 1 Pedro 1:13–16? ¿Qué te dice esto de la santidad?

_____

_____

_____

_____

CLAVE !

Debemos cooperar activamente con Dios para ser santos.

Muchos otros pasajes nos hacen ver claramente que tenemos una responsabilidad personal cuando se trata de la santidad. Por ejemplo:

> ...*Consérvate puro.* (1 Timoteo 5:22, RV–1960)

> *Sed sobrios, como conviene, y dejad de pecar...* (1 Corintios 15:34)

> ...*Que se aparte de la iniquidad todo aquel que menciona el nombre del Señor.* (2 Timoteo 2:19)

> ...*aborreciendo lo malo, aplicándoos a lo bueno.* (Romanos 12:9)

> ...*limpiémonos de toda inmundicia de la carne y del espíritu, perfeccionando la santidad en el temor de Dios.* (2 Corintios 7:1)

Dios ha ordenado que seamos santos. Nuestra motivación es ser como Él y prepararnos para su regreso. Pero la santidad personal no es algo que esperamos pasivamente para que Dios nos invista de ella de manera mística. Debemos cooperar activamente con Él para ser santos en "toda nuestra manera de vivir".

Quizás estés pensando: *De verdad quisiera ser santo pero sigo fallando. ¡Me parece imposible!* Recuerda... Dios no nos manda nada para lo cual no nos capacita. Si eres hijo de Dios, Él te ha dado su Espíritu Santo para ayudarte en el proceso vitalicio de santificación. La gracia de Dios te dará el deseo y el poder de perseguir la santidad en cada área de tu vida (Filipenses 2:13).

Al final de 1 Tesalonicenses, después de retar a los creyentes a vivir vidas santas, el apóstol Pablo los anima con la siguiente bendición:

> *[23]Y que el mismo Dios de paz os santifique por completo; y que todo vuestro ser, espíritu, alma y cuerpo, sea preservado irreprensible para la venida de nuestro Señor Jesucristo. [24]Fiel es el que os llama, el cual también lo hará.*
> (1 Tesalonicenses 5:23–24)

9 ¿Cómo te dan esperanzas estos versículos en relación con el proceso de tu santificación?

_____

_____

_____

_____

10 Escribe una breve oración expresando tu deseo de buscar la santidad y estar listo para encontrarte con el Novio. Pide su gracia para que te capacite a obedecerle, y dale gracias por Su promesa y Su poder para hacerte santo.

_____

_____

_____

_____

DÍA 3
LECCIÓN 6

DÍA 3 **Encuentro con la verdad**
EL MEOLLO DEL ASUNTO

Los líderes religiosos de los días de Jesús eran muy respetados y se consideraban en todo (incluso ellos mismos) ser "santos". Eran expertos en las leyes del Antiguo Testamento. Se enorgullecían por mantener al dedillo la ley. Su conducta externa era sin falta. Imaginen entonces su consternación cuando Jesús apareció en la escena y comenzó a confrontarlos acerca de la única cosa que solo Dios podía ver: *su corazón*.

He aquí uno de los muchos ejemplos de todos los encuentros que Jesús tuvo con estos líderes que se creían "santos":

> *¹Los fariseos, y algunos de los escribas que habían venido de Jerusalén, se reunieron alrededor de Él; ²y vieron que algunos de sus discípulos comían el pan con manos inmundas, es decir, sin lavar. ³(Porque los fariseos y todos los judíos no comen a menos de que se laven las manos cuidadosamente, observando así la tradición de los ancianos; ⁴y cuando vuelven de la plaza, no comen a menos de que se laven; y hay muchas otras cosas que han recibido para observarlas, como el lavamiento de los vasos, de los cántaros y de las vasijas de cobre.) ⁵Entonces los fariseos y los escribas le preguntaron: ¿Por qué tus discípulos no andan conforme a la tradición de los ancianos, sino que comen con manos inmundas? ⁶Y Él les dijo: Bien profetizó Isaías de vosotros, hipócritas, como está escrito: "Este pueblo con los labios me honra, pero su corazón está muy lejos de mí. ⁷Mas en vano me rinden culto, enseñando como doctrinas preceptos de hombres. ⁸Dejando el mandamiento de Dios, os aferráis a la tradición de los hombres. (Marcos 7:1–8)*

11 ¿Qué hicieron los discípulos (o qué no hicieron) que enojó a los fariseos?

_____

_____

_____

_____

12 ¿Qué nombre usó Dios para los fariseos (v. 6)? ¿Por qué utilizó un término tan fuerte (v. 6–8)?

_____

_____

_____

_____

CLAVE !

La verdadera santidad es ante todo un asunto del corazón.

REFLEXIÓN

A través de los siglos, los líderes religiosos judíos habían añadido una gran cantidad de reglas ("las tradiciones de los ancianos") a la ley del Antiguo Testamento. Dentro de estas reglas había regulaciones específicas de cómo lavarse las manos, incluso hasta de cuánta agua utilizar y cómo echársela.

Mateo 23 nos relata otra ocasión cuando Jesús rechazó categóricamente a los fariseos por su hipocresía. Entre otras cosas, los acusó de:

- No practicar lo que les predicaban a los demás (v. 3).

- Cumplir con sus deberes espirituales para causar una buena impresión en los demás (v. 5–7).

Además, Jesús dijo que existía un mundo de diferencia entre lo que ellos aparentaban ser (basados en las pruebas externas) y en lo que ellos realmente eran (basados en su condición interna real):

> ²⁵*¡Ay de vosotros, escribas y fariseos, hipócritas!, porque limpiáis el exterior del vaso y del plato, pero por dentro están llenos de robo y de desenfreno.* ²⁸*Así también vosotros, por fuera parecéis justos a los hombres, pero por dentro estáis llenos de hipocresía y de iniquidad.* (vv. 25, 28).

El *corazón* de los fariseos (lo que Dios sabía que había en su interior) no se correspondía con su impresionante *hablar* y *conducta* "espiritual". Eran escrupulosamente "limpios" en su exterior, pero eran corruptos en su interior. Eran *hipócritas*. Ellos hicieron sus propias reglas y tradiciones que los exaltaban por encima de la Palabra de Dios, y se consideraban santos porque se conformaban (en lo externo) al estándar hecho por el hombre. Guardaban ciertas reglas meticulosamente (p. ej., diezmar todo, ¡incluso las especies!), mientras que evadían que las reglas se cumplieran en su corazón (p. ej., amar verdaderamente a Dios y a los demás).

En apariencia, la conducta de una persona que es genuinamente santa (no perfecta, pero que vive en humilde obediencia a Dios) y la de una persona que es hipócrita pueden ser muy similares. Pero Dios no mira las apariencias de las cosas; Él mira nuestro corazón. El no solo *da un vistazo* a nuestro corazón, sino que los *escudriña*.

13 Aparta un tiempo para que Dios examine tu corazón. Reflexiona en estas preguntas y toma nota de lo que Dios pone en tu corazón:

¿Aplica a tu vida de alguna manera la descripción que hace Jesús de los fariseos? ¿De qué manera?

_____

_____

_____

_____

A medida que Dios examina tu corazón, ¿qué ve? ¿Verdadera santidad o hipocresía? ¿Eres realmente tan espiritual como otros creen que eres? ¿O eres un hipócrita: alguien que solo *se ve* y *actúa* espiritualmente? ¿Es la impresión que tienen los demás de ti coherente con la condición real de tu corazón que Dios conoce?

_____

_____

_____

_____

14 Escribe una breve oración confesando toda hipocresía que Dios te haya mostrado en tu corazón y pídele que te dé un corazón puro.

_____

_____

_____

_____

DÍA 4: **Encuentro con la verdad**
EL GOZO DE LA SANTIDAD

Escribe una o dos palabras que vengan a tu mente al escuchar las siguientes palabras:

Dulce:_____

Atardecer:_____

Novia:_____

Ahora, escribe algunas palabras que vengan a tu mente al escuchar la palabra *santidad*:

_____

_____

_____

_____

¿Incluyó tu lista las palabras *felicidad* y *gozo*? Por sorprendente que pueda parecer, *santidad* y *felicidad* realmente van de la mano.

En el Salmo 4, David habla de dos tipos de personas: los *piadosos*, los que aman la justicia, y los *impíos*, los que son atraídos al pecado.

> ¹*Cuando clamo, respóndeme, oh Dios de mi justicia. En la angustia me has aliviado; ten piedad de mí, escucha mi oración.* ²*Hijos de hombres, ¿hasta cuándo cambiaréis mi honra en deshonra? ¿Hasta cuándo amaréis la vanidad y buscaréis la mentira?* ³*Sabed, pues, que el Señor ha apartado al piadoso para sí; el SEÑOR oye cuando a Él clamo.* ⁴*Temblad, y no pequéis; meditad en vuestro corazón sobre vuestro lecho, y callad.* ⁵*Ofreced sacrificios de justicia, y confiad en el SEÑOR.*

15 ¿Cuáles características de personas impías ves en este pasaje (v. 2)?

_____

_____

_____

_____

> "La santidad es algo bello y hermoso. En nuestra niñez absorbemos nociones extrañas sobre la santidad, la vemos como algo melancólico, lúgubre, amargo y desagradable; pero en esta no hay nada más que dulzura y belleza deslumbrante".
>
> —Jonathan Edwards

16 En contraste con los impíos, David profesa su amor por la santidad y su fervoroso intento de agradar a Dios. ¿Cuáles son algunas características de personas piadosas que se encuentran en los versículos 1, 3–5?

_____

_____

_____

_____

Al escoger el camino de la santidad, David algunas veces se encontró bajo ataque. Sin embargo, David no sintió pena por sí mismo; no se sentía desgraciado ni depresivo. Nota como describe su condición:

> *Alegría pusiste en mi corazón, mayor que la de ellos cuando abundan su grano y su mosto.* (v. 7)

17 De acuerdo con la experiencia de David, ¿cuál es el resultado de amar la santidad y rechazar el pecado?

_____

_____

_____

_____

El Salmo 32 nos relata el testimonio personal de David después de que cayó en un pecado horrible y luego de que se arrepintió y recibió la gran misericordia de Dios:

> *¹¡Cuán **bienaventurado** es aquel cuya transgresión es perdonada, cuyo pecado es cubierto! ² ¡Cuán **bienaventurado** es el hombre a quien el Señor no culpa de iniquidad, y en cuyo espíritu no hay engaño!*

REFLEXIÓN ☼

En Hebreos 1:9, el autor está realmente citando Salmo 45:7, una profecía mesiánica que apunta a Cristo.

18 Cuando pecamos, lo hacemos porque creemos que nos traerá algún tipo de placer. ¿Qué descubrió David acerca de la verdadera forma de experimentar bendición?

_____

_____

_____

¡Los frutos de la santidad son la *alegría* y el *gozo*! La Escritura nos da una descripción del Señor Jesús que hace esta conexión:

Has amado la justicia y aborrecido la iniquidad; por lo cual Dios, tu Dios te ha ungido con óleo de alegría más que a tus compañeros. (Hebreos 1:9)

La perspectiva de Satanás, el mundo y nuestra mente natural está en el polo opuesto de la forma de pensar de Dios. Ellos tratan de convencernos de que:

Si decides ser santo, te sentirás _____ *; y*

si quieres ser feliz, necesitas _____ *.*

19 ¿Qué puedes aprender del ejemplo de David y Jesús acerca del verdadero camino a la felicidad y el gozo?

_____

_____

_____

_____

"La santidad en el hombre es su mayor felicidad ahora, mientras que en el cielo, la mayor felicidad del hombre será su santidad perfecta".

—Thomas Brooks

DÍA 5: **Personalízalo**

Con lo que el apóstol Pablo nos comparte en varias de sus epístolas nos podemos hacer una idea del proceso que conlleva toda una vida en búsqueda de la santidad:

> *Que en cuanto a vuestra anterior manera de vivir, os despojéis del viejo hombre, que se corrompe según los deseos engañosos, y que seáis renovados en el espíritu de vuestra mente, y os vistáis del nuevo hombre, el cual, en la semejanza de Dios, ha sido creado en la justicia y santidad de la verdad.* (Efesios 4:22–24)

Como "nuevas criaturas" en Cristo, debemos "despojarnos" de todo lo que forme parte del viejo hombre, de la carne corrupta (hábitos pecaminosos, malas actitudes, motivaciones impuras y más). Pero no es suficiente con solo "despojarnos" de la vieja vida. En su lugar, por la gracia de Dios y por el poder del Espíritu Santo, debemos activamente "vestirnos con el nuevo yo", aquellas cualidades propias de una vida con Cristo.

Más abajo hay una lista de algunas cosas de las cuales un hijo de Dios necesita "despojarse". Al lado está la cualidad correspondiente con la cual debe vestirse. En oración, repasa la lista completa y *marca cada cosa de la que Dios te revele que debes "despojarte"*. No te apresures al hacer este ejercicio. Pídele a Dios que utilice esta lista para revelarte áreas específicas de tu vida que no sean santas.

Cuando termines, pasa tiempo a solas con Dios en confesión y oración, utilizando la lista como guía. En los días siguientes, tómate un tiempo para leer y meditar en versículos de la Palabra relacionados con las cosas que marcaste en la lista y empieza a *vestirte* con las cualidades opuestas.

Despojarse de...

- ❏ Falta de amor (1 Juan 4:7–8, 20)
- ❏ Juicio (Mateo 7:1–2)

- ❏ Amargura, falta de perdón (Hebreos 12:15)
- ❏ Egoísmo (Filipenses 2:21)
- ❏ Orgullo (Proverbios 16:5)
- ❏ Arrogancia (1 Corintios 4:7)
- ❏ Testarudez (1 Samuel 15:23)

Vestirse de...

- ❏ Amor (1 Juan 15:12)
- ❏ Dejar que Dios examine mi corazón (Juan 8:9; 15:22)
- ❏ Ternura y perdón (Efesios 4:32)

- ❏ Abnegación (Juan 12:24)
- ❏ Humildad (Santiago 4:6)
- ❏ Estimar a otros (Filipenses 2:3)
- ❏ Quebrantamiento (Romanos 6:13)

Despojarse de…

- Falta de respeto a la autoridad (Hechos 23:5)
- Rebelión (1 Samuel 15:23)
- Desobediencia (1 Samuel 12:15)
- Impaciencia (Santiago 1:2–4)
- Ingratitud (Romanos 1:21)
- Avaricia (Lucas 12:15)
- Descontento (Hebreos 13:5)
- Murmuración y queja (Filipenses 2:14)
- Celos (Gálatas 5:26)
- Conflictos, contiendas (Proverbios 13:10)
- Venganza (Proverbios 24:29)
- Ira (Proverbios 29:22; Santiago 1:19–20)
- Fácilmente irritable (1 Corintios 13:5)
- Odio (Mateo 5:21–22)
- Chismes (1 Timoteo 5:13)
- Hablar mal de alguien (Santiago 4:11)
- Espíritu crítico (Gálatas 5:15)
- Mentir (Efesios 4:25)
- Profanar (Proverbios 4:24)
- Palabras vanas (Mateo 12:36)
- Motivaciones erradas (1 Samuel 16:7)
- Malos pensamientos (Mateo 15:19)
- Autocomplacencia (Apocalipsis 3:15)
- Holgazanería (Proverbios 18:9)
- Hipocresía (Job 8:13)
- Idolatría (Deuteronomio 11:16)

Vestirse de…

- Honrar la autoridad (Hebreos 13:17)
- Sumisión (Hebreos 13:17)
- Obediencia (Deuteronomio 11:27)
- Paciencia (Hebreos 10:36)
- Gratitud (Colosenses 3:15–17)
- Contentamiento (Hebreos 13:5)
- Contentamiento (1 Timoteo 6:8)
- Alabanza (Hebreos 13:15)
- Confianza (1 Corintios 13:4)
- Paz (Santiago 3:17)
- Devolver mal con bien (Romanos 12:19-20)
- Dominio propio (Gálatas 5:22–23)
- No provocado fácilmente (Proverbios 19:11)
- Amor (1 Corintios 13:3)
- Edificación (Efesios 4:29)
- Dar buen informe (Proverbios 15:30)
- Bondad (Colosenses 3:12)
- Hablar la verdad (Zacarías 8:16)
- Hablar puro (Proverbios 15:4)
- Palabras llenas de gracia (Efesios 4:29)
- Motivaciones espirituales (1 Corintios 10:31)
- Pensamientos puros (Filipenses 4:8)
- Celo (Apocalipsis 3:19)
- Diligencia (Proverbios 6:6–11)
- Sinceridad (1 Tesalonicenses 2:3)
- Adorar solo a Dios (Colosenses 1:18)

"El pecado sabe dulce, pero se vuelve amargo en nuestro estómago. La santidad a menudo tiene un sabor amargo, pero se vuelve dulce en nuestro estómago".

—Gary Thomas

"Los que toleran el pecado en lo que piensan que son cosas pequeñas, pronto caerán en asuntos mayores".

—C. H. Spurgeon

Despojarse de...

❏ Abandonar el primer amor (Apocalipsis 2:4)

❏ No regocijarse en todo tiempo (Filipenses 4:4)

❏ Preocupación, temor (Mateo 6:25–32)

❏ Incredulidad (Hebreos 3:12)

❏ Descuido del estudio de la Palabra (2 Timoteo 3:14–17)

❏ Falta de oración (Lucas 18:1)

❏ Despreocupación por los perdidos (Mateo 9:36–38)

❏ Postergación (Proverbios 10:5)

❏ Falta de hospitalidad (1 Pedro 4:9)

❏ Engaño (2 Corintios 4:2)

❏ Robar (Proverbios 29:24)

❏ Falta de moderación (Proverbios 11:1)

❏ Glotonería (Proverbios 23:21)

❏ Amistades equivocadas (Salmo 1:1)

❏ Valores temporales (Mateo 6:19–21)

❏ Amor al dinero; avaricia (1 Timoteo 6:9–10)

❏ Mezquindad (1 Juan 3:17)

❏ Impureza moral (1 Tesalonicenses 4:7)

❏ Fornicación (1 Corintios 6:18)

❏ Lujuria (1 Pedro 2:11)

❏ Adulterio (Mateo 5:27–28)

❏ Pornografía (Salmo 101:3)

❏ Falta de modestia al vestir (Proverbios 7:10)

❏ Flirteo (Proverbios 7:21)

Vestirse de...

❏ Devoción fervorosa (Apocalipsis 2:5)

❏ Regocijo (1 Tesalonicenses 5:18)

❏ Confianza (1 Pedro 5:7)

❏ Fe (Hebreos 11:1, 6)

❏ Estudiar y meditar la Palabra (Salmo 1:2)

❏ Oración (Mateo 26:41)

❏ Compasión, testimonio (Hechos 1:8)

❏ Diligencia (Proverbios 27:1)

❏ Hospitalidad (Romanos 12:13)

❏ Honestidad (2 Corintios 8:21)

❏ Trabajar y dar (Efesios 4:28)

❏ Templanza (1 Corintios 9:25)

❏ Disciplina (1 Corintios 9:27)

❏ Amistades piadosas (Proverbios 13:20)

❏ Valores eternos (2 Corintios 4:18)

❏ Amor a Dios (Mateo 6:33)

❏ Generosidad (Proverbios 11:25)

❏ Pureza moral (1 Tesalonicenses 4:4)

❏ Abstinencia (1 Tesalonicenses 4:3)

❏ Deseos puros (Tito 2:12)

❏ Fidelidad marital (Proverbios 5:15–20)

❏ Pensamientos puros (Filipenses 4:8)

❏ Modestia (1 Timoteo 2:9)

❏ Espíritu gentil, tranquilo (1 Pedro 3:4)

Despojarse de…

❏ Entretenimiento mundano
(Proverbios 21:17)

❏ Daño físico (1 Corintios 3:16–17)

❏ Borracheras (Proverbios 20:1)

❏ Seguir la multitud (Proverbios 1:10)

❏ Hechicería, astrología, horóscopos
(Deuteronomio 18:10–12)

❏ Afición al juego y apuestas
(Proverbios 28:20, 22)

❏ Tratar a algunos con preferencia
(Santiago 2:1–9)

Vestirse de…

❏ Búsqueda espiritual (Gálatas 5:16)

❏ Glorificar a Dios en mi cuerpo
(1 Corintios 6:20)

❏ Sobriedad (Proverbios 23:30–32)

❏ Temor de Dios (Proverbios 3:7)

❏ Adoración a Dios (Deuteronomio
6:5)

❏ Buena mayordomía (Lucas 16:11)

❏ Amar al prójimo como a uno
mismo (Lucas 6:27–36)

Esta lista es de un folleto usado por Life Action Ministries ©1982. Para obtener una versión para imprimir de la lista completa, visite la página de *En busca de Dios* en www.moodypublishers.com y haga clic en la pestaña de Recursos.

LA BÚSQUEDA GRUPAL DE DIOS

"La santidad no es algo que estamos llamados a practicar para convertirnos en algo; es algo que debemos practicar debido a lo que ya somos".

—Martyn Lloyd-Jones

Comparte

1. ¿A quién conoces (o de quién sabes) que haya vivido lo que consideras una vida santa? Explica tu respuesta.

Conversa

2. Define "santidad posicional" y "santidad personal". ¿Cuál es la diferencia entre las dos?

3. ¿Por qué crees que el pastor de la historia de fe sintió que era necesario confesar su "pecado secreto" a su esposa? ¿A su iglesia?

4. ¿Qué efecto tuvo en otros su humilde confesión? ¿Has visto los efectos secundarios del avivamiento en la vida de otros recientemente en la medida que has ido respondiendo a Dios a lo largo de este estudio?

5. Revisa la ilustración de la novia que olvida su día de bodas (día 2). ¿Ves alguna similitud entre esa novia y la condición actual de la novia de Cristo? ¿Cómo debiera afectar nuestra forma de pensar y vivir el hecho de saber que Cristo regresará por Su "novia"?

6. Primera de Pedro 1:13–16 y otros pasajes nos retan a que seamos activos en nuestra búsqueda de santidad. ¿Cómo podemos cooperar con Dios para crecer en santidad personal?

_____

_____

_____

_____

7. ¿Por qué fue Jesús tan duro con los fariseos, cuando todo el mundo pensó que eran modelos de "creyentes"?

_____

_____

_____

_____

8. Tomen turnos leyendo en voz alta la siguiente lista de declaraciones acerca de la diferencia entre los hipócritas y los que son verdaderamente santos.

Los santos se comportan de cierto modo porque aman a Dios.

Los hipócritas se comportan de cierto modo porque quieren que otros crean que ellos aman a Dios.

_____

Los santos se preocupan por complacer a Dios: de dentro hacia fuera.

Los hipócritas se preocupan por cómo son percibidos por los demás.

_____

Los santos tienen un corazón para amar y servir a los demás, independientemente de su estatus socioeconómico.

A **los hipócritas** les gusta codearse con los "influyentes" y los que "progresan" para realzar su propio estatus.

_____

Los santos se doblegan ante la autoridad de la Escritura y viven vidas radicalmente obedientes.

"La santidad cristiana no es asunto de conformarse meticulosamente a los preceptos individuales de un código legal externo; más bien es cuestión de que el Espíritu Santo produzca Su fruto en la vida, reproduciendo aquellas gracias que se vieron perfectamente en la vida de Cristo".

—F. F. Bruce

Los hipócritas excusan su desobediencia a la Palabra de Dios mediante el uso de lógica que suena piadosa, mientras que se adhieren a sus propias reglas y estándares hechos por hombres.

———

Los santos se dan sin reservas a Dios y son pacientes con los demás que aún están en proceso.

Los hipócritas esperan más de otros de lo que están dispuestos a dar de sí mismos.

———

Los santos tienen una estima humilde de sí mismos porque Dios es su estándar.

Los hipócritas se comparan con otros y desarrollan un complejo de superioridad espiritual.

———

Los santos basan sus convicciones en el estándar de la Palabra de Dios.

Los hipócritas exaltan las preferencias personales y las tradiciones humanas a una posición igual (o mayor) que la autoridad de la Palabra de Dios.

———

Los santos son reales.

Los hipócritas fingen . . .
> hacer cosas que no hacen.
> abstenerse de cosas que hacen.
> amar cosas que odian.
> odiar cosas que aman.
> querer lo que los aterra.
> aterrarse de lo que quieren.

¿Te ves a ti mismo en algunas de las declaraciones que describen a los hipócritas? Si sientes la libertad de hacerlo, comparte lo que Dios ha venido mostrándote acerca de cualquier hipocresía en tu vida.

_____

_____

_____

_____

9. ¿Cómo pueden los creyentes ser librados de la hipocresía y vivir más como personas auténticas y santas?

_____

_____

_____

_____

10. ¿Cómo usó Dios en tu corazón la lista de las cosas de las que hay que despojarse y vestirse? ¿Cuáles son algunas formas prácticas para continuar despojándote del "viejo hombre" y vistiéndote del "nuevo ser"?

_____

_____

_____

_____

Ora por avivamiento

En parejas de oración, dile a tu compañero(a) por lo menos un área de avivamiento personal —humildad, arrepentimiento, honestidad, gracia, santidad personal— con la que Dios está trabajando en ti; oren el uno por el otro.

Oren también por un avivamiento de verdadera santidad en la iglesia de hoy. Oren por la restauración de la pureza personal y grupal; oren porque la novia de Cristo se comprometa a "prepararse para las bodas".

Para obtener mayor apoyo y hacer una rendición de cuentas, llámense durante la semana para discutir lo que han aprendido a medida que han buscado al Señor y cómo están respondiendo a Su Espíritu.

La obediencia:

LA PRUEBA DE FUEGO DEL AMOR

Dios ama a Sus hijos. Él sabe que no podemos experimentar ni disfrutar plenamente Su amor a menos que seamos obedientes a Él. Obedecer a Dios no pretende ser un requisito estéril y frío; por el contrario, es la respuesta voluntaria y deseosa con un corazón dispuesto a Aquel que nos ama extravagantemente y quiere lo mejor para nosotros. Dios no se mantiene a lo lejos exigiendo nuestra obediencia. Más bien nos bendice permitiéndonos ser parte del logro de Sus propósitos. Él nos llama a rendición, nos invita a seguir, nos otorga el poder de servir y entonces bendice nuestra obediencia.

Versículo a memorizar

"Si me amáis, guardaréis mis mandamientos".
(JUAN 14:15)

Profundiza en la PALABRA

Deuteronomio 30:11–20
Salmo 119:57–64
Filipenses 2:5–11
1 Juan 2:3–6; 5:1–5

DÍA 1: **Historia de fe**

1 ¿Qué viene a tu mente cuando piensas en el concepto de obediencia? ¿Es un concepto positivo o negativo para ti? ¿Por qué?

_____

_____

_____

_____

> "Esto era más que una ética de negocios mejorada; era vital para caminar con Dios en obediencia total".

Lee la siguiente historia sobre las lecciones que un hombre de negocios aprendió en la escuela de la obediencia de Dios.

Yo no pensaba que había muchas cosas que andaban mal en mi vida. Era el presidente de una compañía en crecimiento de fabricación de muebles, tenía una familia fantástica y servía como diácono en mi iglesia. Era respetado en la comunidad. Por lo tanto, cuando nuestro pastor solicitó a los diáconos que oraran sobre la posibilidad de invitar a un equipo a nuestra iglesia para una campaña de avivamiento, yo no estaba convencido de la necesidad. Pero muy pronto descubrí que Dios siempre mira más profundamente que nosotros.

Durante los servicios, Dios escudriñó mi corazón y reveló cosas que quedaban muy por debajo de Su gloria. Un tema específico involucraba algunas prácticas de negocio. En la industria del mueble es una práctica común duplicar (lo más parecido posible) los diseños exitosos de otras compañías. Yo había hecho esto en dos ocasiones recientemente sin pensarlo mucho. Sin embargo, bajo el escrutinio de la Escritura y del Espíritu Santo, yo vi esta práctica como Dios la veía: deshonesta. A pesar de que era aceptado, ya yo no podía disculpar la práctica de robarme los diseños de los competidores.

Después de confesar este pecado a Dios, sabía que el próximo paso era llamar a los hombres cuyos diseños había copiado, pedirles perdón y comprometerme a cumplir con la indemnización financiera. Para mí, esto era más que una ética de negocios mejorada; era vital para caminar con Dios en obediencia total. Hice las llamadas; el primer hombre agradeció la llamada, pero declinó todo reembolso económico. Su punto de vista era igual que el que yo tenía en el pasado: "Olvídate de eso. Todo el mundo lo hace; realmente no es la gran cosa". El segundo hombre verbalizó perdón y agradecimiento. También declinó el reembolso económico, pero sugirió que mi compañía donara la suma ($18.000) a una institución benéfica que yo eligiera.

Había que hacer cambios en el hogar también. Me percaté de que había sido un buen proveedor, pero un esposo y padre ausente. Yo había estado trabajando muchas horas, y mi familia estaba sufriendo por eso. Comencé a ver que Dios podía ocuparse de nuestras necesidades y de nuestros negocios. Yo no necesitaba estar en la oficina todo el tiempo. Así que reduje las horas de trabajo para invertir ese tiempo en el hogar.

Dios me mostró que la obediencia, o la falta de ella, tiene un efecto profundo en las relaciones interpersonales. Primero que todo, Dios quiere que nuestra relación con Él esté bien. Antes de que tratemos de dar o hacer algo por Dios, Su mayor interés es que estemos bien con Él. Eso requiere obediencia total. Una vez estamos bien con Dios, otras relaciones se convierten en lo que necesitan ser.

A pesar de que me he tropezado con muchas lecciones sobre la obediencia y el precio de la desobediencia, he tenido retrocesos ocasionales. Al igual que muchas áreas en nuestro caminar con Dios, la obediencia requiere una rendición diaria, por no decir momento a momento. Unos seis años después del incidente relacionado con los diseños copiados de los muebles, el contador de la compañía se me acercó con un dilema. El gobierno omitió cobrarnos impuestos en una transferencia tributaria, un descuido que puso a la compañía con una ventaja de aproximadamente $20.000. El contador deseaba saber qué debía hacer al respecto. Yo le dije: "Déjame pensarlo. Te doy una respuesta mañana". Pero yo sabía lo que debíamos hacer. Realmente no había nada que pensar ni orar al respecto. Llamé al muchacho a primera hora de la mañana y me disculpé por no haber hecho lo correcto inmediatamente. Nosotros debíamos el dinero, y no debimos nunca haber dudado si debíamos pagar o no. Cuando la elección entre lo correcto y lo incorrecto es obvia, yo debo obedecer a Dios y hacer lo correcto.

Yo no soy perfecto, de ninguna manera, pero amo al Señor y quiero agradarle. Anteriormente en mi vida, estaba muy atento a cómo lucía ante los demás. Si alguien señalaba algún problema en mi vida trataba únicamente con las ramas, las hojas y los frutos. Pero cuando el Señor comenzó a tratar conmigo con la obediencia total, llegó a la raíz del asunto. ¡La manera de Dios funciona! Incluso si no obtuviéramos la vida eterna, obedecer a Dios y vivir de acuerdo a Sus valores nos protege. Podemos evitar muchas luchas y penas. Definitivamente es la mejor manera de vivir.

> "Al igual que muchas áreas en nuestro caminar con Dios, la obediencia requiere una rendición diaria, por no decir momento a momento".

> "¡La manera de Dios funciona! Es la mejor manera de vivir".

2 ¿Qué crees que quiere decir: "La obediencia requiere una rendición diaria, por no decir momento a momento"? ¿Cómo has experimentado esta verdad en tu caminar con Dios?

_____

_____

_____

_____

Lee los siguientes versículos del Salmo 19:

> ⁷*La ley del SEÑOR es perfecta, que restaura el alma; el testimonio del SEÑOR es seguro, que hace sabio al sencillo.*
> ¹⁰*Deseables más que el oro; sí, más que mucho oro fino,*
> *Más dulces que la miel y que el destilar del panal.*
> ¹¹*Además, tu siervo es amonestado por ellos;*
> *En guardarlos hay gran recompensa.*

3 De acuerdo a este pasaje, ¿cuáles son algunas de las bendiciones ("recompensas") de conocer y obedecer la Palabra de Dios?

_____

_____

_____

_____

DÍA 2: **Encuentro con la verdad**
EL FUNDAMENTO DE LA VIDA CRISTIANA

Cuando eras un niño, probablemente cantabas un corito que se llamaba "El hombre sabio construyó su casa sobre la roca". Ese corito fue tomado de la parábola del Evangelio de Mateo, donde Jesús explicó la importancia de construir nuestra vida sobre un fundamento firme:

> *24Por tanto, cualquiera que oye estas palabras mías y las pone en práctica, será semejante a un hombre sabio que edificó su casa sobre la roca; 25y cayó la lluvia, vinieron los torrentes, soplaron los vientos y azotaron aquella casa; pero no se cayó, porque había sido fundada sobre la roca. 26Y todo el que oye estas palabras mías y no las pone en práctica, será semejante a un hombre insensato que edificó su casa sobre la arena; 27y cayó la lluvia, vinieron los torrentes, soplaron los vientos y azotaron aquella casa; y cayó, y grande fue su destrucción.*
> (Mateo 7:24–27)

La lección es bastante sencilla. La persona sabia es *obediente* a la Palabra del Señor. Escoge construir su vida en escuchar y hacer la voluntad de Dios. Cuando las pruebas y las tentaciones le acosan (como ocurrirá), no se cae. Está segura porque su fundamento es sólido. El hombre insensato, por otro lado, escucha la Palabra de Dios, pero no obra con base en ella. Él también encuentra muchos problemas y, al no tener fundamento, se derrumba.

La obediencia es literalmente fundamental para la vida cristiana. Si no hay obediencia no hay fundamento. A menos que estemos viviendo en obediencia a lo que Dios dice, no tenemos nada sobre qué construir nuestra vida, nada sobre lo cual descansar para hallar seguridad y nada donde nos podamos apoyar cuando somos probados. ¡Jesús dijo que este es el camino para ser sabio! Confía en Él, obedécelo a Él y estarás construyendo sobre la Roca.

4 ¿Te acuerdas de un ejemplo de cómo conocer y obedecer la Palabra de Dios ha demostrado ser un fundamento sólido para tu vida durante un tiempo de adversidad?

_____

_____

La única manera confiable de medir nuestro amor a Dios es examinando si lo estamos obedeciendo. Podemos ponernos la vestimenta, representar el papel, hablar del papel de ser cristiano, pero ninguna de estas cosas demuestra que amamos al Señor genuinamente. La obediencia es la única manera.

☀ **REFLEXIÓN**

Tanto en el Antiguo como en el Nuevo Testamento, las palabras traducidas como *obedecer*, están relacionadas a la idea de escuchar. La obediencia es una respuesta positiva y activa a escuchar la Palabra de Dios. Jesús dijo: "Dichosos los que oyen la palabra de Dios y la guardan" (Lucas 11:28).

! CLAVE

La obediencia es fundamental para la vida cristiana.

5 Lee los siguientes versículos y encierra en un círculo las palabras "ama(r)" y "guarda(r)".

> ^{21}"El que tiene mis mandamientos y los guarda, ese es el que me ama; y el que me ama será amado por mi Padre; y yo lo amaré y me manifestaré a él". [...] ^{23}Jesús respondió, y le dijo: "Si alguno me ama, guardará mi palabra; y mi Padre lo amará, y vendremos a él, y haremos con él morada. ^{24}El que no me ama, no guarda mis palabras; y la palabra que oís no es mía, sino del Padre que me envió". (Juan 14:21, 23–24)

6 Con base en lo dicho por Jesús más arriba, marca las siguientes declaraciones como **V** (verdadero) o **F** (falso).

_____ Puedo amar a Dios y no cumplir Sus mandamientos.

_____ Si amo a Dios, lo voy a obedecer y a cumplir Sus mandamientos.

_____ Mi obediencia es una muestra de mi amor a Dios.

¿Ves la relación entre amor y obediencia? Si de verdad amas a Dios, vas a procurar conocer y cumplir Sus mandamientos. Si no estás cumpliendo Sus mandamientos, no puedes honestamente afirmar que lo amas. Las acciones hablan más alto que las palabras.

7 Cuando obedecemos a Dios probamos que lo amamos. De acuerdo a este pasaje, ¿cómo afecta nuestra obediencia a Dios nuestra capacidad de conocerlo y de experimentar Su amor por nosotros?

_____

_____

_____

_____

8 ¿Demuestra tu vida que amas a Dios? ¿De qué manera? Escribe tu pensar al respecto.

_____

_____

_____

_____

DÍA 3: **Encuentro con la verdad**
LA OBEDIENCIA Y LA GLORIA DE DIOS

Hay un sinnúmero de ejemplos en la Biblia de personas que obedecieron y desobedecieron a Dios. Hoy vamos a ver la vida de Moisés.

Dios le asignó a Moisés una tarea enorme: construir el tabernáculo (Éxodo 25:1–9). Dios mismo diseñó esta estructura portátil inusual que se convertiría en la pieza central de la cultura y adoración de Israel por siglos. Él le dio a Moisés un "plano" con instrucciones precisas relacionadas a la construcción. Moisés era, pues, responsable de asegurarse de que los obreros hicieran las cosas exactamente como Dios había ordenado.

El proceso de construcción tomó muchos meses con una variedad y cantidad de material sin precedentes, y la colaboración de todos los hombres y mujeres de la nación. Cuando el trabajo se completó, algo increíble pasó: *la gloria de Dios llenó el tabernáculo*. Su presencia manifiesta se sostuvo de una manera tan gloriosa que nadie, ni siquiera Moisés, podía soportar entrar. ¡El Dios de los cielos visitó la tierra!

Éxodo 39–40 registra el proceso de la elaboración de las vestimentas sacerdotales. Lee estos extractos y *subraya la frase clave que se repite en cada versículo*:

> *(39)¹Además, de la tela azul, púrpura y escarlata hicieron vestiduras finamente tejidas para ministrar en el lugar santo, y también hicieron las vestiduras sagradas para Aarón, tal como el Señor había mandado a Moisés. […] ⁵Y el cinto hábilmente tejido que estaba sobre él, era del mismo material, de la misma hechura: de oro, de tela azul, púrpura y escarlata y de lino fino torcido, tal como el Señor había mandado a Moisés. […] ⁷Y las puso sobre las hombreras del efod, como piedras memoriales para los hijos de Israel, tal como el Señor había mandado a Moisés. […] ³²Así fue acabada toda la obra del tabernáculo de la tienda de reunión. Los hijos de Israel hicieron conforme a todo lo que el Señor había mandado a Moisés; así lo hicieron. […] ⁴³Y Moisés los bendijo.*
>
> *(40) ¹⁹Y extendió la tienda sobre el tabernáculo y puso la cubierta de la tienda arriba, sobre él, tal como el Señor había mandado a Moisés. […] ²¹Y metió el arca en el tabernáculo y puso un velo por cortina y cubrió el arca del testimonio, tal como el Señor había mandado a Moisés. […] ²⁵Y encendió las lámparas delante del Señor, tal como el Señor había mandado a Moisés. […] ²⁷Y quemó en él*

! CLAVE

Si queremos ver la gloria de Dios en un avivamiento tenemos que obedecer a Dios.

☼ REFLEXIÓN

El tabernáculo era el lugar donde Dios se encontraba con Su pueblo; alojaba la presencia manifiesta de Dios, la cual los judíos llegaron a denominar la gloria *shekinah* de Dios. (Esta palabra hebrea realmente no se encuentra en la Biblia). Significa, literalmente, residencia o morada. Con el tiempo, llegó a significar la presencia visible de Dios.

incienso aromático, tal como el Señor había ordenado a Moisés. […] ²⁹Y puso el altar del holocausto delante de la entrada del tabernáculo de la tienda de reunión, y ofreció sobre él el holocausto y la ofrenda de cereal, tal como el Señor había ordenado a Moisés. […] ³²Cuando entraban en la tienda de reunión y cuando se acercaban al altar, se lavaban, tal como el Señor había ordenado a Moisés.

9 ¿Cuál frase clave subrayaste? ¿Por qué piensas que Dios pudo haber inspirado ese detalle particular para que se repitiera tantas veces en este relato? ¿Qué te dice esa frase acerca de Moisés y los hijos de Israel?

_____

_____

_____

_____

Ahora lee Éxodo 40:33–34:

³³…Así acabó Moisés la obra. ³⁴Entonces la nube cubrió la tienda de reunión y la gloria del Señor llenó el tabernáculo.

10 ¿Cuál de lo siguiente vino primero?

· La gloria de Dios cubriendo el tabernáculo
· Obediencia completa

11 ¿Cuál piensas que es el significado de este orden de eventos y del hecho de que la gloria de Dios no llega hasta que las personas hayan finalizado el trabajo de obedecer Sus instrucciones?

_____

_____

_____

La gloria de Dios cubrió el tabernáculo después de meses de obediencia de parte de Moisés y los demás. Dios decidió manifestarse gloriosamente donde Su pueblo había sido fiel y obediente. De igual manera, si nosotros deseamos ver la gloria de Dios en avivamiento y en un despertar espiritual en nuestros días, tenemos que regresar a Él en completa obediencia.

12 Escribe una oración pidiéndole a Dios que te ayude a obedecer Sus mandamientos y a manifestar Su gloria en tu vida y a través de ella.

_____

_____

_____

_____

DÍA 4: **Encuentro con la verdad**
SAÚL, EL DE DOBLE ÁNIMO

La bendición de Dios vino a medida que Moisés y el pueblo de Israel obedecieron a plenitud. Pero los líderes-siervos de Dios no siempre fueron tan sumisos. Considera, por ejemplo, a Saúl, el primer rey de Israel.

Lee los pasajes de la Escritura que aparecen más abajo y responde las preguntas correspondientes.

> [1]*Samuel le dijo a Saúl: El SEÑOR me envió a que te ungiera por rey sobre su pueblo, sobre Israel; ahora pues, está atento a las palabras del SEÑOR. [2]Así dice el SEÑOR de los ejércitos: "Yo castigaré a Amalec por lo que hizo a Israel, cuando se puso contra él en el camino mientras subía de Egipto. [3]"Ve ahora, y ataca a Amalec, y destruye por completo todo lo que tiene, y no te apiades de él; antes bien, da muerte tanto a hombres como a mujeres, a niños como a niños de pecho, a bueyes como a ovejas, a camellos como a asnos". (1 Samuel 15:1–3)*

13 ¿Las palabras de quién dijo Samuel a Saúl? ¿Qué se le pidió a Saúl que hiciera exactamente?

_____

_____

_____

_____

> [5]*Saúl fue a la ciudad de Amalec y se emboscó en el valle. […] [7]Saúl derrotó a los amalecitas desde Havila en dirección a Shur, que está al oriente de Egipto. [8]Capturó vivo a Agag, rey de los amalecitas, y destruyó por completo a todo el pueblo a filo de espada. [9]Pero Saúl y el pueblo perdonaron a Agag, y a lo mejor de las ovejas, de los bueyes, de los animales engordados, de los corderos y de todo lo bueno, y no lo quisieron destruir por completo; pero todo lo despreciable y sin valor lo destruyeron totalmente. (1 Samuel 15:5,7–9)*

14 ¿Saúl obedeció a Dios? ¿Por qué si o por qué no? (Sustenta tu respuesta).

_____

_____

CLAVE !

La obediencia parcial es desobediencia.

REFLEXIÓN ☼

Los amalecitas eran descendientes de Amalek, el nieto de Esaú. Vivían en la península del Sinaí y en el desierto de Negev al sur de Israel. Soportaron el juicio de Dios por sus ataques no provocados a los israelitas en el tiempo de Moisés (Éxodo 17:8–16; Deuteronomio 25:17–19).

¹⁰Entonces vino la palabra del SEÑOR a Samuel, diciendo: Me pesa haber hecho rey a Saúl, porque ha dejado de seguirme y no ha cumplido mis mandamientos. ¹¹Y Samuel se conmovió, y clamó al SEÑOR toda la noche.

¹²Y se levantó Samuel muy de mañana para ir al encuentro de Saúl; y se le dio aviso a Samuel diciendo: Saúl se ha ido a Carmel, y he aquí que ha levantado un monumento para sí, y dando la vuelta, ha seguido adelante bajando a Gilgal.

¹³Entonces Samuel vino a Saúl, y Saúl le dijo: ¡Bendito seas del SEÑOR! He cumplido el mandamiento del SEÑOR. ¹⁴Pero Samuel dijo: ¿Qué es este balido de ovejas en mis oídos y el mugido de bueyes que oigo?

¹⁵ Y Saúl respondió: Los han traído de los amalecitas, porque el pueblo perdonó lo mejor de las ovejas y de los bueyes, para sacrificar al SEÑOR tu Dios; pero lo demás lo destruimos por completo. (1 Samuel 15:10–15)

15 ¿Por qué se arrepintió Dios de haber hecho rey a Saúl?

_____

_____

_____

16 ¿Hasta ahora, qué pruebas de orgullo y de la hipocresía de Saúl puedes ver en este pasaje?

_____

_____

_____

17 Por mucho que Saúl afirmó haber ejecutado a cabalidad la voluntad de Dios, había pruebas de que no fue así. ¿Qué táctica(s) intentó Saúl usar para explicar sus acciones?

_____

_____

_____

☀ REFLEXIÓN

Gilgal, un pueblo localizado al norte de Jericó en el valle del río Jordán, era el lugar de muchos eventos importantes en la historia de los israelitas. Parece que fue un centro de adoración, y fue por esto posiblemente que Saúl fue allí a ofrecer sacrificio. Pero por su desobediencia, Gilgal —que había sido el lugar donde Saúl fue coronado— se convirtió en el lugar donde Dios lo rechazó como rey.

Puede que quieras leer el resto de 1 Samuel 15. Cuando Samuel entregó su reprimenda, Saúl intentó "espiritualizar" su desobediencia. Sugirió que lo mejor del ganado había sido perdonado para que la gente pudiera adorar a Dios (vv. 15, 21). Y en caso de que eso no fuera una razón aceptable, Saúl dejó implícito que no era su idea sino la del pueblo (v. 21).

Más tarde en la conversación, Saúl finalmente admitió que él había hecho mal, pero aun así se justificó. *He pecado; en verdad he quebrantado el mandamiento del Señor y tus palabras, porque temí al pueblo y escuché su voz* (1 Samuel 15:24).

Primera de Samuel 15:22–23 revela lo "primordial" desde la perspectiva de Dios:

> *22Y Samuel dijo: ¿Se complace el Señor tanto en holocaustos y sacrificios como en la obediencia a la voz del Señor? He aquí, el obedecer es mejor que un sacrificio, y el prestar atención, que la grosura de los carneros. 23Porque la rebelión es como pecado de adivinación, y la desobediencia, como iniquidad e idolatría. Por cuanto has desechado la palabra del Señor, Él también te ha desechado para que no seas rey.*

En resumen, considera algunas cosas que podemos aprender sobre la obediencia a partir de la vida de Saúl:

· Aquellos que se jactan de su obediencia pueden estar tratando de cubrir su desobediencia.

· Ante los ojos de Dios, *nada* es más importante que la obediencia.

· La desobediencia revela un corazón rebelde.

· El punto "más pequeño" de la desobediencia no es un asunto de poca importancia. Así como la brujería, la rebeldía nos da entrada al reino y la influencia de Satanás (v. 23a).

Es también importante entender que la desobediencia nos trae consecuencias. Saúl perdió su posición; Dios le quitó su reino. Saúl tuvo que quedarse en compás de espera y observar cómo otro realizaba lo que Dios le había pedido a él que hiciera (v. 28). Saúl también perdió la amistad piadosa y la asesoría de Samuel.

La obediencia parcial es desobediencia. Dios no está interesado en escucharnos decir: "Yo haría cualquier cosa excepto _____". Ni hay ninguna excusa admisible para no lograr completamente lo que Él nos ha pedido que hagamos.

"La obediencia parcial, retardada o superficial para impresionar a otros no es aceptable ante Dios. Él está buscando hombres y mujeres que respondan con una obediencia instantánea, completa, alegre, sincera cada vez que Él habla".

—Del Fehsenfeld Jr.

18 Si Dios fuera a examinar mi corazón diría que:

- Soy más como Moisés: yo lucho por obedecer plenamente a Dios.
- Soy más como Saúl: en ocasiones, únicamente obedezco parcialmente a Dios, y luego ofrezco excusas o culpo a otros por mi desobediencia.
- No muestro ninguna preocupación por si estoy o no obedeciendo a Dios.

19 De acuerdo a 1 Samuel 15:22, Dios se agrada más cuando Sus hijos obedecen Su voz que con cualquier otra cosa que ellos puedan darle o hacer por Él. ¿Quieres agradar a tu Padre celestial? Si es así, escribe una breve oración expresando tu deseo de deleitar Su corazón a través de tu obediencia.

_____

_____

_____

_____

DÍA 5: **Personalízalo**

LA PRUEBA "CO" (COCIENTE DE OBEDIENCIA)

¿Cuál es el obstáculo mayor para el avivamiento? ¿Pudiera ser la falta de obediencia? Cada acto de desobediencia es un paso más lejos de Dios. Asimismo, cada acto de obediencia es un paso hacia Dios. Recuerda la plegaria de Dios en Malaquías 3:7: "Volved a mí y yo volveré a vosotros, dice el Señor de los ejércitos".

Si fuéramos completamente honestos, muchos de nosotros admitiríamos que ya sabemos uno o más pasos de obediencia que necesitamos dar de manera que podamos regresar al Señor. Quizás haya algo que Dios nos ha pedido que hagamos que aún no hemos hecho, algo que continuamos haciendo y que sabemos no está agradando a Dios; o algún límite que hemos colocado en lo que deseamos hacer por Él.

Haz una pausa por un momento para orar. Pídele a Dios que te muestre dónde no has estado caminando en completa obediencia. Pídele que te lleve a un lugar de disposición y de rendición, a medida que consideras las siguientes preguntas del "cociente de obediencia".

1. ¿Hay algo que el Señor me ha pedido que haga y que no he hecho? Por ejemplo: perdonar a alguien y ser reconciliado con él o ella.

- ❏ Llamar o enviar una nota de ánimo a un hermano(a)
- ❏ Honrar a mis padres
- ❏ Dedicarle más tiempo a mi esposa e hijos
- ❏ Salir de deudas
- ❏ Salir de algún artículo material que ha capturado mi corazón
- ❏ Darle algo a alguien en necesidad
- ❏ Hablar de Cristo con una persona en particular
- ❏ Honrar de manera especial el día del Señor
- ❏ Desarrollar un hábito de lectura diaria de la Palabra y oración
- ❏ Mostrar hospitalidad a alguien
- ❏ Aceptar un servicio cristiano vocacional
- ❏ Tomar un nuevo empleo
- ❏ Dejar un empleo
- ❏ Cuidar de mi cuerpo, comer bien o hacer ejercicios
- ❏ Dar al menos el 10% de mi ingreso para la obra del Señor

"Para poder experimentar un avivamiento, la mayoría de nosotros no tiene que escuchar más verdades, simplemente debemos obedecer lo que ya conocemos".

—Del Fehsenfeld Jr.

Esta lista y las que siguen no tienen la intención de ser exhaustivas. Si lo que Dios te ha pedido que hagas no está en la lista, escríbelo aquí.

Yo sé que Dios quiere que yo:

_____

_____

_____

_____

2. ¿Continúo haciendo algo que sé que Dios desea que deje de hacer? Por ejemplo:

- ❑ Un pasatiempo o alguna actividad recreativa que me consuma demasiado tiempo
- ❑ Gastar demasiado; no pagar lo que debo
- ❑ Discutir
- ❑ Decir malas palabras, profanar
- ❑ Flirtear
- ❑ Jugar o apostar
- ❑ Chismear, tener un espíritu crítico
- ❑ Guardar resentimiento
- ❑ Perder la paciencia
- ❑ Mentir, robarle a mi empleador o a otra persona
- ❑ Actos de violencia
- ❑ Exposición a pornografía
- ❑ Comer demasiado, fumar, consumir drogas u otra adicción
- ❑ Adulterio (emocional o físico)
- ❑ Mucha televisión o programas y películas dañinos

Si lo que Dios quiere que tú dejes de hacer no está en esta lista, escríbelo más abajo.

Yo sé que Dios quiere que yo deje de:

_____

_____

_____

_____

3. ¿Le he puesto límites a Dios en cuanto a las cosas que estoy dispuesto a hacer por Él? Me niego a…

- ❑ ¿Sacrificar mi tiempo para servir a otros?
- ❑ ¿Dar de mis posesiones de forma sacrificial para promover Su reino?

> *"La obediencia a la voluntad de Dios es el secreto del conocimiento y el discernimiento espiritual. No es la disposición de conocer, sino la disposición de HACER [obedecer] la voluntad de Dios lo que nos da seguridad".*
>
> **—Eric Liddell**

- ❏ ¿Sacar tiempo diariamente para estudiar la Biblia y orar?
- ❏ ¿Asociarme con los oprimidos para ofrecerles el amor de Dios?
- ❏ ¿Reducir mis horas de trabajo, y si es necesario mis ingresos, para llenar las necesidades espirituales de mi familia?
- ❏ ¿Mudarme a un lugar nuevo o desconocido para estar dentro de la voluntad de Dios?
- ❏ ¿Romper una amistad o relación que me aleja de Cristo?
- ❏ ¿Defender la justicia, aun ante el riesgo de ser mal entendido o ridiculizado?
- ❏ ¿Hacer un compromiso para formar parte activa de una iglesia local?
- ❏ [Maridos] ¿Amar a mi esposa más de lo que me amo a mí mismo y proveer liderazgo espiritual a mi familia?
- ❏ [Esposas] ¿Respetar y someterme a mi esposo?

Registra más abajo cualquier limitación adicional que hayas colocado para agradar a Dios.

Yo confieso que he estado renuente a:

---

4. Si supieras que Cristo fuera a venir dentro de tres días, ¿estarías entusiasmado de encontrarte con Él porque has vivido una vida de obediencia?

- ❏ No. Me avergonzaría de ver a Cristo en mi presente condición.
- ❏ Sí. He vivido de una manera tal que podría recibir a Cristo con júbilo.

Si contestaste que no, ¿qué tendrías que hacer para estar listo para Su regreso?

Para estar listo para encontrarme con Cristo tendría que:

Toma la determinación de comenzar a obedecer a Dios de inmediato, en las cosas "pequeñas" y en las grandes. Recuerda que, en la realidad, puede que no tengas ni siquiera tres días. ¡Cristo puede venir en cualquier momento! Mientras tanto, la obediencia completa y sincera proporcionará un fundamento sólido para tu vida, independientemente de las tormentas que puedan llegar, y preparará el camino para que la gloria de Dios sea revelada en tu vida y a través de ella.

> *"Dios es Dios. Porque Él es Dios, es digno de mi confianza y de mi obediencia. Yo no encontraré descanso sino en su santa voluntad, una voluntad que está inefablemente por encima de la noción más grande de hasta donde Él puede llegar".*
>
> —Elizabeth Elliot

LA BÚSQUEDA GRUPAL DE DIOS

Comparte

1. La última vez hablamos sobre buscar la santidad personal. Esa es una trayectoria de toda una vida, pero comienza con un paso y después otro. Desde que el grupo se reunió por última vez, ¿qué bendiciones o retos has experimentado en tu búsqueda de santidad?

Conversa

2. Piensa en la historia de fe. ¿Cómo responderías a alguien que le hubiera podido decir al hombre de negocios: "Lo que estás haciendo no está mal; solamente es una práctica común de negocios. ¡Todo el mundo lo hace! No necesitas confesar ni reembolsar nada!"?

> *"Yo no nací para ser libre. Nací para adorar y obedecer".*
> —C. S. Lewis

3. ¿Percibes que este hombre obedeció a Dios alegremente o de mala gana? ¿Cómo lo sabes?

4. ¿Qué refleja nuestro "cociente de obediencia" personal sobre nuestra relación con Dios?

5. Lee Mateo 7:24–27 en voz alta. ¿Cómo nos prepara la obediencia a Cristo y Su Palabra para enfrentar las tormentas inevitables de la vida?

_____

_____

_____

_____

¿Te acuerdas de un ejemplo de la vida real de:

- Alguien que construyó su casa (ej. su vida) en la arena y se desmoronó bajo presión? (Asegúrate de no compartir detalles innecesarios ni privados).

_____

_____

_____

_____

- ¿Alguien que construyó su casa sobre la roca de la obediencia a la Palabra de Cristo y se sostuvo a través de una fuerte tormenta?

_____

_____

_____

_____

6. ¿Qué bendiciones o consecuencias has cosechado tú personalmente en tu vida por algún acto de obediencia o de desobediencia?

_____

_____

_____

_____

7. ¿Qué lección de importancia aprendiste del relato de la construcción del tabernáculo por Moisés (Éxodo 39–40)?

_____

_____

_____

_____

8. ¿Por qué es tan importante que obedezcamos a Dios completamente? ¿Por qué no es suficiente que obedezcamos algo, o incluso casi todo, de lo que Él dice?

_____

_____

_____

_____

9. Además de las tres reflexiones que aparecen en las páginas 96–97 (día 4), ¿qué podemos aprender sobre la obediencia y la desobediencia de la vida del rey Saúl?

_____

_____

_____

10. Si te sientes cómodo, comparte un testimonio personal de cómo Dios ha tratado o está tratando contigo como resultado del ejercicio "Personalízalo". Puede que quieras compartir un paso específico de obediencia que Dios te haya guiado a dar esta semana.

_____

_____

_____

_____

> *"Alegre es el corazón que [...] se mantiene perennemente en las manos del Creador, listo para hacer todo lo que Él desea; que nunca deja de decirse a sí mismo cientos de veces al día: "Señor, ¿qué quieres que haga?".*
>
> **—Francois Fénelon**

Ora por avivamiento

¿Existe en tu vida un tema específico sobre la obediencia que Dios te haya estado convenciendo de pecado, un paso difícil de obediencia que sabes necesitas dar o un área particular en la crónicamente encuentras muy difícil obedecer a Dios?

En pareja con alguna otra persona comparte tu respuesta a esa pregunta. Sé lo más honesto posible. ¡Recuerda que no puedes obedecer a Dios sin Su gracia, y Dios les da gracia a aquellos que se humillan! Pasen unos momentos orando unos por otros con relación a lo que se ha compartido. Ofrécete a contactar a tu pareja de oración durante la semana próxima para saber cómo le ha ido.

Una conciencia tranquila:

CÓMO MANEJAR LAS OFENSAS A LOS DEMÁS

Las primeras siete lecciones de este estudio se enfocaron primordialmente en el aspecto vertical del avivamiento, es decir, nuestra relación con Dios. Ahora vamos a considerar las implicaciones horizontales del avivamiento, es decir, cómo una relación correcta con Dios afecta nuestras relaciones con los demás.

El apóstol Pablo entendió la necesidad de ambas dimensiones. Pablo dijo: "*Por esto, yo también me esfuerzo por conservar siempre una conciencia irreprensible delante de Dios y delante de los hombres*". La Reina-Valera de 1960 traduce este versículo así: "*Y por esto procuro tener siempre una conciencia sin ofensa ante Dios y ante los hombres*". Pablo fue intencional en cuanto a estar siempre bien con Dios y con los demás. En cuanto de él dependía, quería asegurarse de que no había ninguna ofensa entre él y alguna otra persona.

El compromiso de mantener una conciencia tranquila es una clave importante para el avivamiento personal y grupal. Cuando nuestra conciencia está tranquila, no tenemos nada de qué avergonzarnos. En esta lección exploraremos lo que significa tener una conciencia tranquila hacia los demás y descubrir pasos prácticos para obtener y mantener una conciencia tranquila.

Versículo a memorizar

"Por esto, yo también me esfuerzo por conservar siempre una conciencia irreprensible delante de Dios y delante de los hombres".
(HECHOS 24:16)

Profundiza en la PALABRA

Romanos 2:12—16
Hebreos 9:11—14

1 Pedro 3:13—17
1 Juan 3:19—24

DÍA 1
LECCIÓN 8

DÍA 1: **Historia de fe**

1 ¿Te acuerdas de un momento en el que el Espíritu Santo te diera convicción de un pecado cometido contra alguien y no tuviste paz en tu conciencia hasta arreglar el asunto con esa otra persona? Si es así, escribe acerca de tu experiencia.

_____

_____

_____

_____

Lee la siguiente historia acerca de un hombre que estaba dispuesto a hacer lo que fuera para tener una conciencia tranquila con Dios y con su jefe.

> Yo era ingeniero supervisor para uno de los contratistas más grandes de la defensa del gobierno de los E.E. U.U.; por eso estaba autorizado a manejar asuntos que eran secretos por razones de seguridad. Durante una cruzada de avivamiento en mi iglesia, Dios comenzó a darme convicción de un acto deshonesto de años atrás cuando llené los formularios para recibir autorización para tratar asuntos secretos. Específicamente, mentí acerca del uso de drogas en mis años de estudiante universitario. El formulario claramente establecía que toda declaración voluntariamente falsa podría resultar en "prisión de hasta 10 años y una multa de hasta 10.000 dólares". Había usado drogas repetidamente en la universidad y en algunas ocasiones después de eso. Sabía que si decía la verdad en la solicitud probablemente no me darían el trabajo. Así que mentí.
>
> Recuerdo estar despierto toda la noche; no me podía sacar esto de la mente. Primero traté de apaciguar a Dios resolviendo cosas menores de mi vida. Pero aun después de esas cosas, no tenía paz. Finalmente le dije a mi esposa que si quería estar bien con Dios, tenía que volver a presentar mis documentos. Le expliqué que esto podría conllevar una completa investigación del FBI y que podía perder mi trabajo.
>
> Modifiqué mi documento con una nota adjunta explicando que había entregado mi vida a Jesucristo y que sentía la necesidad de confesar que había mentido cuando llené los formularios de seguridad originalmente. Les pedí perdón y les dije cuánto sentía haberles mentido. Todavía recuerdo caminar por aquel pasillo con el sobre en mis manos. Satanás me atacaba diciéndome que estaba echando a perder mi trabajo y mi vida por nada.

"Satanás me atacaba diciéndome que estaba echando a perder mi trabajo y mi vida por nada".

Pasó casi una semana antes de escuchar respuesta. Finalmente mi jefe me llamó a su despacho. El director de seguridad estaba allí. "La Marina ha pedido su suspensión hasta que se lleve a cabo una investigación" —dijo—. Necesito que me entregues tu placa de seguridad".

Me permitieron continuar trabajando y aun supervisar mi grupo, pero no tenía la autorización de seguridad para entrar al edificio. Me dieron un escritorio en el pasillo, y por consiguiente tenía constantes oportunidades de explicar lo que Dios había hecho en mi vida. La gente me decía que yo estaba loco si confiaba en el departamento de seguridad para el manejo de mi caso. Pero yo les respondía que no confiaba en el departamento de seguridad; mi confianza estaba en Dios.

Continué como supervisor del proyecto por los próximos meses. Finalmente me exigieron una investigación completa del Departamento de Defensa. Mi jefe temía que la investigación se prolongara indefinidamente. Me debatía entre Cristo y el mundo. ¿Cómo podía esperar que ellos entendieran? Finalmente me comunicaron que el FBI me había absuelto. Completé ese proyecto y luego me reubicaron en otra área que resultó mejor para mi familia y para mí.

Nunca me he arrepentido de lo que hice. La completa impotencia de depender solo de Dios era exactamente lo que necesitaba.

> "La completa impotencia de depender solo de Dios era exactamente lo que necesitaba".

2 Si este hombre hubiera venido a pedirte consejo acerca de si admitir o no su engaño a su jefe, ¿qué le hubieras aconsejado? (Sé específico).

_____

_____

_____

_____

Antes de poder tener una conciencia "sin ofensa" hacia los demás, nuestra conciencia debe estar limpia para con Dios. Hebreos 10:19–23 explica la única forma en que esto es posible:

> _[19]Entonces, hermanos, puesto que tenemos confianza para entrar al Lugar Santísimo por la sangre de Jesús, [20]por un camino nuevo y vivo que Él inauguró para nosotros por medio del velo, es decir, su carne, [21]y puesto que tenemos un gran sacerdote sobre la casa de Dios, [22]acerquémonos con corazón sincero, en plena certidumbre de fe, teniendo nuestro corazón purificado de mala conciencia y nuestro cuerpo lavado con agua pura. [23]Mantengamos firme la profesión de nuestra esperanza sin vacilar, porque fiel es el que prometió._

Una conciencia tranquila: _cómo manejar las ofensas a los demás_ • 141

3 ¿Por qué podemos acercarnos a Dios con la conciencia tranquila y plena certidumbre? Toma un tiempo para agradecer a Dios su provisión por hacer posible que nos acerquemos a Él con un corazón puro y una conciencia tranquila.

_____

_____

_____

_____

DÍA 2: **Encuentro con la verdad**

¿QUÉ SIGNIFICA TENER UNA CONCIENCIA TRANQUILA?

Tener la conciencia tranquila significa que no hay ninguna obstrucción en nuestra relación con Dios o con los demás. Significa que somos cuidadosos evitando pecar contra Dios o contra los demás con nuestras palabras, acciones o actitudes. También significa que cuando pecamos, nos arrepentimos rápidamente, admitimos nuestra falta a todos los que ofendimos, les pedimos perdón y hacemos cualquier restitución que sea necesaria.

El tener una conciencia limpia hacia los demás significa que hemos dado los pasos que han sido necesarios para lidiar con cualquier pecado que hayamos podido cometer contra otra persona. Significa que podemos mirar a todos los que conocemos a los ojos sin vergüenza, sabiendo que estamos bien con ellos en lo que depende de nosotros.

Samuel, el profeta del Antiguo Testamento, fue un héroe en Israel. Había sido un consejero espiritual leal por muchos años. Su vida fue estable y su liderazgo siempre había sido confiable, aun durante tiempos de caos nacional. En 1 Samuel 12 encontramos que la nación entera se había reunido para escuchar a Samuel. En ese momento ya era un hombre mayor y su reputación era bien conocida entre todas las personas. Él le hace a la gente una sorprendente pregunta y recibe de igual manera una respuesta excepcional.

> ¹*Dijo Samuel a todo Israel: He aquí, yo he oído vuestra voz en todo cuanto me habéis dicho, y os he puesto rey.* ²*Ahora, pues, he aquí vuestro rey va delante de vosotros. Yo soy ya viejo y lleno de canas; pero mis hijos están con vosotros, y yo he andado delante de vosotros desde mi juventud hasta este día.* ³**Aquí estoy; atestiguad contra mí delante de Jehová y delante de su ungido, si he tomado el buey de alguno, si he tomado el asno de alguno, si he calumniado a alguien, si he agraviado a alguno, o si de alguien he tomado cohecho para cegar mis ojos con él; y os lo restituiré.** ⁴*Entonces dijeron: Nunca nos has calumniado ni agraviado, ni has tomado algo de mano de ningún hombre.*

4 Piensa en cómo Samuel pudo haber dicho su discurso si hubiese estado frente a una audiencia de nuestros días. Parafrasea en tus propias palabras la porción que está en negrita más arriba, como si estuviesen siendo habladas en el contexto de una reunión familiar, un ambiente laboral o la iglesia.

! CLAVE

Tener la conciencia tranquila significa no tener pecados ocultos entre tú y Dios o entre tú y otras personas.

☼ REFLEXIÓN

A menudo considerado el último de los jueces y el primero de los profetas, Samuel fue llamado por Dios siendo niño (1 Samuel 3). Él proveyó estabilidad y liderazgo en Israel por muchos años, y vivió lo suficiente para ungir a Saúl y David como reyes. Murió alrededor del año 1000 a.C.

5 ¿Por qué piensas que Samuel pudo ser tan vulnerable y transparente con la gente que lideraba?

_____

_____

_____

_____

6 La gente de Israel conocía bien a Samuel; habían observado su vida por muchos años. ¿Qué nos dice su respuesta acerca del carácter de Samuel?

_____

_____

_____

_____

La vida de Samuel nos ilustra de una manera hermosa lo que significa tener una conciencia tranquila. Él podía pararse frente a toda aquella gente que le conocía y que había observado su vida, preguntarle si le había hecho algún mal a alguno y no tener ningún acusador. ¡Ni uno!

7 Si te pararas frente a todas las personas que conoces y les hicieras las mismas preguntas que Samuel les hizo a los que mejor le conocían, ¿obtendrías la misma respuesta?

☐ Sí, la respuesta sería la misma. A mi entender, mi conciencia está tranquila y no tendría ningún acusador.

☐ No, recibiría una respuesta diferente. Algunos podrían justificadamente acusarme de haberles hecho daño y de nunca haber hecho nada para arreglarlo.

Todo hijo de Dios que esté buscando al Señor seriamente y experimentando un avivamiento personal tiene que estar comprometido con mantener una conciencia tranquila frente a los demás. Aquí es donde se demuestra lo que somos; este es el contexto en el cual el arrepentimiento genuino, la humildad y la santidad se ponen en práctica.

Esta semana estamos tratando con uno de los más prácticos y poderosos principios de avivamiento personal. Puede ser uno de los más difíciles también. Si deseas obedecer a Dios obteniendo y manteniendo una conciencia tranquila,

saca un momento para decir esta oración de todo corazón, y luego sella tu compromiso con el Señor firmando más abajo:

Señor, quiero tener una conciencia tranquila ante todas las personas que conozco. Por favor, revélame cualquier situación que necesite resolver con los demás y, por Tu gracia, haré todo lo que me muestres que debo hacer para arreglar las cuentas.

Firma:_____

DÍA 3: **Encuentro con la verdad**
RECONCILIADO CON DIOS Y CON LOS DEMÁS

¿Alguna vez has considerado que Jesús toma de manera personal todo lo que hacemos o decimos a los demás? Dos pasajes del Nuevo Testamento dejan esto particularmente claro. En Mateo 25, Jesús elogia a los rectos por ministrar a Sus necesidades personales y prácticas, y condena a los malos por no hacerlo. Ambos grupos quedan perplejos en cuanto a cuándo o cómo lo han hecho:

> *37Entonces los justos le responderán diciendo: Señor, ¿cuándo te vimos hambriento, y te sustentamos, o sediento, y te dimos de beber? 38¿Y cuándo te vimos forastero, y te recogimos, o desnudo, y te cubrimos? 39¿O cuándo te vimos enfermo, o en la cárcel, y vinimos a ti? 40Y respondiendo el Rey, les dirá: De cierto os digo que en cuanto lo hicisteis a uno de estos mis hermanos más pequeños, a mí lo hicisteis. [...] 45Entonces les responderá diciendo: De cierto os digo que en cuanto no lo hicisteis a uno de estos más pequeños, tampoco a mí lo hicisteis.* (Mateo 25:37–40, 45)

Hechos 9 es el relato familiar de la conversión de Saulo de Tarso. Lee el inicio del pasaje más abajo:

> *1Saulo, respirando aún amenazas y muerte contra los discípulos del Señor, vino al sumo sacerdote, 2y le pidió cartas para las sinagogas de Damasco, a fin de que si hallase algunos hombres o mujeres de este Camino, los trajese presos a Jerusalén. 3Mas yendo por el camino, aconteció que al llegar cerca de Damasco, repentinamente le rodeó un resplandor de luz del cielo; 4y cayendo en tierra, oyó una voz que le decía: Saulo, Saulo, ¿por qué me persigues? 5Él dijo: ¿Quién eres, Señor? Y le dijo: Yo soy Jesús, a quien tú persigues; dura cosa te es dar coces contra el aguijón.* (Hechos 9:1–5)

8 De acuerdo con los versículos 1 y 2, ¿a quién está persiguiendo Saulo?

_____

_____

_____

9 Cuando Jesús le habló a Saulo, ¿a quién dijo Él que Saulo estaba persiguiendo (vv. 4–5)?

_____

10 ¿Qué percibes en estos dos pasajes (Mateo 25 y Hechos 9) acerca de cómo Dios mira nuestras acciones frente a otras personas?

_____

_____

_____

_____

Lo bueno y lo malo que le hacemos a otros se lo hacemos a Jesús. Esta sola verdad debería proveernos la suficiente razón para siempre tratar de mantener la conciencia tranquila. ¿Le mentirías a Jesús? ¿Le robarías? ¿Creerías rumores infundados acerca de Él para luego difundirlos como si fuesen verdad? ¿Te enfadarías con Cristo? ¿Lo subestimarías o criticarías? ¿Le tendrías rencor o le darías el castigo del silencio? Jesús dice: _De cierto os digo que en cuanto lo hicisteis a uno de estos mis hermanos más pequeños, a mí lo hicisteis_ (v. 40, cursivas añadidas).

11 Pídele a Dios que traiga a tu mente todo aquel al que hayas tratado de alguna manera que le haya herido (y por consiguiente, herido a Dios). Busca su perdón por tu pecado contra esa persona y contra los demás y pídele a Dios que te muestre cómo tener una conciencia tranquila con esa persona.

El avivamiento y la reconciliación son inseparables. _No puedes estar bien con Dios y no estar bien con el prójimo._ Cuando nuestra relación con Dios se ha avivado, nuestras relaciones con los demás se afectan. Las relaciones rotas se arreglan; las amarguras, los rencores, los espíritus de crítica, la ira y el conflicto se reemplazan por amor genuino, perdón, humildad y unidad.

Considera el avivamiento que alcanzó gran parte de Canadá y parte de Estados Unidos en los comienzos de los años 70. El epicentro de este movimiento fue la Iglesia Bautista Evanecer de Saskatoon, Saskatechewan. Durante los primeros días de este avivamiento, dos hermanos fueron reconciliados maravillosamente. Antes de eso, no se habían hablado por aproximadamente dos años, a pesar de que asistían a la misma iglesia. Sin embargo, una tarde Dios quebrantó su orgullo y dureza, y terminaron abrazados entre sollozos. La iglesia no pudo pasar por alto el cambio tan drástico que vivieron y Dios usó su testimonio grandiosamente para esparcir y profundizar la obra del avivamiento.

Las relaciones buenas —especialmente en la familia de Dios— son uno de los más poderosos medios de comunicar el evangelio a un mundo caído. Nuestro Dios es un Dios de reconciliación, y cuando los creyentes no pueden llevarse bien los

! CLAVE

El avivamiento y la reconciliación van de la mano.

unos con los otros o no pueden resolver bíblicamente sus conflictos, en realidad desacreditamos el evangelio. Cuando el pueblo de Dios se reconcilia entre sí, demostramos el poder del evangelio y lo hacemos creíble.

En Efesios 2, Pablo explica que por el hecho de que Jesús nos ha reconciliado con Dios, podemos ser reconciliados con los demás.

> *¹²En aquel tiempo estábais sin Cristo, alejados de la ciudadanía de Israel y ajenos a los pactos de la promesa, sin esperanza y sin Dios en el mundo. ¹³Pero ahora en Cristo Jesús, vosotros que en otro tiempo estábais lejos, habéis sido hechos cercanos por la sangre de Cristo. ¹⁴Porque él es nuestra paz, que de ambos pueblos hizo uno, derribando la pared intermedia de separación, ¹⁵aboliendo en su carne las enemistades, la ley de los mandamientos expresados en ordenanzas para crear en sí mismo de los dos un solo y nuevo hombre, haciendo la paz, ¹⁶y mediante la cruz reconciliar con Dios a ambos en un solo cuerpo matando en ella las enemistades.* (Efesios 2:12–16)

REFLEXIÓN ☼

En Efesios 2, Pablo se refiere específicamente a la reconciliación de los judíos y gentiles con Dios y entre ellos. De todos modos, el principio se aplica a otras relaciones también.

12 ¿Sobre qué base pueden los pecadores que están alejados de Dios ser reconciliados con Él (v. 13)?

_____

_____

_____

_____

13 ¿Sobre qué base pueden las personas que están alejadas de los demás ser reconciliadas entre sí (vv. 14–16)?

_____

_____

_____

_____

Por medio de la cruz de Cristo, aquellos que un día fueron separados de Dios pueden acercarse a Él. Y por medio de esa misma cruz, "la pared de hostilidad" que existe entre nosotros y los demás ha sido derribada, haciendo posible para nosotros la reconciliación y la paz entre nosotros.

14 Detente por un momento y haz un inventario personal rápido. ¿Tienes una relación rota o tensa con otra persona?

❏ Sí.
❏ No que yo sepa.

15 Selecciona cualquiera de las siguientes actitudes, respuestas o situaciones que actualmente tienes en tu corazón:

- ❏ Sentimientos de dolor
- ❏ Espíritu de crítica
- ❏ Deseos de venganza
- ❏ Ira
- ❏ Rencor
- ❏ Conflictos sin resolver
- ❏ Amargura
- ❏ Llevar la cuenta
- ❏ Otro

16 Lee Mateo 5:23–24. Con este pasaje en mente, reflexiona en las diferentes maneras en que actualmente estás sirviendo a Dios (por ejemplo, dictando una clase, dando, asistiendo a los cultos de adoración, dando testimonio). Ahora, visualiza una señal de tránsito colgada entre tú y esa actividad. ¿Está Dios llamándote a parar o a continuar? ¿Está dándote la luz verde porque tu conciencia está tranquila, o te dio la luz roja, en indicación de que necesitas reconciliarte con alguien antes de que tu adoración y servicio sean aceptables a Él?

DÍA 4: **Personalízalo**

La reconciliación suena maravillosa, ¿no? ¿Quién no quisiera sentir la emoción de restaurar una vieja amistad perdida o de transformar un enemigo en aliado? Pero estas cosas no pasan solas. Al menos una de las partes debe tomar el camino de la humildad y aceptar parte de la culpa por cualquier actitud o acción incorrectas. (En la próxima lección consideraremos el rol del perdón en la reconciliación).

La reconciliación requiere que demos los pasos necesarios para tener una conciencia tranquila frente a aquellos a quienes hemos ofendido o lastimado de alguna forma. Como leímos el día 4, Jesús enfatiza este proceso en el Sermón del Monte.

> [23]*Por tanto, si traes tu ofrenda al altar, y allí te acuerdas de que tu hermano tiene algo contra ti,* [24]*deja allí tu ofrenda delante del altar, y anda, reconcíliate primero con tu hermano, y entonces ven y presenta tu ofrenda.* (Mateo 5:23–24)

17 ¿Por qué la reconciliación entre nosotros es más importante para Dios que cualquier regalo que podamos ofrecerle? ¿Cómo están interconectadas nuestras relaciones con Dios y los demás ?

_____

_____

_____

_____

Jesús dijo que si recordamos que otro creyente tiene algo en contra de nosotros tenemos que parar de hacer todo lo que estemos haciendo y tratar con eso inmediatamente, aun cuando estemos en el medio de un servicio de adoración. No podemos seguir adorando, sirviendo ni dándole ofrendas. Primero debemos ir y reconciliarnos con ese hermano que ha sido ofendido. Hasta que lo hagamos, ningún intento de actividad espiritual tendrá sentido.

Entonces ¿cómo podemos llegar a tener una conciencia tranquila? Aquí tenemos una guía práctica que te ayudará a empezar. Hoy miraremos los dos primeros pasos y cubriremos los demás en el día 5.

CLAVE !
Si hemos pecado contra otros, debemos humillarnos y debemos hacer todo lo que sea necesario para tener una conciencia tranquila con Dios y esa persona.

1. Haz una lista

Aparta un buen tiempo cuando puedas estar solo y sin interrupciones. Comienza orando. Proponte estar de acuerdo con Dios en relación a todo lo que Él te muestre. Después, *pídele a Dios que escrudiñe tu corazón y te recuerde a cada persona a quien le hayas hecho daño o con quien tengas un conflicto sin resolver.*

Haz una lista de todas las personas que Dios te muestre. Mientras escribes cada nombre, escribe también cómo le has hecho daño a esa persona. Sé lo más específico posible en cuanto a las maneras en las que hayas actuado mal contra esa persona.

A continuación varias preguntas que te pondrán a pensar. Estas preguntas no intentan comprender todas las posibilidades. Dios puede puntualizar otras áreas o categorías de personas con quienes necesitas limpiar tu conciencia. Algunas de las situaciones que Dios trae a tu mente pueden estar en el pasado; otras podrían ser actuales. Así tu ofensa haya pasado hace cincuenta años o cincuenta minutos, si no has tratado con ella ponla en la lista.

Usa las siguientes preguntas que te ayudarán a determinar:

> *¿Con quién necesito limpiar mi conciencia? ¿Contra quién he pecado y nunca he vuelto a pedir perdón y arreglar las cosas?*

A. ¿Está tu conciencia tranquila con tu familia?

- ¿Has faltado a alguna promesa a tu familia? ¿Has faltado a tus votos matrimoniales?

- ¿Estás engañando a tu familia de alguna manera?

- ¿Eres flojo o negligente con tus tareas en el hogar?

- ¿Tienes algún hábito que irrita o frustra a tu familia?

- ¿Estás airado, resentido o eres abusivo con alguien de tu familia?

- ¿Has herido el espíritu de tu pareja?

- ¿Le has negado amor a tu pareja o a tus hijos?

- ¿Has deshonrado a tus padres o a los padres de tu pareja?

- ¿No has provisto para tu familia o no te has dado sexualmente a tu pareja?

REFLEXIÓN

Si tu primer pensamiento cuando piensas en alguien es ira, resentimiento, temor o miedo, es posible que esa persona deba ser agregada a tu lista.

*"No hay almohada
más suave que una
conciencia tranquila".*

—Proverbio francés

B. ¿Está tu conciencia tranquila con tu familia de la iglesia?

- ¿Eres culpable de chisme, difamación o espíritu crítico frente a tu pastor o alguno de tus líderes en la iglesia?

- ¿Ha puesto Dios algún área de servicio en tu corazón y te has negado a realizarla?

- ¿Tienes pensamientos y actitudes críticas hacia alguien en tu iglesia? ¿Les has dicho eso a otros?

- ¿Es tu actitud "soy mejor que tú" hacia tu familia de la iglesia?

- ¿No le has dado al Señor al menos el 10% de tus ingresos?

- ¿No has obedecido a Dios con el bautismo del creyente?

- ¿Has abusado de tu rol de líder en la iglesia de alguna manera?

- ¿Has sido hipócrita sirviendo en la iglesia, dejando una impresión de que eres muy espiritual, mientras cubres tu desobediencia o tu falta de amor a Dios?

C. ¿Está tu conciencia limpia con los incrédulos?

- ¿Has revuelto o contribuido en alguna disputa en tu vecindario o comunidad?

- ¿Has robado en algún tipo de negocio (robo en tiendas, te cobraron de menos y no dijiste nada, etc.)?

- ¿Obedeces las leyes de tránsito, los códigos de los edificios y otras ordenanzas locales?

- ¿Se habla bien de ti en tu vecindario y en los negocios en los que compras?

- ¿Pueden las personas saber que eres cristiano solo por observar tu estilo de vida?

- ¿Has estafado a la oficina de impuestos? ¿Has hecho trampa en exámenes, trabajos en la escuela o la universidad?

D. ¿Está tu conciencia tranquila en tu trabajo?

- ¿Le has faltado el respeto a tus supervisores o has hablado de tus supervisores de manera irrespetuosa?

- ¿Tienes algún conflicto sin resolver con algún compañero de trabajo?

- Cuando tienes algún desacuerdo en el trabajo, ¿buscas resolverlo rápida y bíblicamente, o te muestras airado y arrastras a los demás a la misma situación sin necesidad?

- ¿Trabajas leal y diligentemente? ¿Eres siempre honesto en relación a por qué tomas tiempo libre en el trabajo?

- ¿Abusas de las políticas de la compañía?

- ¿Has robado algunos artículos o dinero de algún empleador o has mentido en los reportes de gastos?

E. ¿Está tu conciencia tranquila con respecto al pasado?

- ¿Tienes algún conflicto pendiente de resolver con algún miembro de la familia? ¿Con miembros de la iglesia, líderes o el personal? ¿Vecinos? ¿Supervisores, compañeros de trabajo? ¿Compañeros de clases, profesores?

- ¿Has cometido algún delito que no hayas confesado a las autoridades de lugar?

- ¿Has mentido a alguna persona acerca de algo en un intento de evadir las consecuencias por alguna cosa mala que hayas hecho?

¿Existe alguna otra cosa por la que Dios te esté dando convicción que tengas que corregir? Cualquier pecado —pasado o presente— que nunca hayas aclarado con la persona que fue o es afectada? ¿Alguna persona a la que no puedas ver a los ojos con una conciencia tranquila? Agrega a cada persona y ofensa que Dios traiga a tu mente a la lista de aquellos con los que tienes que limpiar tu conciencia.

2. Busca el perdón de Dios.

Cualquier pecado contra otra persona es primeramente un pecado contra Dios (2 Samuel 12:13). Ora mientras ves la lista que has hecho y busca el perdón de Dios porque has pecado contra Él pecando contra otros.

Una vez que hayas terminado esta lista y hayas buscado el perdón de Dios podrás empezar a limpiar tu conciencia con las personas de la lista. Si te sientes abrumado por el tamaño de tu lista, recuerda que Dios no te pedirá que hagas nada para lo cual Él no pueda darte la gracia —el deseo y el poder— de hacerlo. Y recuerda que Dios *da gracia a los humildes*. Mientras te humillas y empiezas a limpiar tu conciencia, Él andará contigo a cada paso, no importa lo duro que sea el proceso ni el tiempo que tome.

"El testimonio de una conciencia tranquila es la gloria de un hombre bueno; el que tenga la conciencia tranquila siempre tendrá felicidad".

—Thomas à Kempis

DÍA 5: **Personalízalo**

Los pasos que vas a dar en la sesión de hoy pueden ser los más desafiantes y difíciles que hayas dado en tu trayectoria espiritual. Pero con cada paso de humildad recibirás más de la gracia de Dios y estarás un paso más cerca de experimentar la bendición de una conciencia tranquila que es "sin ofensa ante Dios y ante los hombres" (Hechos 24:16, RV–1960). Mientras sigas trabajando a través de tu lista descubrirás que no hay gozo ni libertad igual que tener una conciencia tranquila con Dios y con las personas.

A diferencia de otros ejercicios "Personalízalo" en esta guía de estudio, no se te pedirá que registres tus respuestas por escrito en el día de hoy. En vez de eso, te motivaremos a empezar el proceso de tener una conciencia tranquila, cueste lo que cueste. Esta es una de esas veces en la que es importante "hacer" y no solo "oír" de la Palabra. No permitas que el enemigo te robe la libertad de tener una conciencia tranquila. ¡Da esos primeros pasos hoy!

Ahora que has hecho la lista de personas con las cuales necesitas limpiar tu conciencia, aquí hay unas pautas.

3. Hazte el propósito de buscar el perdón de cada persona contra la cual hayas pecado.

El hacer una lista de nombres no limpia nuestra conciencia; solo nos da una idea, un mapa. Hasta que en realidad no vayas y confieses tu pecado y busques perdón, tu conciencia no estará tranquila. Lo ideal es que vayas y hables con cada persona cara a cara. Si eso no es posible, habla con ellos por teléfono. En la mayoría de los casos escribir una carta no es sabio, ya que a veces es más difícil decir lo que tu corazón siente y sentir la respuesta de la persona a la que estás pidiendo perdón.

Pídele a Dios que te dé sabiduría para saber el momento oportuno en el que debas acercarte a las personas en tu lista, especialmente cuando estés tratando alguna situación delicada. También, es posible que debas buscar consejería de un pastor o amigo cristiano y maduro sobre cómo manejar algunas situaciones difíciles o complejas.

Escribe una oración breve expresando tu compromiso de tener una conciencia tranquila con cada persona en tu lista, pidiéndole a Dios que te dé la gracia de seguir con tu compromiso.

4. Escoge tus palabras correctamente.

Sé humilde. No ofrezcas excusas ni hagas acusaciones, por muy mal que se haya portado la otra persona. Humíllate y confiesa *tu* pecado. Cuando el hijo pródigo regresó a casa le dijo a su padre: "He pecado contra el cielo y ante ti" (Lucas 15:18). Sé específico en decir cómo pecaste contra esa persona. No solo te excuses o digas "¡Lo siento!". Si quieres perdón, ¡pídelo!

5. Donde sea necesario, haz restitución.

Si has engañado o robado a alguien, ofrece restituir lo que has tomado. (Observa la historia de fe en la lección 7 acerca del fabricante de muebles que hizo restitución por haber robado diseños a otras compañías).

6. Busca la reconciliación de las relaciones.

La meta es, mientras sea posible y apropiado, la reconciliación de las relaciones que se han afectado o perdido. (En algunos casos, los que tienen que ver con inmoralidad, abuso físico o sexual o actividades ilegales podría no ser apropiado restaurar esas relaciones). Una vez que hayas confesado tu mala acción y hayas buscado perdón, puedes entonces empezar el proceso de reconstruir esa relación que estaba rota.

7. Enfrenta las situaciones más duras primero

Puede que estés tentado a posponer a ciertas personas de la lista. Tal vez la situación sea extremadamente dura de enfrentar para ambos o para alguno de los dos. Sin embargo, haz lo más duro primero. Si no lo haces así, puede que nunca lo hagas. Si lo haces, las otras serán más fáciles porque habrás perdido el temor.

8. No pares hasta que hayas terminado.

El proceso de limpiar nuestra conciencia puede tomar meses o quizás años, ¡pero no te des por vencido! Dios te ha llamado a hacer esto y Él te ayudará. Si hay alguien en tu lista que no sabes cómo encontrar, pídele a Dios que lo traiga a tu camino y haz un compromiso con Él de que en la primera oportunidad que te dé limpiarás tu conciencia con esa persona. Te sorprenderás de lo que Dios puede hacer. Él está más preocupado que tú por este tema; observa cómo te ayuda. Disfruta de esta trayectoria y del fruto de la obediencia.

+ CÁPSULA

Si la otra persona también estaba en falta, déjale al Espíritu Santo que la redarguya. Dios está pidiéndote a ti que limpies TU conciencia, no la de ellos.

"Tengo que hacer un esfuerzo de tener mi conciencia tan sensible que pueda vivir sin ofensas contra nadie".

—Oswald Chambers

9. Proponte mantener una conciencia limpia.

Regularmente toma tiempo para permitirle a Dios escudriñar tu corazón y mostrarte si de alguna manera has pecado contra Él u otros. Busca mantener las cuentas claras para lidiar con cada ofensa mientras Dios te convenza de ellas.

En la próxima página encontrarás más pautas para que las tengas en mente mientras buscas obtener y mantener una conciencia tranquila.

Pautas adicionales para mantener una conciencia tranquila

Alcance de la confesión

Cuando estés listo para limpiar tu conciencia recuerda que el alcance de tu confesión debe ser tan grande —y solo tan grande— como el alcance de tu pecado. En otras palabras, necesitamos reconocer nuestro error y buscar el perdón de todos aquellos que han sido afectados por nuestro error. Aquí tenemos algunas pautas que te ayudarán a determinar el alcance apropiado de tu confesión.

- *Confesión privada.* El pecado cometido contra Dios tiene que ser confesado a Dios.

- *Confesión personal.* El daño hecho a otras personas debe ser confesado a Dios y a la otra persona. Por ejemplo, mentiras, robos, iras, rencor o inmoralidad.

- *Confesión pública.* Si nuestro pecado fue contra un grupo de personas o ha sido de conocimiento común o público, necesitamos buscar el perdón de todos los que han sido afectados. Ejemplos de esto incluyen arranques de ira en público, una relación adúltera que es de conocimiento público y que ha manchado el testimonio de Cristo, estilos de vida hipócritas, robar de los fondos de la iglesia, etc.

Precauciones relacionadas a confesiones de pecado moral

- Cuando un pecado sexual ha sido muy conocido y necesita ser confesado públicamente, sé discreto y evita compartir detalles innecesarios. En la mayoría de los casos, es mejor limitar el alcance de la confesión a Dios, luego a los esposos (si corresponde) y posiblemente a líderes de la iglesia (para fines de rendición de cuentas y de disciplina). De todos modos, si el ofensor está en una posición de liderazgo espiritual, el alcance de la confesión debe ser mayor (véase 1 Timoteo 5:20).

- Si un hombre es culpable de codiciar a una mujer en su corazón no debe confesar el pecado a la mujer (aunque podría necesitar buscar su perdón por ofensas como no tratarla de manera virtuosa, etc.). Debe confesar su pecado de codicia a Dios en privado y considerar el compartir su lucha con uno o varios hermanos en Cristo (sin nombrar a la mujer).

• Si un esposo o una esposa necesita limpiar su conciencia con su pareja en relación a una infidelidad marital es mejor buscar consejería de un líder espiritual maduro y tener una tercera persona piadosa disponible para orientar a la pareja durante el proceso.

La Búsqueda Grupal de Dios

Comparte

1. ¿Qué percepciones en las lecciones de esta semana han sido nuevas y cuáles ya sabías pero necesitabas que te las recordaran?

Conversa

2. El hombre en la historia de fe limpió su conciencia y se hizo bastante público. Aunque él no hubiera escogido que pasara de esa forma, ¿cómo ha demostrado esa exposición ser de bendición y de beneficio a este hombre en su crecimiento espiritual?

3. ¿Cómo podrías definir lo que significa tener una conciencia tranquila? ¿Por qué es este un concepto tan importante para que los creyentes lo entiendan y lo lleven a la práctica?

4. ¿Cómo ilustró el profeta Samuel lo que es vivir con una conciencia tranquila?

5. Hablen de esta afirmación del día 3: "El avivamiento y la reconciliación son inseparables. *No puedes estar bien con Dios y mal con los hombres*". ¿Por qué piensan que hay una conexión tan fuerte entre nuestra relación con Dios (vertical) y nuestra relación con los demás (horizontal)?

_____

_____

_____

_____

6. Hablen del "alcance de la confesión". Si el pecado de alguien afecta un grupo de personas, o se hace de conocimiento público, cómo debe esa persona ir y limpiar su conciencia?

_____

_____

_____

_____

7. ¿Por qué es tan importante tener y mantener una conciencia tranquila con nuestra familia y nuestra iglesia? ¿Cuáles son las bendiciones de hacerlo y las posibles consecuencias de no hacerlo?

_____

_____

_____

_____

8. Sueña un poco. Si cada creyente en tu comunidad se propusiera tener una conciencia tranquila y a buscar la reconciliación de relaciones que estaban quebrantadas, ¿cómo se vería y se sentiría el impacto? ¿Cómo se afectaría la visión que tienen las personas de los cristianos y del cristianismo?

_____

_____

_____

_____

9. Si sientes la libertad de hacerlo, comparte un ejemplo de cómo has empezado a aplicar esta lección. ¿Te has acercado a alguien contra quien hayas pecado y le has pedido perdón? ¿Qué pasó?

_____

_____

Ora por avivamiento

Acércate a alguien con quien te sientas cómodo para hablar de necesidades espirituales. Tómate unos pocos minutos para contarle cómo Dios está tratando contigo el tema de limpiar tu conciencia. ¿Necesitas ir donde una persona que conozcas (una ofensa que necesites confesar, una relación que necesites reconciliar), pero que estás luchando contra eso? Oren el uno por el otro y ofrézcanse a rendirse cuentas mientras siguen la dirección que Dios les ha dado.

CÁPSULA +

Como siempre, cuando compartes lo que Dios está haciendo en tu vida, cuida de no afectar de manera negativa a los demás ni revelar detalles específicos que no deben ser conocidos públicamente.

El perdón:

LIBERA A TUS CAUTIVOS

El perdón. El regalo que muchos desean recibir pero que encuentran difícil de otorgar. No es fácil perdonar. Sin embargo, el perdón es uno de los elementos más importantes para el avivamiento personal y corporativo. "¿Qué Dios hay como tú, que perdona la iniquidad?...", se preguntaba el profeta en el Antiguo Testamento (Miqueas 7:18). Cuando nos arrepentimos de nuestros pecados, Dios en Su misericordia nos libera de la deuda, a través del gran costo de la muerte de Su Hijo en la cruz. Como receptores de Su perdón estamos llamados a perdonar a todos los que pecan contra nosotros. Cuando liberamos a nuestros ofensores por medio del perdón descubrimos la llave que abre las puertas de la prisión de nuestro corazón y somos liberados para experimentar mayor paz y gozo de lo que nunca hubiésemos soñado.

Versículo a memorizar

"Sed más bien amables unos con otros, misericordiosos, perdonándoos unos a otros, así como también Dios os perdonó en Cristo". **(EFESIOS 4:32)**

Profundiza en la PALABRA

Lucas 17:1–4; 23:32–47
Efesios 4:29–5:2

DÍA 1: **Historia de fe**

1 En tu experiencia, ¿has encontrado que te es difícil o fácil perdonar a otros? ¿Por qué?

_____
_____
_____

Lee el siguiente testimonio sobre la batalla que sostuvo una mujer para lograr perdonar. Luego contesta las preguntas.

> Mi esposo y yo nos encontrábamos esperando las reuniones de avivamiento en nuestra iglesia con mucha ilusión. Pensábamos que había muchos en la iglesia que desesperadamente necesitaban avivamiento y renovación. No sabíamos lo que Dios tenía guardado para nosotros.
>
> Una noche inolvidable durante el avivamiento, en la presencia de un consejero muy piadoso, mi esposo me confesó que había estado involucrado en relaciones homosexuales antes de que nos casáramos, y que había continuado una de esas relaciones hasta muy recientemente.
>
> Como podrán imaginarse, durante las próximas semanas viví en una tormenta emocional. A veces me sentía muy contenta de que mi esposo hubiese sido liberado de este secreto que había enterrado por tantos años. Pero luego, unos momentos después, me sentía sobrecogida por una sensación de traición, dolor e ira. Lo único que se mantenía constante era una confianza inexplicable de que Dios tenía el control, y me agarré de la promesa de que Él nunca me abandonaría. La Biblia cobró vida para mí por primera vez en años, y encontré seguridad y paz en Su Palabra. Me percaté de que mi soledad podía ser reemplazada con el fuerte amor del Señor, un amor en el que siempre podía confiar.
>
> Recuerdo decirle al Señor que yo aceptaba las circunstancias que Él me había dado, aunque nunca pudiera entender todos los "porqués". Así empezó mi proceso de sanidad y la habilidad de perdonar. La definición del diccionario para la palabra PERDÓN es "dejar de sentir resentimiento en contra de alguien; indultar; no reclamar retribución; descargar de un pago". Esto era una petición muy grande. ¿Cómo podía perdonar a alguien que me había herido

"Lo único que se mantenía constante era una confianza inexplicable de que Dios tenía el control, y me agarré de la promesa de que Él nunca me abandonaría".

"Aprendí que el perdón no era algo que yo podía otorgar sola, sino que Cristo perdonaría a través de mí".

más allá de lo que yo nunca hubiese imaginado; alguien que había violado la profunda confianza que le tenía y que había destruido la pureza de nuestra relación? Aprendí que el perdón no era algo que yo podía otorgar sola, sino que Cristo perdonaría a través de mí.

Pude perdonar cuando me di cuenta de quién era yo separada de Cristo. Dios me reveló muchas cosas sobre mi propia vida que eran tan pecaminosas (a Sus ojos) como lo que mi esposo había hecho. Me di cuenta de que Dios toma todo pecado muy en serio, y que juzgar un pecado como mayor que otro era como si yo pretendiera ser Dios. No hay parcialidad en Dios y Él odiaba mi pecado tanto como odiaba el de mi esposo. Soy una pecadora salvada por gracia, nada más. Si verdaderamente aceptaba quién era Cristo, entonces tendría la capacidad de perdonar.

Buscamos consejería cristiana para ayudarnos a atravesar algunas de las dificultades, y con el tiempo, empezamos a comunicarnos con cierto grado de amor y ausencia de egoísmo. Los meses subsiguientes no fueron fáciles, pero nos acercamos más que nunca antes. Acordamos pedirnos cuentas, y a través de ese proceso desarrollamos una nueva seguridad y confianza en el otro. De forma milagrosa, Dios empezó a traer gente a nuestra vida que luchaba con problemas similares, y hemos tenido el privilegio de ver restaurados otros matrimonios y otras relaciones.

Estaría equivocada si les llevo a creer que todo ha sido maravilloso desde esos pocos meses. Ocasionalmente, todavía lucho contra la desconfianza, la falta de perdón, la ira y la sensación de traición. A veces he preferido que nunca me hubiese dicho nada. Sin embargo, no cambiaría el dolor por la libertad que mi esposo obtuvo cuando confesó y la victoria que vivió sobre su adicción sexual. No cambiaría mi dolor por las veces que hemos podido compartir nuestra experiencia con otros para ayudar en sus relaciones. Y nunca cambiaría el dolor sufrido por la oportunidad que me ha sido dada de poder caminar en la ruta del perdón.

> "Y nunca cambiaría el dolor sufrido por la oportunidad que me ha sido dada de poder caminar en la ruta del perdón."

2 ¿Qué reflexión sobre el carácter y los caminos de Dios ayudó a esta mujer a perdonar a su esposo?

_____

_____

_____

3 Tómate un tiempo para hacer la siguiente oración (el Padrenuestro). Medita en la relación que existe entre perdonar a otros y experimentar el perdón de Dios de tus propios pecados:

> ⁹*Vosotros, pues, orad de esta manera: "Padre nuestro que estás en los cielos, santificado sea tu nombre. ¹⁰Venga tu reino. Hágase tu voluntad, así en la tierra como en el cielo. ¹¹Danos hoy el pan nuestro de cada día. ¹²Y perdónanos nuestras deudas, como también nosotros hemos perdonado a nuestros deudores. ¹³Y no nos metas en tentación, mas líbranos del mal…* (Mateo 6:9–13).

DÍA 2: **Encuentro con la verdad**
LA VIRTUD DEL SETENTA VECES SIETE

En tu opinión, ¿cuál de las siguientes afirmaciones es verdadera?

- ❑ Si me cuido bien puedo ir por la vida sin ser herido.
- ❑ Alguien me va a herir solo si soy malo(a) o si no muestro bondad hacia los demás.
- ❑ Aunque trate mucho de evitarlo, me herirán en algún momento de mi vida.

El hecho es que, en algún lugar, en algún momento, alguien nos maltratará. Esa es una realidad inevitable de la vida. Así que, ¿cómo hemos de responder ante los que nos hieren, especialmente ante los que nos agreden intencionalmente? Nos podríamos preguntar, al igual que el apóstol Pedro: "…Señor, ¿cuántas veces pecará mi hermano contra mí que yo haya de perdonarlo? ¿Hasta siete veces?" (Mateo 18:21).

Humanamente hablando, era admirable que Pedro hubiese estado listo para perdonar a la misma persona siete veces. Pero el tipo de perdón por el que Jesús abogaba es (y sigue siendo) sobrenatural. Imagínate la sorpresa de Pedro cuando Jesús le respondió: "No te digo hasta siete veces, *sino hasta setenta veces siete*". (v. 22).

El mandamiento de Jesús es asombroso. Debemos estar listos para perdonar a la misma persona vez tras vez, tras vez, tras vez. ¡Perdón ilimitado!

Jesús continuó con su respuesta a la pregunta de Pedro usando una parábola para explicar la necesidad y la naturaleza del verdadero perdón:

> *²³Por eso, el reino de los cielos puede compararse a cierto rey que quiso ajustar cuentas con sus siervos. ²⁴Y al comenzar a ajustarlas, le fue presentado uno que le debía diez mil talentos. ²⁵Pero no teniendo él con qué pagar, su señor ordenó que lo vendieran, junto con su mujer e hijos y todo cuanto poseía, y así pagara la deuda. ²⁶Entonces el siervo cayó postrado ante él, diciendo: "Ten paciencia conmigo y todo te lo pagaré". ²⁷Y el señor de aquel siervo tuvo compasión, y lo soltó y le perdonó la deuda. ²⁸Pero al salir aquel siervo, encontró a uno de sus consiervos que le debía cien denarios, y echándole mano, lo ahogaba, diciendo: "Paga lo que debes." ²⁹Entonces su consiervo, cayendo a sus pies, le suplicaba, diciendo: "Ten paciencia conmigo y te pagaré." ³⁰Sin embargo, él no quiso, sino que fue y lo echó en la cárcel hasta que pagara lo que debía. ³¹Así que cuando vieron sus consiervos lo que había pasado, se entristecieron mucho, y fueron y*

! CLAVE

No podemos evitar ser heridos y maltratados por los demás. Por lo tanto, no podemos evitar la necesidad de perdonar a otros.

☼ REFLEXIÓN

Un *talento* era una medida de peso judío aproximadamente igual al peso que un hombre podía cargar. En los tiempos de Jesús, diez mil talentos de plata hubiesen sido el equivalente de muchos millones de dólares. El denario —una moneda de plata romana que comúnmente circulaba en Israel— era el salario diario usual para un obrero. Cien denarios, entonces, equivalían a una fracción pequeñísima comparada al valor de los diez mil talentos.

contaron a su señor todo lo que había sucedido. ³²Entonces, llamándolo su señor, le dijo: "Siervo malvado, te perdoné toda aquella deuda porque me suplicaste. ³³¿No deberías tú también haberte compadecido de tu consiervo, así como yo me compadecí de ti?". ³⁴Y enfurecido su señor, lo entregó a los verdugos hasta que pagara todo lo que le debía. ³⁵Así también mi Padre celestial hará con vosotros, si no perdonáis de corazón cada uno a su hermano. (Mateo 18:23–35)

4 ¿Cuánto dinero debía el siervo a su señor? ¿Cuál era la probabilidad de que el siervo pagara una deuda de esta magnitud?

_____

_____

_____

_____

5 ¿Qué fue lo que motivó la respuesta perdonadora del señor?

_____

_____

_____

_____

6 La deuda masiva del sirviente había sido cancelada. ¿Qué posible razón tenía para haber sido tan implacable y cruel al tratar de cobrar la deuda de su consiervo?

_____

_____

_____

_____

7 En tus propias palabras, has un resumen de lo que Jesús estaba tratando de comunicar en esta parábola.

_____

_____

_____

_____

8 ¿Puedes pensar en alguna ocasión en la que trataste a alguien que te ofendió o maltrató de la misma manera que este hombre que había sido perdonado por su señor lo hizo con su deudor?

_____

_____

_____

_____

El mensaje vital de esta parábola se encuentra en la pregunta del maestro: *"¿No deberías tú también haberte compadecido de tu consiervo, así como yo me compadecí de ti?"* (v. 33). En otras palabras, el perdonado debe perdonar.

En esta parábola se le recuerda a cada hijo de Dios lo siguiente:

- Una vez cargábamos una gran deuda de pecado más allá de toda esperanza de algún día poder pagarla.

- Dios, justamente, pudo habernos vendido a la esclavitud y la angustia eterna.

- Dios libremente nos extendió total perdón, sacrificando sus propios "recursos" (a Su Hijo) para pagar nuestra deuda.

- Habiendo recibido tal misericordia, debemos por siempre ser misericordiosos hacia los demás.

9 Escribe una corta oración expresándole al Señor tu respuesta personal a este relato de Mateo 18:

_____

_____

_____

_____

_____

_____

_____

_____

_____

DÍA 3: **Encuentro con la verdad**
PROPÓSITOS PROVIDENCIALES

Jesús enseñó que debemos perdonar sin límites. Veamos un ejemplo del perdón en acción. Probablemente estés familiarizado con la historia de José y el abuso que recibió de parte de sus hermanos. Como estaban celosos, los hermanos de José lo vendieron como esclavo y luego le mintieron a su padre diciéndole que había sido devorado por una bestia salvaje. (Puedes leer la historia en Génesis 37).

Mientras tanto, José se encontró en Egipto, donde se distinguió como hombre fiel y leal. Prontamente se convirtió en un sirviente de confianza en la casa de un importante funcionario del gobierno, pero la esposa de su empleador lo acusó falsamente y fue puesto en prisión. Aun entonces, sin embargo, José se negó a ser vencido por circunstancias adversas, y encontró favor con su carcelero. Aunque usó la sabiduría que Dios le dio para ministrar a algunos de sus compañeros de celda, José fue olvidado y permaneció en prisión por otros dos años.

Finalmente llegó el día de la liberación de José. Faraón, el rey de Egipto, tuvo un sueño y solo José fue capaz de interpretar su significado. Como resultado, José fue ascendido de prisionero a "vicefaraón" en un solo día.

En su nueva posición, José tenía la autoridad de castigar a aquellos que le habían tratado con injusticia. Pero observa sus acciones cuando confrontó a sus hermanos que habían venido de Egipto a buscar comida. (No le reconocieron al principio; solo sabían que este poderoso hombre tenía la vida de ellos en sus manos).

> [4]Y José dijo a sus hermanos: Acercaos ahora a mí. Y ellos se acercaron, y él dijo: Yo soy vuestro hermano José, a quien vosotros vendisteis a Egipto. [5]Ahora pues, no os entristezcáis ni os pese el haberme vendido aquí; pues para preservar vidas me envió Dios delante de vosotros. [6]Porque en estos dos años ha habido hambre en la tierra y todavía quedan otros cinco años en los cuales no habrá ni siembra ni siega. [7]Y Dios me envió delante de vosotros para preservaros un remanente en la tierra, y para guardaros con vida mediante una gran liberación. [8]Ahora pues, no fuisteis vosotros los que me enviasteis aquí, sino Dios; y Él me ha puesto por padre de Faraón y señor de toda su casa y gobernador sobre toda la tierra de Egipto. (Génesis 45:4–8)

Años más tarde, cuando sus hermanos expresaron su temor de que José se vengase de ellos después de la muerte de su padre, José una vez más expresó su fe en el control soberano y los propósitos de Dios.

José, el hijo mayor de Raquel, la esposa de Jacob, probablemente nació alrededor de 1746 a. C., y llevó una vida con alzas y bajas. Fue honrado por su padre y vendido a esclavitud por sus hermanos. Le fue dada una posición de responsabilidad por parte de Potifar y fue injustamente echado en prisión. Como segundo en mando después del Faraón, pudo haberse vengado de sus hermanos. Pero él había aprendido a ver la mano de Dios en todas las etapas de su vida y eligió perdonar.

¹⁹Pero José les dijo: No temáis, ¿acaso estoy yo en lugar de Dios? ²⁰Vosotros pensasteis hacerme mal, pero Dios lo tornó en bien para que sucediera como vemos hoy, y se preservara la vida de mucha gente. ²¹Ahora pues, no temáis; yo proveeré por vosotros y por vuestros hijos. Y los consoló y les habló cariñosamente. (Génesis 50:19–21)

10 Trata de colocarte en el pellejo de José. ¿Cuál hubiese sido la respuesta más natural y humana en estas circunstancias?

_____

_____

_____

11 Observando la visión que José tenía de Dios y de sus propósitos, ¿de qué forma fue la respuesta de José a sus hermanos y a las pruebas que le tocaron vivir afectada por esta perspectiva?

_____

_____

_____

_____

Nota que José no estaba buscando a alguien para culpar, ni tampoco estaba buscando venganza. Aunque el daño estaba hecho, José sabía que Dios había tenido el control de su vida todo el tiempo. José fue capaz de ver la mano de Dios en tiempos de adversidad así como en los tiempos de prosperidad. Se dio cuenta de que los propósitos de Dios eran más importantes que su comodidad personal. Por lo tanto, fue capaz de perdonar y bendecir a aquellos que lo maltrataron.

12 Piensa en una situación en la que alguien te haya hecho daño o herido profundamente. A la luz de lo que has visto hasta ahora en la historia de José y su respuesta a sus hermanos, escribe un párrafo breve expresando tu fe en los propósitos soberanos de Dios para ti en medio de tu situación particular. Si ya has visto (al menos en parte) cómo Dios ha usado para bien lo que otros quisieron para mal, escribe eso también.

_____

_____

_____

_____

! CLAVE

Dios tiene el control soberano de todas las heridas que otros nos infligen y las usará con propósitos redentores en nuestra vida si le lo permitimos.

+ CÁPSULA

Más adelante en el Nuevo Testamento (en Romanos 8:28), el apóstol Pablo expresó el mismo cuidado providencial que recibimos de Dios: "Y sabemos que para los que aman a Dios, todas las cosas cooperan para bien, esto es, para los que son llamados conforme a su propósito".

DÍA 4: **Personalízalo**

CÁPSULA +

La sección de "Personalízalo" de esta lección es más larga que de costumbre. Quizás quieras tomarte tiempo adicional o un día adicional para completar este ejercicio.

Cada hijo de Dios que desea experimentar el avivamiento personal tiene que estar dispuesto a enfrentar voluntariamente y de manera integral toda falta de perdón que pueda tener en su corazón. El estudio de hoy está diseñado para ayudarte a enfrentar algunos de los obstáculos que te pueden impedir que tomes el camino del perdón.

¿Alguna vez te has sorprendido a ti mismo pensando de las siguientes maneras? Mientras trabajas en esta sección pon atención especial para ver si alguna de estas perspectivas refleja la manera en que piensas o sientes. Luego considera la forma en la que Dios desea reajustar tu pensamiento en lo que respecta al tema del perdón.

1. "No hay falta de perdón en mi corazón".
Es posible vivir con semillas de falta de perdón por tanto tiempo que nos cegamos a la presencia de estas en nuestra vida. Las siguientes preguntas te ayudarán a abrir los ojos para corroborar si tu corazón tiene algunas de estas semillas.

a. ¿Te han herido en alguna ocasión? Marca todas las faltas que se hayan cometido en contra tuya en la siguiente lista:

❏ Me han mentido.

❏ Me han roto promesas hechas.

❏ Mis hijos mayores me han echado a un lado.

❏ He sido víctima de un delito violento (personalmente o un ser querido).

❏ He sido tratado de manera injusta por mi empleador.

❏ Mis padres se han divorciado.

❏ He sido vituperado o acusado falsamente.

❏ Mi pareja se divorció de mí.

❏ Mi pareja cometió adulterio u otro pecado sexual.

❏ He sido rechazado por mis padres.

❏ He sido víctima de robo.

- ❏ He sido víctima de un fraude en los negocios o en las finanzas.

- ❏ Tengo un(a) hijo(a) rebelde.

- ❏ He sido denigrado por otros.

- ❏ Uno de mis padres o mi pareja es alcohólico.

- ❏ He sido abandonado por mis padres o cónyuge.

- ❏ He sido humillado públicamente.

- ❏ He sido víctima de abuso físico, emocional o sexual.

- ❏ Otras heridas sufridas: _____

b. Mientras reflexionas en las formas en que has sido herido(a), ¿puedes decir cuáles de las siguientes afirmaciones son ciertas para ti?

- ❏ Cada vez que pienso en la persona o en la ofensa todavía siento ira.

- ❏ Tengo un deseo sutil y secreto de hacer que la persona pague por lo que hizo.

- ❏ Muy dentro de mi corazón, no me importaría si algo malo le sucediera a esa persona que me hizo daño.

- ❏ A veces me descubro diciéndole a otros cómo esa persona me ha hecho daño.

- ❏ Si alguien menciona el nombre de esa persona, es más probable que yo diga algo negativo sobre ella y no algo positivo.

- ❏ No puedo darle gracias a Dios por esa persona.

Todas esas afirmaciones son indicativas de que no hemos perdonado totalmente a los que nos han hecho daño.

La Palabra de Dios dice que si decimos que no hemos pecado, cuando Su Espíritu nos muestra lo contrario, estamos engañados y la verdad no está en nosotros (1 Juan 1:8). ¿Te has engañado a ti mismo al pensar que ya has perdonado a todos los que han pecado contra ti? Mientras Dios examina tu corazón, ¿podrá Él encontrar falta de perdón allí?

> **! CLAVE**
>
> Perdonar significa que yo libero a alguien totalmente de su deuda. Significa limpiar el registro totalmente. Es una promesa de nunca volver a mencionar la ofensa (ni a la persona que ofendió, ni a Dios, ni a otros).

"Ser cristiano significa perdonar lo imperdonable, porque Dios ha perdonado lo imperdonable en nosotros. Esto es difícil ...¿cómo podemos hacerlo? Solamente, pienso yo, recordando dónde estamos parados, diciendo con sinceridad las palabras que pronunciamos cada noche cuando decimos "perdona nuestras ofensas como también nosotros perdonamos a los que nos ofenden". No se nos ofrece el perdón en ningún otro término que no sea este. Rehusarlo implicaría rehusar la misericordia de Dios para nosotros mismos".

—C. S. Lewis

Tacha este cuadro si estás de acuerdo con Dios en que hay falta de perdón en tu corazón. ❑

2. "No hay manera de que yo pueda perdonar a esa persona por la ofensa. Fui herido(a) muy profundamente".

a. ¿Cuáles son algunas de las heridas que Jesús sufrió por nosotros?

Isaías 53:37 _____

Salmo 22:6–7, 16 _____

b. ¿Cómo ha lidiado Dios con nosotros, los que hemos pecado en Su contra tan grandemente?

Efesios 2:4–5 _____

Isaías 43:25 _____

Hebreos 10:17 _____

Miqueas 7:18–19 _____

c. ¿Cómo nos manda a responder el Nuevo Testamento a los que nos hacen daño?

Lucas 6:27 _____

Lucas 17:3–4 _____

Romanos 12:17–21 _____

d. De acuerdo a Colosenses 3:13, ¿cuál debe ser la medida —el estándar— de nuestro perdón?

_____

_____

_____

_____

e. Sobre esa base, ¿qué ofensa resultaría "demasiado grande" para perdonar?

_____

_____

_____

f. ¿Nos mandaría Dios a hacer algo para lo que no nos capacita?

_____

_____

_____

_____

g. ¿Cómo somos capacitados para perdonar? (véase Filipenses 2:13).

_____

_____

_____

_____

> _"El perdón es la fragancia que deja la violeta en el tacón que la aplasta"._
>
> **—Mark Twain**

3. "Esas personas no merecen ser perdonadas".

a. ¿Qué hicimos para ganar o merecer el perdón de Dios?

Romanos 5:8 _____

Efesios 2:4–9 _____

b. ¿Por qué razones debemos extender el perdón a los que nos han ofendido?

❏ El ofensor está genuinamente arrepentido por lo que ha hecho.

❏ Dios nos ha perdonado una deuda infinita y debemos perdonar como hemos sido perdonados.

❏ Dios nos manda perdonar.

❏ El ofensor me ha prometido que nunca más volverá a hacerme algo semejante.

❏ La ofensa fue un "error comprensible".

4. "Si lo perdono queda libre".
Pensamos que si perdonamos no se hará justicia, que la persona quedará impune. El problema es que nos hemos colocado en la posición de un "recaudador de deudas".

¿Qué dice Romanos 12:19 sobre "recaudar deudas"?

_____

_____

_____

Liberar al ofensor de *tu* prisión no significa que Dios lo haya liberado de la *Suya*. El perdón involucra la transferencia del prisionero a Aquel que es capaz y responsable de hacer justicia. Esto nos alivia de la carga y la responsabilidad de mantenerlo prisionero nosotros.

He aquí algo en qué meditar: ¿Estaría dispuesto a que Dios me tratara de la misma forma en que yo deseo tratar a mi ofensor?

5. "Ya perdoné, pero nunca podré olvidar lo que me hicieron".

a. De acuerdo a las Escrituras, ¿qué promete Dios hacer cuando nos perdona?

Jeremías 31:34 _____

Hebreo 10:17 _____

Salmo 103:12 _____

Un Dios omnisciente no puede *olvidar*. Pero promete que no "recordará nuestros pecados" ni los tomará en cuenta. Dios no nos pide que *olvidemos* el daño que nos han hecho, sino simplemente que *perdonemos*. Sin embargo, la actitud de nuestro corazón cuando pensamos en la ofensa puede ser un indicador de si hemos perdonado genuinamente.

b. Cuando piensas en la persona que te ofendió, ¿qué actitudes tienes en tu corazón?

❏ Mis emociones se agitan.

❏ Deseo vengarme.

❏ Me resulta difícil pedir a Dios que bendiga a esa persona.

❏ No puedo ver las cualidades de esa persona.

❏ Deseo que todos sepan lo que me hizo.

❏ Siento descanso y renuncia.

❏ Deseo ver a la persona restaurada espiritualmente.

❏ Deseo que Dios bendiga a esa persona.

❏ Doy gracias a Dios por esa persona.

❏ Me siento humilde ante Dios por lo mucho que he pecado contra Él y lo mucho que me ha perdonado a mí.

CLAVE !

Perdonar no es olvidar. Es una transacción en la cual libero al deudor de la obligación de pagar su deuda.

CÁPSULA +

Si tienes dudas sobre cómo manejar de forma bíblica una situación en particular, busca consejo piadoso de una tercera persona. Algunas situaciones quizás necesiten intervención legal o disciplina de la iglesia. En algunos casos, como los relacionados con abuso sexual o inmoralidad, la reconciliación a nivel horizontal quizás no sea apropiada.

6. "Creo que he perdonado, pero todavía lucho con sentimientos de dolor".

a. De acuerdo a los siguientes textos, ¿qué debemos hacer además de perdonar a los que nos ofenden?

Lucas 6:27–31 _____

Romanos 12:17–21 _____

A la hora de lidiar con los que nos han hecho daño, el perdonar es solo el comienzo. El acto inicial de liberar al ofensor debe estar seguido de un compromiso de invertir de manera positiva en su vida. Esta inversión es la clave para experimentar sanidad emocional y plenitud. En situaciones donde no es posible o apropiado reconstruir la relación con una persona en particular, aún podemos invertir en su vida a través de la oración.

b. ¿Cuáles son algunas de las maneras prácticas en que puedes "pagar bien por mal" o invertir en la vida de alguien que te ha hecho daño?

_____
_____
_____
_____

7. "¡No puedo perdonar!".

En última instancia, el perdón es una elección; pero es una elección que Dios manda y para la cual imparte la capacidad de lograr. Pero algunos simplemente rehúsan tomar esa decisión.

a. De acuerdo a las Escrituras, ¿qué podemos esperar si rehusamos perdonar a aquellos que pecan contra nosotros?

Mateo 6:14–15 _____

Mateo 18:32–35 _____

2 Corintios 2:10–11 _____

b. ¿Cuáles son algunos de los "verdugos" (Mateo 18:34) físicos, emocionales y espirituales que podemos experimentar si no estamos dispuestos a perdonar?

_____
_____
_____
_____

> **CÁPSULA**
> Siempre que sea posible debemos tratar de restaurar la relación entre nosotros y el ofensor.

> "La amargura nos roba el gozo y la paz. Nos secuestra, llevándonos a lugares donde nunca quisimos ir, llevándonos a hacer cosas que nunca quisimos hacer, y convirtiéndonos en personas que nunca quisimos ser".
> — Bill Eliff

c. De la lista anterior en la letra b., encierra en un círculo aquellas consecuencias que personalmente has vivido en algún momento.

Elegir el camino del perdón puede ser extremadamente difícil. Algunos pudieron haber pecado contra ti en formas que te hayan podido causar un enorme daño y grandes consecuencias en tu vida. El solo haber trabajado esta lección pudo haber abierto algunas heridas o recuerdos que no quisieras tener que enfrentar. Pero ten la seguridad de que si estás dispuesto a caminar a través del dolor, Dios irá junto a ti. Aunque parezca difícil perdonar a aquellos que pecaron contra ti, experimentarás una gran liberación al elegir obedecer a Dios, por Su gracia.

DÍA 5: **Personalízalo**

¿Ha revelado Dios alguna falta de perdón en tu corazón? ¿Deseas liberarte de la prisión de la falta de perdón? ¿Estás listo para elegir el camino del perdón? Si es así, aquí te damos unos pasos que te ayudarán a manejar las heridas y las ofensas que has experimentado.

1. Haz una lista de las personas que te han hecho daño u ofendido. Al lado de cada nombre, escribe la ofensa(s) que esa persona cometió en tu contra. Luego escribe la manera en que has respondido al daño. Sé tan honesto y específico como te sea posible: ¿Los has amado? ¿Has orado por ellos? ¿Los has perdonado? ¿O has resentido por lo que te hicieron? ¿Te has abstenido de mostrarles amor? ¿Los has criticado con otros? ¿Sientes amargura cuando piensas en ellos?

Persona   Ofensa   Respuesta

_____ _____ _____

_____ _____ _____

_____ _____ _____

_____ _____ _____

2. Da gracias a Dios por cada persona que te ha herido. Ellos han sido instrumentos para santificarte, para moldearte y conformarte a la imagen de Jesús.

3. Confiesa a Dios, y luego al ofensor, toda respuesta equivocada que hayas podido manifestar (falta de perdón, odio, amargura, murmuración). Ten cuidado de no culparlos por tus respuestas y actitudes. Recuerda que Dios no nos hace responsables de lo malo que otros nos hayan hecho; Él solo nos responsabiliza de cómo _respondamos_ ante las acciones de los demás.

4. Perdona a cada ofensor totalmente, así como Cristo te perdonó a ti. Recuerda que el perdón no es un sentimiento; es una elección, un ejercicio de la voluntad. Es el compromiso de limpiar el registro de otra persona y nunca más tomarle en cuenta esa ofensa de nuevo.

+ CÁPSULA

Quizás desees usar una hoja de papel adicional para este ejercicio o fotocopiar esta página para escribir tus respuestas de forma más privada.

"Perdonar es como liberar a un prisionero y luego descubrir que el prisionero eras tú".

—Autor desconocido

Recuerda que la sanidad emocional puede implicar un proceso, pero el perdón como tal puede ser otorgado en un momento. No esperes hasta sentirte emocionalmente restaurado de la herida para perdonar; en lugar de ello, elige perdonar y deja que Dios comience el proceso de la verdadera restauración en tu vida.

Verbaliza al Señor tu perdón hacia cada uno de las personas enumeradas en el punto uno de arriba. *"Señor, así como Tú me has perdonado, así elijo perdonar a* (pon aquí el nombre de la persona) *por haber* (coloque aquí la ofensa)*"*.

5. Construye puentes de amor. Pídele a Dios que te muestre cómo puedes "devolver bien por mal" (Lucas 6:27–31; Romanos 12:17–21). Enumera algunas maneras prácticas en que puedes invertir positivamente en la vida de aquellos que te han maltratado.

_____

_____

_____

_____

6. "Consuela a la persona" y "reafirma tu amor hacia él o ella" (2 Corintios 2:7–8). Si el ofensor está arrepentido, asegúrale el perdón de Dios y tu amor, para que no sea "abrumado por tanta tristeza" (v. 7) y para que Satanás no tome ventaja de ti a través de la falta de perdón (v. 11).

---

[1]Estas aseveraciones y pasos hacia el perdón de los días 4 y 5 de la Lección 9 han sido adaptados de *Freedom Through Forgiveness* [Libertad a través del perdón] por Nancy DeMoss Wolgemuth, © 2001, publicado por Life Action Ministries.

LA BÚSQUEDA GRUPAL DE DIOS

Comparte

1. Comparte un ejemplo de cómo has experimentado la gracia de Dios y Su perdón de una nueva manera desde el principio de este estudio.

_____

_____

_____

Conversa

2. En la historia de fe, la esposa dijo: "*Aprendí que el perdón no era algo que yo podía otorgar sola, sino que Cristo perdonaría a través de mí*". ¿Cómo puede esta reflexión ayudar a alguien que esté luchando por perdonar?

_____

_____

_____

3. ¿Por qué crees que las personas eran atraídas a esta pareja para buscar ayuda aunque ellos no habían experimentado lo mismo?

_____

_____

_____

4. Es más fácil perdonar a otros cuando consideramos la magnitud del perdón que recibimos de Dios. Comparte un breve testimonio de cómo Dios te ha perdonado. (Puede ser tu testimonio de salvación o un testimonio de cómo Dios te rescató cuando te alejaste del camino).

_____

_____

_____

_____

> "*Ser perdonado es tan dulce que la miel resulta sin sabor en comparación con esto. Pero existe algo aún más dulce todavía, y esto es perdonar*".
>
> — C. H. Spurgeon

> "*Y digo, para la gloria de Dios y en completa humildad, que cada vez que me veo a mi mismo frente a Dios y me doy cuenta de al menos algo que mi bendito Señor ha hecho por mí, estoy listo para perdonar cualquier cosa a cualquier persona*".
>
> —Martyn Lloyd-Jones

5. Efesios 4:32 dice: *"Sed más bien amables unos con otros, misericordiosos, perdonándoos unos a otros, así como también Dios os perdonó en Cristo".* ¿Cómo describirías la forma en que Dios te perdonó? (Toma en consideración el Salmo 103:10–12, para comenzar). ¿Cómo debe el perdón afectar la forma en que tratamos a los que nos ofenden?

_____

_____

_____

_____

6. Piensa en un momento en el que alguien te perdonó, o cuando tú perdonaste a alguien. ¿Cómo se benefició tu vida al recibir y ofrecer el perdón?

_____

_____

_____

PRECAUCIÓN ⚠

Ten cuidado de no violar ninguna confidencia compartiendo detalles que no deben ser compartidos en público.

7. ¿Cuáles son algunas de las consecuencias de rehusar perdonar? ¿Qué clase de consecuencias has visto en tu vida como producto de la amargura, ya sea en tu vida o en la de otros conocidos?

_____

_____

_____

8. De todas las cualidades que deben distinguir a los cristianos del mundo, ¿por qué es el perdón tan significativo? ¿Qué efecto podría tener el acto de perdonar a alguien en un incrédulo que observa nuestras acciones?

_____

_____

_____

_____

9. ¿Alguna de las afirmaciones del día 4 describe tu actitud (por ejemplo, "No hay falta de perdón en mi corazón")? ¿Cuál(es)?

_____

_____

_____

_____

10. ¿Has transitado esta semana por el proceso de perdonar a una o más personas? Si sientes la libertad de hacerlo, comparte lo que Dios está haciendo en tu vida al haber elegido el camino del perdón.

Ora por avivamiento

Únete a alguien del grupo con quien puedas abrir tu corazón. Hablen sobre cómo Dios está trabajando con ambos en cuanto al tema del perdón. Contesten las siguientes preguntas:

- ¿Hay alguien a quien no hayas perdonado de corazón?

- ¿Qué pasos debes dar para obedecer a Dios y perdonar a los que te han ofendido?

Habla con tu pareja sobre cualquier otra forma en la cual Dios haya estado trabajando contigo a través de este estudio. Oren el uno por el otro. Pidan a Dios que les dé a todos la gracia para perdonar tan plenamente como Él los ha perdonado a ustedes.

OPCIONAL

Celebren una sesión espontánea de alabanza. Decidan como grupo una forma en la que puedan alabar al Señor por su asombroso perdón. Pudiera ser un tiempo de oraciones cortas, o quizás pudieran elegir un corito para cantar. Sean tan simples o tan creativos como lo deseen. Usen este tiempo de alabanza para reforzar en su propia mente la razón y la motivación que tienen para perdonar a otros.

La pureza sexual

EL GOZO DE LA LIBERTAD MORAL

Solo con ver cinco minutos de anuncios televisivos u hojear una revista te darás cuenta de que la cultura occidental está saturada de imágenes sexuales y de un intento de promover los "placeres" de la tal llamada libertad sexual. Dios nos creó como seres sexuales, y nuestro impulso sexual es un componente bueno y poderoso que forma parte de nosotros. Pero cuando esos deseos sobrepasan nuestro deseo de Dios, o aun cuando buscamos satisfacerlos aparte de los principios y el tiempo que Dios ha establecido, pueden ser nuestro camino a la perdición.

La perspectiva bíblica de la pureza sexual ha recibido una crítica negativa, pues se plantea como represiva, anticuada, legalista y aburrida. Y nada puede estar más lejos de la verdad. Mantenerse sexualmente puro, o hacer un compromiso de pureza moral, puede representar un gran paso hacia un avivamiento personal, profundo gozo y verdadera libertad.

Versículo a memorizar

"Porque esta es la voluntad de Dios: vuestra santificación; es decir, que os abstengáis de inmoralidad sexual". **(1 TESALONICENSES 4:3)**

Profundiza en la PALABRA

Génesis 39:2–12
Salmo 119:1–16
Proverbios 5
1 Corintios 6:12–20

DÍA 1: **Historia de fe**

1 ¿Qué tan importante crees que es para un creyente su vida sexual con respecto a su caminar con Dios? Explica.

_____

_____

_____

_____

> Pete se mantuvo sentado por años sobre un barril de pólvora. La presión de la casa hizo que el barril explotara.

Lee la siguiente historia sobre cómo Dios rescató un hogar devastado por la inmoralidad. Luego contesta las preguntas.

Pete siempre creyó que era un joven de abierto. Podía contarle a cualquiera su vida. Excepto una cosa. Nunca le había confiado a nadie su lucha con la pornografía y la lujuria sexual. Nadie lo sabía. Aun después de casarse con Sue, el problema persistía. Por un tiempo podía "comportarse", pero tarde o temprano sus pensamientos divagantes lo llevaban a comprar una revista o ver una película. Con el tiempo, sus juegos con la inmoralidad lo llevaron a donde él nunca pensó llegar: a dos relaciones extramaritales, ambas con mujeres de la iglesia donde él ocupaba una posición de liderazgo.

Sue podía percibir que algo andaba mal. Pete actuaba de manera extraña; incluso su apariencia era más dura. Pero cada vez que ella lo cuestionaba, él le aseguraba que todo estaba bien. Con el tiempo, Sue se confundía cada vez más, se frustraba y se enojaba. Comenzaron a tener peleas terribles. Si Pete estaba diciendo la verdad, ¿por qué Sue se sentía tan desconfiada? Tal vez ella realmente se estaba volviendo loca. La lucha en la casa se volvió tan opresiva que sus dos hijos comenzaron a tener pesadillas.

Al mantener en secreto su relación con la pornografía y las aventuras, Pete se mantuvo sentado por años sobre un barril de pólvora. Finalmente, la presión en la casa hizo que el barril explotara. Sue le pidió a Pete que se fuera de la casa y se hospedara con algunos amigos de la iglesia. Sin saberlo, ¡Sue estaba enviando a Pete a la casa de la mujer con quien tenía la aventura!

La vida secreta de Pete comenzó a revelarse cuando su iglesia celebró una cruzada de avivamiento de dos semanas. Pete estaba preocupado y consumido por la culpa. Él dudaba que pudiera asistir a esos cultos sin limpiarse de la vida pecaminosa que vivía. Finalmente, una noche después de

uno de los cultos de la cruzada, Pete no soportó más la convicción de pecado. Le confesó a Sue que le había sido infiel. Sue se conmocionó. Ella, de cierto modo, le había creído a Pete que no estaba sexualmente involucrado con otra mujer. Corrió al santuario de la iglesia y cayó en el altar en sollozos. "Era un sentimiento peor que si te hubieran dicho que un familiar murió", explicó Sue luego. Después se fue a la casa y comenzó a empacar.

Luego, en algún momento durante la larga tarde y noche, Dios, en medio de todas sus emociones, la convenció de una cosa, algo crucial: ¡era tiempo de perdonar! Sue no recibió esto de buen agrado en un principio; ella discutió con Dios gran parte de la noche. Pero cuando el Espíritu Santo le recordó que fue desde la cruz —desde la intensa agonía de la cruz— que Jesús habló y perdonó, Sue supo que Él quería que ella hiciera lo mismo. En medio de su dolor —no después que se calmó un poco, sino mientras más le dolía— Dios le estaba pidiendo que perdonara. A la mañana siguiente, Dios la había preparado para llamar a Pete.

"En ese momento —cuenta Sue— yo también estaba en una encrucijada de la vida. Pero cuando pude otorgarle el perdón a Pete, toda la rabia y confusión que había guardado por todos esos meses fueron liberadas. Yo creo que en ese momento pude haberme convertido en una mujer amargada ¡a los treinta años! Pero Dios me protegió de eso".

La noche siguiente, mientras la cruzada de avivamiento continuaba, Pete se paró delante de la iglesia y confesó y renunció a su posición ministerial. Por casi dos años, él había pensado en qué iba a hacer si era descubierto; ahora ninguno de esos planes parecía apropiado. Él solo quería estar limpio delante de Dios, una decisión que él tomó incluso antes de que Sue lo llamara para perdonarlo.

Con la ayuda de su familia, amigos y de la iglesia, que organizó un equipo de restauración, Pete y Sue comenzaron el largo y difícil proceso de restaurar su matrimonio. Desde ese entonces han aconsejado a muchas parejas cuyos hogares han sido destrozados por la inmoralidad.

2 ¿Quiénes fueron afectados por los pecados morales de Pete y cómo?

_____

_____

_____

_____

> "Yo creo que en ese momento pude haberme convertido en una mujer amargada ¡a los treinta años! Pero Dios me protegió de eso".

3 ¿Qué factores contribuyeron a la vinculación de Pete con la inmoralidad? ¿Qué factores contribuyeron a liberarlo?

_____

_____

_____

_____

El salmista oraba: "⁹¿Cómo puede el joven guardar puro su camino? Guardando tu palabra. ¹⁰Con todo mi corazón te he buscado; no dejes que me desvíe de tus mandamientos" (Salmos 119:9–10). La Palabra de Dios provee los recursos para que todo hijo de Dios camine en pureza en todas las áreas de su vida.

4 Si compartes el deseo del salmista de buscar a Dios y obedecer Sus mandamientos, escribe una oración pidiendo a Dios que guarde tu corazón y te haga y te mantenga moralmente puro.

_____

_____

_____

_____

DÍA 2: **Encuentro con la verdad**
EL LLAMADO A LA PUREZA SEXUAL

La lucha con la lujuria no es un fenómeno del siglo XXI; el pueblo de Dios siempre ha tenido que lidiar con la tentación sexual. El apóstol Pablo confrontó de frente este asunto cuando le escribió a la iglesia de Tesalónica sobre su conducta como cristianos:

¹Por lo demás, hermanos, os rogamos, pues, y os exhortamos en el Señor Jesús, que como habéis recibido de nosotros instrucciones acerca de la manera en que debéis andar y agradar a Dios (como de hecho ya andáis), así abundéis en ello más y más. ²Pues sabéis qué preceptos os dimos por autoridad del Señor Jesús. ³Porque esta es la voluntad de Dios: vuestra santificación; es decir, que os abstengáis de inmoralidad sexual, ⁴que cada uno de vosotros sepa cómo poseer su propio vaso en santificación y honor, ⁵no en pasión de concupiscencia, como los gentiles que no conocen a Dios, ⁶y que nadie peque y defraude a su hermano en este asunto, porque el Señor es el vengador en todas estas cosas, como también antes os lo dijimos y advertimos solemnemente. ⁷Porque Dios no nos ha llamado a impureza, sino a santificación. ⁸Por consiguiente, el que rechaza esto no rechaza a hombre, sino al Dios que os da su Espíritu Santo. (1 Tesalonicenses 4:1–8)

5 De acuerdo a estos versículos, ¿cuáles son algunas razones por las cuales es importante vivir una vida moralmente pura?

(v. 1) Esto a_____ a Dios.

(v. 3) Por inspiración divina, los autores bíblicos nos instruyeron a a_____ de inmoralidad sexual.

(v. 3) Es la v_____ de Dios que seamos santos en cada área, incluyendo la sexual.

(v. 5) Nosotros c_____ a Dios.

(v. 6) Otros creyentes son nuestros h_____ en Cristo. ¡Somos una familia!

(v. 6) El Señor se v_____ de todos aquellos que hagan daño a otros sexualmente.

(v. 6) La Escritura nos a_____ solemnemente contra el pecado sexual.

(v. 7) Dios nos ha ll_____ a santidad.

(v. 8) Dios nos ha dado Su E_____ S_____ para vivir en nosotros.

REFLEXIÓN

Tesalónica, donde Pablo fundó una floreciente iglesia en el año 49 o 50 d. C., era la capital de la provincia romana de Macedonia. La moralidad romana tendía a ser flexible en cuanto a asuntos sexuales, y los rituales a algunas de las deidades romanas conllevaban rituales de prostitución. Pablo tuvo que recalcar a los nuevos creyentes en Tesalónica que según la fe cristiana (además de otras cosas), el sexo estaba restringido solo al matrimonio.

"Un poco de lujuria no es aceptable. Es por eso que Dios nos hace el sobrecogedor llamado de ni siquiera mencionarlo. Esto significa que no hay lugar para que la lujuria exista pacíficamente en nuestra vida. Tenemos que luchar contra ella en todos los frentes".

— Joshua Harris

Independientemente de qué tan espirituales creamos ser (o finjamos ser), la verdad es que no somos más espirituales que nuestra conducta sexual y pensamientos. Pablo da tres exhortaciones específicas acerca de nuestra conducta sexual.

a. No tener nada que ver con ninguna forma de inmoralidad. ("Abstengáis de inmoralidad sexual", v. 3). Mas bien debemos proponernos ser intachables en nuestros pensamientos, actividades y relaciones. En su carta a los Efesios, Pablo aclara este punto aún más explícitamente:

> *³Pero que la inmoralidad, y toda impureza o avaricia, ni siquiera se mencionen entre vosotros, como corresponde a los santos; ni obscenidades, ni necedades, ni groserías, que no son apropiadas, sino más bien acciones de gracias.*
> (Efesios 5:3–4)

6 ¿Qué crees que Pablo está incluyendo cuando dice que debemos abstenernos de toda inmoralidad sexual? ¿Qué tanta conducta o habla inmorales son aceptables entre los creyentes? ¿Por qué están estas cosas "fuera de lugar" para los cristianos?

_____

_____

_____

7 ¿Cuáles son algunas de las formas de inmoralidad que muchos creyentes de hoy toleran, excusan y hasta justifican?

_____

_____

_____

b. Estudia tu propia persona. ("Que cada uno de vosotros sepa cómo poseer su propio vaso en santificación y honor, no en pasión de concupiscencia", v. 4–5). Debes saber qué cosas te incitan a la inmoralidad y evitarlas. Debes saber qué cosas te motivan a ser puro y fomentarlas.

8 ¿Qué crees que significa controlar tu cuerpo en santidad y honor, en vez de en la pasión de la lujuria?

_____

_____

_____

9 ¿Qué tanto te conoces? Enumera todo sitio, persona, situación y actividad que necesites *evitar* porque pueden hacerte más vulnerable a la tentación sexual.

_____

_____

_____

_____

10 ¿Cuáles son algunas relaciones y actividades que pueden *ayudarte* en tu búsqueda de pureza?

_____

_____

_____

c. Asegúrate de no aprovecharte de nadie ni de hacer daño a nadie sexualmente. ("...y que nadie peque y defraude a su hermano en este asunto", v. 6; "...y que nadie perjudique a su hermano ni se aproveche de él en este asunto", NVI). Más bien, procura vivir una vida que edifique y aliente a otros a ser moralmente puros.

11 ¿Por qué crees que Dios considera tan seria la ofensa de pecar moralmente contra otro creyente? ¿Cuáles son algunas formas en que podemos ejercitar la precaución y evitar el daño a otros moralmente?

_____

_____

_____

_____

> "En 1 Tesalonicenses 4:6, la palabra *peque* implica 'pecar en contra de alguien', que incluye el concepto de pasarse de la raya y exceder los límites establecidos [...] Defraudar significa tomar algo para beneficio y placer personal de manera egoísta y ambiciosa a expensas de otro[...] Siempre que un creyente procure satisfacer sus deseos físicos y obtener placer sexual a expensas de otro ha violado este mandamiento".
>
> —John MacArthur

DÍA 3: **Encuentro con la verdad**
LOS PROVERBIOS Y LA PUREZA

12 Abajo hay una lista de algunas motivaciones *positivas* para mantenernos moralmente puros. Marca cuáles son (o deberían ser) importantes para ti:

❏ Mantener mi familia unida.

❏ Mantener un buen nombre o reputación.

❏ Ser ejemplo a otros más jóvenes.

❏ Ser ejemplo a aquellos que son nuevos en la fe.

❏ Dar un testimonio que honre a Cristo ante aquellos que están perdidos.

❏ Mantener mi trabajo.

❏ Reducir el riesgo de contraer algunas enfermedades.

❏ Honrar a mi cónyuge.

❏ Mantenerme puro para mi cónyuge.

❏ Fortalecer la causa de Cristo y Su Reino.

❏ Evitar la hipocresía.

❏ Guardarme de mayores tentaciones y pecados.

❏ Porque Dios lo ordena.

❏ Porque amo a Dios.

❏ Porque amo a mi cónyuge.

❏ Porque amo a mis hijos.

❏ Porque no quiero arruinar la vida de otra persona.

❏ Porque no quiero destruir otra familia.

❏ Para poder dormir en la noche.

❏ Para no tener que vivir con miedo a ser descubierto.

❏ Para que mi vida pueda ser un instrumento útil para los propósitos de Dios.

13 ¿Cuántas consecuencias *negativas* crees que puede tener un pecado sexual?

Es evidente que cuando uno está pensando correcta, racional y responsablemente, la única opción sabia y adecuada es una vida de pureza moral. Sin embargo, la vida no siempre es racional, y la naturaleza humana no siempre es responsable. El ataque de la tentación moral puede ser casi abrumador, aun para los creyentes. Ante el constante e intenso ataque a nuestra alma debemos cuidarnos activamente del fracaso moral.

En un lenguaje inequívocamente claro, la Palabra de Dios trata sobre las características de la inmoralidad, sus causas, consecuencias y soluciones. El libro de Proverbios habla extensamente de la pureza moral. Echa un vistazo a los pasajes citados más abajo.

14 Proverbios habla acerca de la adúltera, cuyas palabras, actitudes, vestir y conducta incitan a los hombres a ser inmorales. Lee Proverbios 7:1–27. ¿Cuáles son algunas de las características de una mujer inmoral?

15 ¿Cómo responde el hombre necio ante la mujer inmoral (7:22–23)? ¿Qué hace que responda de esa manera (véase Proverbios 5:12–13)?

16 ¿Cuáles son las consecuencias de ceder ante la mujer sensual (6:27–29; 7:26–27)?

"Si ensayáramos por adelantado las devastadoras consecuencias de la inmoralidad seríamos más reacios a incurrir en ella".

—**Randy Alcorn**

17 ¿Cómo responde el hombre sabio ante la mujer sensual (4:23, 25–27; 5:7–8)?

_____

_____

_____

_____

18 ¿Cómo puede un creyente protegerse de la impureza moral (4:20–27; 5:15, 17–18; 6:23–24)?

_____

_____

_____

_____

"Debo decidir entre la fantasia sexual y la intimidad con Dios. No puedo tener ambas. Cuando veo que Dios me ofrece un gozo y un placer que la fantasía sexual no me da, eso es un avance. Pero ese avance solo vendrá cuando yo siga a Dios, haciendo de Él el objeto de mi búsqueda, y cuando me dé cuenta de que mis fantasías son solo un sustituto barato de Dios. Correr hacia ellas es alejarme de Dios".

—Randy Alcorn

DÍA 4: **Personalízalo**

RESPONDE AL LLAMADO DE DIOS

"Está bien —podrías estar diciendo—, estoy convencido. La inmoralidad es un grave peligro y necesito cuidar mi corazón diligentemente. Pero ¿cómo?". Para comenzar, he aquí algunos principios para salvaguardar la pureza moral tomados de la Palabra de Dios. Hay seis principios en el estudio de hoy y otros seis en el día 5. Cada principio para salvaguardar incluye algunas *preguntas de reflexión para el corazón* y para ayudarte a aplicar ese punto en particular.[1]

Mientras lees, en actitud de oración, estos principios bíblicos de pureza sexual, accede a cooperar con Dios y a comprometerte con el camino de la pureza moral para el resto de la vida.

☼ **REFLEXIÓN**

Cada cristiano necesita ser intencional acerca de la protección de su corazón y su mente contra la inmoralidad.

1. Reconoce tu potencial de fracaso moral.

> *Por tanto, el que cree que está firme, tenga cuidado, no sea que caiga.*
> (1 Corintios 10:12)

Todos nosotros somos vulnerables ante los deseos de la carne y el deseo de los ojos. La historia está llena de ejemplos de hombres y mujeres que cayeron ante la tentación sexual, aun cuando anteriormente habían caminado en intimidad con Dios. Aun el más comprometido de los creyentes es susceptible si baja la guardia o cree que no puede ser tentado.

> *Reflexión para el corazón:* Reconoce ante el Señor que fuera de Él tú puedes ser vulnerable ante cualquier tipo de pecado, y que necesitas Su protección en cada área de tu vida, incluyendo tu vida sexual.

2. Reconoce que no tienes que ceder.

> [13]*No os ha sobrevenido ninguna tentación que no sea común a los hombres; y fiel es Dios, que no permitirá que vosotros seáis tentados más allá de lo que podéis soportar, sino que con la tentación proveerá también la vía de escape, a fin de que podáis resistirla.* (1 Corintios 10:13)

Como hijo de Dios, tú tienes acceso a su divina gracia en todo tiempo. No tienes que ser vencido; tú puedes vencer. La elección está en tus manos. (Si somos honestos en reconocer que somos muchos los que pecamos porque interiormente *queremos* pecar).

Reflexión para el corazón: Agradece al Señor su promesa de proveer una vía de escape ante cada tentación. Comprométete con Él a que no hay ninguna tentación que no puedas superar por Su gracia.

REFLEXIÓN

¿Quién subirá al monte del SEÑOR? ¿Y quien podrá estar en su lugar santo? El de manos limpias y corazón puro: el que no ha alzado su alma a la falsedad, ni jurado con engaño (Salmos 24:3–4).

3. Comprométete a ser puro.

¹³Por tanto, ceñid vuestro entendimiento para la acción; sed sobrios en espíritu, poned vuestra esperanza completamente en la gracia que se os traerá en la revelación de Jesucristo. ¹⁴Como hijos obedientes, no os conforméis a los deseos que antes teníais en vuestra ignorancia, ¹⁵sino que así como aquel que os llamó es santo, así también sed vosotros santos en toda vuestra manera de vivir.
(1 Pedro 1:13–15)

Las batallas se pueden ganar o perder aun antes de enfrentar al enemigo. No esperes hasta encontrarte frente a frente con la tentación sexual para decidir cómo responder. *¡Sería muy tarde!* Vete a la ofensiva —antes de que llegue la tentación— al decidir en tu corazón a ser moralmente puro, por la gracia de Dios.

Reflexión para el corazón: ¿Has hecho el propósito de ser puro, sin importar qué tan fuerte sea la tentación? Haz el compromiso con Dios de que, cueste lo que cueste, tú tomarás decisiones morales que le agraden a Él.

---

4. Desecha toda amargura.

¹⁵Mirad bien de que nadie deje de alcanzar la gracia de Dios; de que ninguna raíz de amargura, brotando, cause dificultades y por ella muchos sean contaminados; ¹⁶de que no haya ninguna persona inmoral ni profana como Esaú, que vendió su primogenitura por una comida. (Hebreos 12:15–16)

Las heridas del pasado y nuestra negativa a perdonar a aquellos que nos han hecho daño proveen un terreno fértil para la amargura. La amargura, si no se controla, nos hace más adeptos a sucumbir a —y hasta perseguir— la sensualidad y hasta subconscientemente justificarla en nuestra mente sobre la base de lo mucho que hemos sido heridos. La amargura es como un veneno; te contamina. El perdón es el único antídoto. No podemos aferrarnos a heridas pasadas y a la vez perseguir la pureza.

Reflexión para el corazón: Pídele a Dios que te muestre si hay "alguna raíz de amargura" en tu corazón. Si la hay, entrégasela a Dios y recibe Su gracia para perdonar al que te ofendió y Su ayuda para lidiar con el dolor que te han causado.

5. Restringe tus deseos carnales.

Antes bien, vestíos del Señor Jesucristo, y no penséis en proveer para las lujurias de la carne. (Romanos 13:14)

No puedes ser indulgente con tu carne en un área y esperar someterla en otra. No transijas ni en una sola área. Ceder ante tan solo una cosa (sin importar qué pequeña sea) debilitará tu resistencia y te hará más vulnerable a pecar en otras áreas que podrían tener peores consecuencias.

Reflexión para el corazón: ¿Existe alguna área en la cual estés cediendo al pecado, a los deseos carnales (p. ej. con relación a la comida, los hábitos de gastar, tu lengua, etc.)? ¿Cómo puedes "vestirte del Señor Jesucristo" en vez de gratificar tu carne en esa área?

6. Rechaza todo lo que pudiera llevarte a la esclavitud moral.

[7]Y vi entre los simples, distinguí entre los muchachos a un joven falto de juicio, [8]pasando por la calle cerca de su esquina; iba camino de su casa, [9]al atardecer, al anochecer, en medio de la noche y la oscuridad. (Proverbios 7:7–9)

Al caminar y merodear cerca de la casa de una mujer seductora, en medio de la oscuridad, el joven de este proverbio se puso a sí mismo en una situación en la cual su respuesta natural sería pecar. Él se expuso al fracaso moral.

No podemos vivir en una cueva, pero podemos ejercitar cierto control sobre las cosas que encontraremos en nuestra rutina diaria. Las pequeñas decisiones pueden parecer insignificantes o justificables. Pero si estas elecciones nos llevan a la tentación, deben ser evitadas a toda costa.

Reflexión para el corazón: ¿Existen algunas cosas o influencias en tu casa, tu auto o lugar de trabajo que puedan llevarte a ser moralmente impuro? Determina deshacerte de ellas inmediatamente. Haz una lista de lugares y personas que pudieran persuadirte a la inmoralidad y resuelve evitarlas.

> *"En momentos cuando soy tentado me digo a mí mismo: 'No prepares un almuerzo para la lujuria'. No debo ser tolerante, ni siquiera puedo proveer un refrigerio que alimente la lujuria de mi corazón".*
>
> **—Joshua Harris**

Escribe una oración expresando tu respuesta a lo que Dios le ha dicho a tu corazón a medida de que has meditado en estos primeros seis principios para salvaguardar tu pureza moral.

_____

_____

_____

_____

_____

_____

DÍA 5: **Personalízalo**

Hoy estaremos viendo otros seis principios bíblicos para guardar nuestra pureza sexual. Toma el tiempo de repasar la lista que vimos el día 4. Luego, en actitud de oración, busca la ayuda de Dios para saber realmente dónde estás parado en lo que respecta a vivir una vida de pureza moral que le glorifique a Él.

7. Huye de todo tipo de maldad.

Huye, pues, de las pasiones juveniles y sigue la justicia, la fe, el amor y la paz, con los que invocan al Señor con un corazón puro. (2 Timoteo 2:22)

Si te encuentras en una situación potencialmente comprometedora, ¡huye! No tardes en marcharte por estar considerando tus opciones. No confíes en tu razón ni en tu fuerza de voluntad. Confía en Dios solamente; Él ya te ha dicho qué hacer: ¡correr!

Reflexión para el corazón: ¿Actualmente estás involucrado en alguna actividad, situación o relación que sea inmoral o que pueda comprometerte moralmente? ¿Qué quiere Dios que hagas? Escribe tu respuesta. (Utiliza otro papel o algún tipo de código, si estás preocupado de que vean tu respuesta). Haz lo que sabes que Dios quiere que hagas.

> *"Mantente tan lejos como puedas de esas tentaciones que alimentan y fortalecen los pecados que debes vencer. Mantén bajo estado de sitio tus pecados, hazlos morir de hambre; mantenlos lejos de la comida y del combustible que es su sustento y su vida".*
>
> **–Richard Baxter**

8. Renueva tu mente con la Palabra de Dios.

Por lo demás, hermanos, todo lo que es verdadero, todo lo digno, todo lo justo, todo lo puro, todo lo amable, todo lo honorable, si hay alguna virtud o algo que merece elogio, en esto medita. (Filipenses 4:8)

Las malas acciones son consecuencias de malos pensamientos. Si hemos de cambiar nuestra conducta debemos empezar por nuestra forma de pensar. La Palabra de Dios tiene el poder de reformar nuestros hábitos al limpiar nuestros pensamientos y renovar nuestra mente (Romanos 12:1–2). Pero para esto debemos de asumir nuestra responsabilidad de atesorar la Palabra de Dios en nuestro corazón al leerla, memorizarla y meditar en ella.

Reflexión para el corazón: ¿Qué estás haciendo para alimentar tu mente y tu corazón con la pura Palabra y los caminos de Dios? ¿Es suficiente? ¿Le estás dando cabida a algún tipo de influencia o pensamiento que no agrade a Dios

(libros, revistas, música, películas)? ¿Qué cambios, si hay alguno, tienes que hacer?

_____

_____

9. Busca ayuda.

Por tanto, confesaos vuestros pecados unos a otros, y orad unos por otros para que seáis sanados. La oración eficaz del justo puede lograr mucho. (Santiago 5:16)

Es extremadamente difícil alcanzar la victoria ante cualquier lucha con el pecado, especialmente de naturaleza moral, sin la ayuda de amigos cristianos. Si fracasas moralmente (o eres esclavo de algún otro hábito pecaminoso), identifica a un creyente maduro (del mismo sexo) y humíllate ante esa persona admitiendo que necesitas ayuda. Pídele que ore por ti y que te pida cuentas en cualquier área específica en la que necesites ayuda.

Reflexión para el corazón: ¿Quién conoce tus luchas más íntimas que esté comprometido a orar por ti y a alentarte en creer que Dios te dará libertad y victoria? ¿Eres honesto con esa persona rindiéndole cuentas de forma regular? Si no tienes a alguien con este nivel de participación en tu vida, pídele a Dios que te muestre a quién puedes acercarte para pedir ayuda.

_____

_____

> "No conozco ningún otro pecado que pueda aniquilar más la vitalidad espiritual que el pecado de impureza moral".
>
> —Del Fehsenfeld Jr.

10. Recuerda las consecuencias.

¹⁴Sino que cada uno es tentado cuando es llevado y seducido por su propia pasión. ¹⁵Después, cuando la pasión ha concebido, da a luz el pecado; y cuando el pecado es consumado, engendra la muerte. (Santiago 1:14–15)

En medio de la tentación, el pecado nos seduce. Después, es totalmente destructivo. Piensa en la angustia que puedes producir en tu vida y en la vida de tus seres queridos cuando cedes ante la inmoralidad.

Reflexión para el corazón: Haz una lista de las dolorosas consecuencias que pudieran resultar de caer en pecados morales. Transfiere esta lista a una ficha o papel. Ponla en algún lugar donde puedas recordarlo regularmente.

_____

11. Rehúsa mantenerte en actitud de derrota y depresión.

Porque el justo cae siete veces; y vuelve a levantarse. (Proverbios 24:16a)

¿Has caído en inmoralidad? Dios no puede bendecir tu pecado del pasado. Pero sí puede —y lo hará— bendecir un corazón quebrantado y arrepentido. No hay pecado sexual tan grande que Dios no pueda perdonar. Él no restaurará tu virginidad si la has perdido; pero restaurará tu *pureza*. No permitas que tus derrotas te mantengan derrotado; permite que Su misericordia te mantenga humilde y dependiente de Su gracia. Puedes experimentar victoria, a pesar de algún retroceso momentáneo o mayor.

Reflexión para el corazón: Agradece a Dios que por el poder de Cristo en la cruz, no tienes que vivir bajo el dominio del pecado porque has sido librado para obedecer y seguirle a Él.

12. Depende del Espíritu Santo.

¹⁶Digo, pues: Andad por el Espíritu, y no cumpliréis el deseo de la carne. (Gálatas 5:16)

"¡No puedo hacerlo! ¡No puedo permanecer puro!", puedes pensar. Y estás en lo correcto. No puedes hacerlo solo. Pero puedes vivir una vida pura —por dentro y por fuera— si dependes del Espíritu Santo de Cristo que mora en ti. El Señor Jesús vivió una vida pura y sin mancha aun cuando se vistió de hombre. El mismo poder que levantó a Jesús de entre los muertos es capaz de "guardaros sin caída y para presentaros sin mancha en presencia de su gloria con gran alegría" (Judas v. 24).

Reflexión para el corazón: Escribe una oración expresando tu deseo de ser llenado por el Espíritu Santo y de rendirle a Él cada área de tu vida, en vez de satisfacer los deseos naturales de tu carne.

_____

_____

_____

_____

_____

_____

_____

_____

_____

Para repasar, y como ayuda para recordar los doce principios de pureza moral, aparea cada uno de los enunciados con su descripción correcta.

_____ **1.** Reconocer tu potencial de fracasar moralmente.

_____ **2.** Admitir que no tienes que ceder.

_____ **3.** Comprométete a ser puro.

_____ **4.** Desecha toda amargura.

_____ **5.** Restringe tus deseos carnales.

_____ **6.** Rechaza todo lo que te pueda volver a esclavizar.

_____ **7.** Huye de toda tentación.

_____ **8.** Renueva tu mente con la Palabra de Dios.

_____ **9.** Busca ayuda.

_____ **10.** Recuerda las consecuencias.

_____ **11.** Rehúsa mantenerte en derrota y depresión.

_____ **12.** Descansa en el Espíritu Santo.

A. Debo evitar ciertos lugares y personas para evitar la tentación.

B. No puedo ser puro por mí mismo. Necesito a Dios.

C. No puedo satisfacer mi carne en un área y esperar someterla en otra área.

D. Si he caído, Dios quiere perdonarme y restaurarme.

E. Perdonar heridas del pasado aumenta mi resistencia a la tentación sexual.

F. Debo recordar siempre lo dañino que es el pecado.

G. Necesito hacerme el propósito de obedecer a Dios antes de enfrentarme a la tentación.

H. Las oraciones y la rendición de cuentas me ayudan en esta lucha.

I. La gracia de Dios está disponible para darme la victoria sobre el pecado moral.

J. Necesito grabar la palabra de Dios en mis pensamientos.

K. Yo, como todo creyente, soy vulnerable a la lujuria de la carne y la lujuria de los ojos.

L. Si me encuentro en una situación potencialmente comprometedora, ¡necesito huir!

Hasta aquí hemos tratados asuntos bien pesados: perdonar a quienes nos han herido, mantener la pureza sexual, etc.… Puedes estar preguntándote cómo es posible alcanzar la victoria en áreas de tanta dificultad. Pero hay un secreto que lo hace todo posible: ¡*Cristo vive en nosotros*! ¡La lección 11 será de gran aliento para ti! No te la pierdas.

---

[1]Esta lista de 12 principios sobre la pureza sexual fue publicada en *Sensuality: Winning the war against the flesh* [La sensualidad: la victoria en la batalla contra la carne] por Del Fehsenfeld Jr., en la revista *Spirit of Revival*, julio de 1986, Vol. 14, No. 2, pp. 12–13. Publicada por Life Action Ministries.

Comparte

1. Recuerda la lección sobre el perdón; ¿has dado algún paso en concreto para perdonar a alguien? Si es así, y no faltas por indiscreción, comparte con el grupo cómo Dios te ha liberado a través del perdón.

_____

_____

_____

2. ¿Por qué piensas que es valioso incluir una lección de pureza moral en un estudio de avivamiento personal?

_____

_____

_____

_____

Conversa

3. Repasa la historia de fe. ¿Cómo puede la infidelidad moral de cualquier tipo (sexual, emocional, fantasiosa, etc.) dañar un matrimonio?

_____

_____

_____

_____

4. ¿Qué protecciones puede una pareja aplicar para evitar la infidelidad?

_____

_____

_____

5. ¿Por qué crees que el pecado sexual de todo tipo está cada vez más presente entre los cristianos confesos de hoy?

_____

_____

_____

_____

"Hay insipidez, monotonía y simple hastío de vida cuando la virginidad y la pureza no son protegidas y atesoradas. Al tratar de alcanzar satisfacción por todos lados, no la encontramos en ningún lugar".

—Elisabeth Elliot

6. Si le estuvieras dando consejo a un adolescente acerca de por qué y cómo guardarse moralmente puro, ¿qué le dirías?

_____

_____

_____

_____

7. ¿Cuál de los doce principios para guardar la pureza moral (p. 208) encontraste que fuera particularmente útil o retador? ¿Por qué?

_____

_____

_____

_____

+ CÁPSULA

Si el grupo consta de hombres y mujeres, quizás desees dividirlo para el resto de la discusión y durante el tiempo de oración.

8. Lean 1 Tesalonicenses 4:1–10 en voz alta. Luego hablen de los puntos que aquí se encuentran sobre pureza moral. Abajo aparecen algunas preguntas para empezar:

Cuando Pablo dice que debemos "abstenernos de inmoralidad sexual", ¿qué crees que esto incluye?

_____

_____

_____

¿Por qué crees que Dios le da tanta importancia a la inmoralidad sexual?

_____

_____

Pablo "nos apremia" en Tesalonicenses a ser moralmente puros y "solemnemente nos advierte" sobre la inmoralidad sexual. ¿Qué responsabilidad tenemos con otros creyentes con respecto a guardar su pureza moral?

_____

_____

_____

¿Cómo afecta el pecado sexual nuestras relaciones con otros? ¿Con Dios?

_____

_____

_____

Como cristianos, somos una familia ("hermanos"), "conocemos a Dios" y Él nos ha dado Su Espíritu Santo. ¿Cómo deben afectar nuestras decisiones sexuales estos factores?

_____

_____

_____

¿De qué formas Dios pudiera "vengar" la impureza moral? ¿Cómo puede el juicio futuro motivarnos a ser moralmente puros?

_____

_____

_____

CÁPSULA +

Al abrir tu corazón con tu compañero de oración, ten cuidado de no violar la confidencialidad de nadie ni de abundar en detalles vergonzosos.

¿Por qué crees que Pablo continúa este pasaje de pureza sexual con una exhortación acerca del amor fraternal (versículos 9–10)? ¿Cómo puede el verdadero amor ser una protección en contra de la inmoralidad?

_____

_____

_____

Oran por avivamiento

Formen parejas (hombre con hombre, mujer con mujer). Háganse unos a otros las siguientes preguntas y respondan con la mayor honestidad posible:

- ¿Estás experimentando libertad moral y caminando en pureza sexual?

- ¿Hay algo que Dios te esté señalando con respecto a tu pureza sexual? ¿Existe alguna área en la cual estés luchando con la inmoralidad: pensamientos, relaciones, conducta? ¿Cuál es tu mayor batalla moral?

- ¿Cómo respondiste a la pregunta 10 del día 2 de este tema (p. 47)?

- ¿Cómo puedo animarte o ayudarte en esta área de tu vida?

Tomen tiempo para orar el uno por el otro, pidiéndole a Dios Su gracia para ser moralmente puros. Si esta no es una de sus luchas, oren por su cónyuge y por los otros del grupo. Oren por todo aquel que pueda estar luchando contra la tentación en esta área. Pídanle a Dios que guarde sus corazones y que los haga y mantenga puros para Su gloria.

La vida llena del Espíritu:
EL PODER DE DIOS EN TU VIDA

Lo creas o no, el Espíritu Santo está involucrado de manera activa en cada dimensión de tu vida cristiana, desde el momento de tu conversión hasta que vayas al cielo. No fuimos diseñados para vivir vidas separadas de Él. De hecho, ¡no *podemos* vivir la vida cristiana apartados de Él!

La madurez cristiana no se obtiene por tratar de esforzarse más o hacer más. Dios no nos ha dejado solos frente a la perspectiva de una vida abundante para que tratemos de encontrar el camino por nuestra propia cuenta. El Espíritu Santo actúa como nuestro guía y compañero. Fue enviado desde el cielo para guiarnos a casa. Él nos capacita para obedecer a Dios, nos da la fortaleza para llegar a ser como Jesucristo y nos llena con poder sobrenatural para llevar a cabo su obra y ser sus testigos. Debemos, por lo tanto, aprender a escucharle, a seguirle, a confiar en Su poder y a caminar en Su plenitud.

Versículo a memorizar

"... Andad en el Espíritu y no satisfagáis los deseos de la carne".
(GÁLATAS 5:16)

Profundiza en la PALABRA

Salmo 139:7—12
Juan 14:15—17
1 Corintios 2:10—13
2 Corintios 5:1—5

DÍA 1: **Historia de fe**

1 ¿Cuándo comprendiste, por primera vez, que Cristo murió por ti y por tus pecados? ¿Cómo afectó tu vida esta verdad? Escribe una breve descripción de tu experiencia de conversión.

_____

_____

_____

_____

Lee la siguiente historia acerca de la trayectoria de una mujer del desierto de la depresión y la inestabilidad emocional, a la libertad y llenura en Cristo.

Luego contesta las preguntas que siguen.

> Aunque mis padres eran cristianos practicantes, el ambiente de nuestra casa se caracterizaba por las luchas, la ira y la rebelión. Desde donde puedo recordar, he experimentado una lucha con la depresión. Durante mis años de juventud, mi amargura fue incrementada por disgustos y relaciones fallidas.
>
> Cuando me casé y tuve hijos descubrí que prácticamente cada área de mi vida estaba afectada negativamente por la amargura y el dolor. La paz, el gozo y el contentamiento siempre parecían estar más allá de mi alcance. Luchaba por hacer frente a la vida y mis responsabilidades, y llegó un punto cuando apenas era capaz de funcionar. En las mañanas, lo único que podía hacer era levantar a mis niños y vestirlos. Algunos días ni siquiera podía salir de la cama. Sin embargo, como mi esposo tenía una posición prominente en la iglesia, usualmente me las arreglaba para ir los domingos. Me asombra la forma en que el orgullo me permitía hacer eso solo con el fin de mantener las apariencias de que todo estaba bien.
>
> Pero dentro de nuestras cuatro paredes, en nuestro hogar, yo me estaba derrumbando. Mi esposo y mis hijos tenían que soportar el peso de mis arranques de ira, rabia, enojo y depresión crónica. Como resultado de mi inestabilidad emocional, nuestros hijos empezaron a crecer en un hogar muy parecido al mío. Me sentí desesperanzada. Había llegado a la conclusión de que si esto era la vida (y así parecía), entonces no la quería. Simplemente no veía ningún propósito para seguir adelante.

"Había llegado a la conclusión de que si esto era la vida (y así parecía), entonces no la quería".

Mi esposo, que parecía ser todo lo que yo no era (estable, consistente, "organizado"), hacía todo lo que podía por satisfacer mis necesidades y ayudarme. Empecé a ver un psiquiatra cristiano, el cual me recetó algunos medicamentos para tratar mi depresión. Cuando esto no pareció ayudar, buscamos a otro psiquiatra y probamos una medicación diferente. Recibí mucha solidaridad y comprensión. Hicimos diversos ejercicios diseñados para ayudarme a sanar mi dolor y recuerdos dolorosos. Pero nada parecía ayudarme a cambiar.

Varios meses y muchos dólares más tarde, Dios trajo a nuestra iglesia una cruzada de avivamiento. Mientras el equipo ministraba y enseñaba la simple verdad de la Palabra de Dios empecé a darme cuenta de que yo no era solamente víctima de las personas y las circunstancias que me habían lastimado, sino que también yo era personalmente responsable de la forma en que había escogido responder a esas heridas.

Durante años había culpado a mi familia y a los demás de mi depresión y mi inhabilidad de arreglármelas en la vida. Pero Dios me abrió los ojos para que me diera cuenta de que muchas de las cosas que yo llamaba mis "problemas" eran realmente pecados contra un Dios santo. Conscientemente había violado Su Palabra a través de mi amargura, falta de perdón, descontento y negándome a "dar gracias en todo".

Dios empezó a mostrarme la repugnante raíz de egoísmo en mi vida centrada en mi "yo", con todas sus diferentes caras: autocompasión, introspección, autocondenación, egocentrismo, autodefensa. Y así continuaba la lista. Yo, yo, yo: esa era la raíz de todos mis problemas mentales y emocionales.

¡Qué liberación fue el darme cuenta de que las circunstancias de mi pasado no me habían hecho lo que yo era! Solo me habían revelado la profunda raíz de egocentrismo que necesitaba llevar a la cruz. Solo entonces pude cambiar mi ser amargado e implacable por la vida de amor, sacrificio y perdón de Jesucristo.

Durante gran parte de mi vida yo sabía que debía caminar en el Espíritu, pero nunca me apropié del poder de la cruz, lo que en verdad me podía salvar del dominio del pecado y el egocentrismo. Me había apropiado de la sangre de Cristo para liberarme de la condena del pecado, pero nunca me había apropiado del hecho de que la cruz me libera del poder del pecado sobre mí. Ahora puedo testificar que la realidad de caminar en el Espíritu es entregar el control de mi vida a Cristo, y de esta forma puedo experimentar Su poder y libertad.[1]

> "Yo, yo, yo: esa era la raíz de todos mis problemas mentales y emocionales".

2 ¿Qué descubrió esta mujer que era la raíz de sus luchas con la depresión y la inestabilidad emocional?

_____

_____

_____

_____

3 ¿Qué ayudó a esta mujer a encontrar la libertad? ¿Qué no la ayudó?

_____

_____

_____

_____

4 Lee Juan 7:37–39. ¿Cómo describe Jesús lo que tendría lugar en nuestra vida como resultado de la ministración del Espíritu Santo en nosotros? Si sientes el deseo o sientes la necesidad de experimentar la llenura del Espíritu Santo en tu vida, exprésalo al Señor en una corta oración oral o escrita.

_____

_____

_____

_____

DÍA 2: **Encuentro con la verdad**
AYUDA DEL CIELO

Los discípulos estaban desanimados. Jesús les había dicho que los dejaría pronto, partiendo no solamente a otro lugar, sino al otro lado de la eternidad. También les había dicho que sería muy difícil para ellos vivir. Por el llamado que tenían de ser Sus discípulos, muchas personas los iban a odiar y rechazar. No podían imaginar la posibilidad de afrontar el futuro sin su mejor Amigo y Líder Espiritual. Necesitaban tranquilidad y consuelo. Y eso era exactamente lo que Jesús les iba a regalar en la última noche que pasarían juntos, antes de ir a la cruz, cuando les presentó al Espíritu Santo.

> *6Antes, porque os he dicho estas cosas, tristeza ha llenado vuestro corazón. 7Pero yo os digo la verdad: Os conviene que yo me vaya; porque si no me fuera, el Consolador no vendría a vosotros; más si me fuere os lo enviaré.* (Juan 16: 6–7)

5 Conociendo su profunda tristeza, ¿por qué le diría Jesús a sus discípulos: "Os conviene que yo me vaya"?

_____

_____

_____

Por más de treinta años, Cristo había sido la manifestación física de Dios en la tierra. Él era *Emanuel, Dios con nosotros.* Desde el principio ha sido el plan de Dios que después de que Su Hijo diera su vida como sacrificio para expiación de nuestros pecados, Él volviera a la derecha del Padre. Sin embargo, nunca ha sido el plan de Dios dejar a Sus hijos solos. Su propósito siempre ha sido estar con Sus hijos.

Esa misma noche Jesús dijo a Sus discípulos: "Y yo rogaré al Padre, y Él os dará otro Consolador para que esté con vosotros para siempre" (Juan 14:16). *Nunca te dejaré ni te desampararé* no era un sentimentalismo; era una promesa de Dios, una promesa que Él mantiene en estos tiempos, a través de la presencia del Espíritu Santo, nuestro Consolador en todo momento.

! CLAVE

Dios está constantemente con sus hijos a través de la presencia del Espíritu Santo.

REFLEXIÓN

La palabra griega para "Ayudador" es *parakletos* y describe a uno que viene al lado de otro para ser su defensor o abogado, intercesor y consejero. En el Nuevo Testamento, la misma palabra es ocasionalmente traducida como "consolador".

REFLEXIÓN

El Espíritu Santo no es una "cosa". Él es una persona divina, un miembro de la Trinidad. Él es Dios, como Jesús es Dios, y es co-igual con el Padre y el Hijo (Mateo 28:19, Hechos 5:3–4).

6 ¿Qué esperanza te da el saber la verdad de que Cristo está contigo y que no estás solo en tus circunstancias?

_____

_____

_____

7 ¿Qué es más probable que suceda: que tus problemas desaparezcan, o que el Espíritu Santo te dé consuelo y fortaleza para sobrellevarlos? Explica tu respuesta.

_____

_____

_____

Jesús no solamente les prometió a Sus discípulos que Dios Espíritu Santo estaría con ellos. También les dijo: "…mora con vosotros y estará *en vosotros*" (Juan 14:17, cursivas añadidas).

8 Dios mora en cada creyente en la forma del Espíritu Santo. (Véase 1 Corintios 3:16). ¿Qué implicaciones prácticas tiene esto para tu vida?

_____

_____

_____

¿Qué hace el Espíritu Santo en la vida del creyente? Jesús dejó claro que el trabajo principal del Espíritu Santo no era glorificarse a Sí mismo, sino colocar la atención en Cristo y hacernos conocer Su verdad:

> ¹³*Pero cuando Él, el Espíritu de verdad, venga, os guiará a toda la verdad, porque no hablará por su propia cuenta, sino que hablará todo lo que oiga, y os hará saber lo que habrá de venir.* ¹⁴*El me glorificará, porque tomará de lo mío y os lo hará saber.* (Juan 16:13–14)

9 El Espíritu Santo ha venido para hacer a Jesús más real para nosotros, y también para los demás a través de nosotros. De acuerdo a este pasaje, ¿cómo hace esto?

_____

_____

_____

10 Desde el momento en que el Espíritu Santo nos convence de nuestra necesidad de Jesucristo y nos lleva hacia Él, el Espíritu Santo está involucrado de manera activa en la vida de cada hijo de Dios. ¿Qué nos dicen los siguientes versículos sobre el ministerio del Espíritu Santo en nuestra vida?

Ezequiel 36:27 _____

Juan 14:26; 16:13 _____

Hechos 1:8 _____

Romanos 5:5 _____

Romanos 8:26–27 _____

Romanos 15:13 _____

1 Corintios 12:4–7, 11 _____

Gálatas 5:22–23 _____

La morada del Espíritu Santo en nuestra vida nos permite tener una vida de libertad espiritual, plenitud y frutos. Selecciona uno de los versículos de la lista anterior y dale las gracias a Dios por el trabajo en particular que está haciendo el Espíritu Santo en tu vida. Dale gracias a Dios por enviar al Espíritu Santo y pídele que Cristo sea glorificado en tu vida y a través de ti.

> *"El creyente no puede avanzar un paso sin el Espíritu. No puede lograr una victoria sin el Espíritu. No puede existir un momento sin el Espíritu. Así como lo ha necesitado desde el principio, lo necesitará en toda su trayectoria".*
>
> **—Octavius Winslow**

DÍA 3: **Encuentro con la verdad**
LA OBRA DE DIOS EN MÍ

El Espíritu Santo está involucrado activamente en nuestra salvación. Jesús dijo: "Y cuando Él venga convencerá al mundo de pecado, de justicia y de juicio" (Juan 16:8). Es el Espíritu Santo quien nos guía hacia la fe en Cristo convenciéndonos primeramente de nuestra maldad.

Después de que nacemos de nuevo es el Espíritu Santo quien garantiza nuestra posición delante de Dios: "El Espíritu mismo da testimonio a nuestro espíritu, de que somos hijos de Dios" (Romanos 8:16). Esa garantía es la base de nuestra victoria en la batalla contra el pecado, en nuestro entendimiento de las cosas espirituales y en nuestra meta de parecernos más a Cristo.

Después de que nos convertimos en hijos de Dios entramos en un proceso llamado *santificación,* un proceso que continúa hasta el día en que partamos al cielo. Esto también es obra del Espíritu Santo:

> *11Y esto erais algunos de vosotros; pero fuisteis lavados, pero fuisteis santificados, pero fuisteis justificados en el nombre del Señor Jesucristo y en el Espíritu de nuestro Dios.* (1 Corintios 6:11)

> *13Pero nosotros siempre tenemos que dar gracias a Dios por vosotros, hermanos amados por el Señor, porque Dios os ha escogido desde el principio para salvación mediante la santificación por el Espíritu y la fe en la verdad.* (2 Tesalonicenses 2:13)

11 Define la santificación en tus propias palabras.

_____

_____

_____

La santificación es un proceso en el cual somos transformados para parecernos más a Cristo. Ese proceso no siempre es fácil. Si has sido cristiano por un tiempo sabes que estás en una batalla espiritual. Algunos de nuestros enemigos son externos: *Satanás,* el enemigo eterno de Dios, busca ganar nuestra lealtad. El sistema del *mundo* en que vivimos lucha contra todo lo que es bueno. Pero tenemos un tercer e igualmente feroz enemigo en nuestra vida que no es externo. Si eres un hijo de Dios hay una guerra constante *en tu interior.* Es una batalla entre tu carne natural y la presencia del Espíritu de Dios en tu vida.

> *17Porque el deseo de la carne es contra el Espíritu, y el del Espíritu es contra la carne, pues éstos se oponen el uno al otro, de manera que no podéis hacer lo que deseáis.* (Gálatas 5:17)

 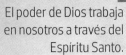

Nuestra carne, con todos sus deseos, pensamientos, valores y comportamientos, es torcida, corrupta y opuesta a Dios. Es el Espíritu de Dios que vive en nosotros que realiza el proceso de transformar nuestros deseos pecaminosos en santos. Pero nuestra carne es poderosa; más bien tratará de prosperar, de florecer antes que morir. Por un lado sentimos cómo somos halados hacia la obediencia, la justicia; y por otro lado sentimos cómo somos llevados en sentido contrario para saciar los deseos de nuestra carne.

12 El siguiente cuadro ilustra la batalla que existe entre las actitudes de nuestro corazón, las cuales son características de nuestra carne, y las actitudes que son producidas por el Espíritu de Dios en nosotros. *En cada par coloca una marca, indicando cuál de estas caracteriza más tu vida.*

Actitudes de la carne:

- ❏ Rudo, áspero, ansioso
- ❏ Rígido, irritable, indiferente
- ❏ Enfocado en sí mismo, impaciente
- ❏ Amargado, fácil de herir, despreciativo
- ❏ Celoso, exigente
- ❏ Orgulloso, egoísta
- ❏ Haragán, irresponsable, quiere el crédito
- ❏ Soportando la religiosidad, crítico
- ❏ Autojusticia
- ❏ Arrogante, jactancioso, manipulador
- ❏ Hablador, sentencioso
- ❏ No amigable, busca lo suyo
- ❏ Busca su propio bienestar y confort
- ❏ No perdona
- ❏ Se ama a sí mismo y los placeres del mundo
- ❏ Chismoso, busca pleitos
- ❏ Emociones controlada por las circunstancias

Actitudes del Espíritu:

- ❏ Espíritu afable, agradable
- ❏ De corazón tierno
- ❏ Amable
- ❏ Gentil

- ❏ De corazón apacible
- ❏ Sacrificado
- ❏ Siervo

- ❏ Gozoso en Cristo
- ❏ La fe es un deleite, no un deber
- ❏ Pobre de espíritu

- ❏ Llora con una tristeza piadosa
- ❏ Sumiso, cede ante sus derechos
- ❏ Tiene hambre y sed de justicia
- ❏ Misericordioso
- ❏ De corazón puro

- ❏ Pacificador
- ❏ Lleno de gozo en el Señor

☀ **REFLEXIÓN**

En la Escritura, la palabra *carne* describe el estado natural del ser humano que vive apartado de Dios. Aun cuando una persona recibe a Cristo y es nacida de nuevo por el Espíritu de Dios, esa persona todavía vive bajo la influencia y las limitaciones de la carne, y esto será así hasta que su cuerpo terrenal sea reemplazado por un cuerpo celestial.

Al final, la batalla entre la carne y el Espíritu es una batalla sobre quién va a tomar el control. De acuerdo al ejercicio realizado anteriormente, ¿vives más bajo el control de la carne o bajo el control del Espíritu?

El Espíritu pone en cada hijo de Dios el deseo de ser libre del dominio de la carne. Pero ¿será esto posible? Muchos cristianos viven gran parte de su vida *tratando* y *luchando* para poder reprimir los deseos y las tendencias de la carne. El problema es que *la carne no puede reformar a la carne*. Necesitamos morir a nuestras pasiones y deseos carnales. En Romanos 8, Pablo nos llama a vivir de acuerdo al Espíritu, quien únicamente tiene el poder de vencer sobre nuestra carne.

> *⁵Porque los que viven conforme a la carne, ponen la mente en las cosas de la carne, pero los que viven conforme al Espíritu, en las cosas del Espíritu. ⁶Porque la mente puesta en la carne es muerte, pero la mente puesta en el Espíritu es vida y paz [...]*
>
> *¹²Así que, hermanos, somos deudores, no a la carne, para vivir conforme a la carne, ¹³porque si vivís conforme a la carne, habréis de morir; pero si por el Espíritu hacéis morir las obras de la carne, viviréis.* (Romanos 8:5–6, 12–13)

13 De acuerdo a los versículos de Romanos 8, ¿qué medidas se requieren de nuestra parte en la lucha entre el Espíritu y la carne (vv. 6, 13)?

_____

_____

_____

14 En promedio, ¿pasas más tiempo pensando en las verdades espirituales o en satisfacer los deseos de la carne? ¿De qué formas podemos poner nuestra mente (a pensar) en las cosas espirituales y no en las de la carne?

_____

_____

_____

La presión de la carne es fuerte, pero el Espíritu es aún más poderoso. Debemos ejercitar nuestra fe en el poder del Espíritu Santo que habita en nosotros, pues Él nos garantiza la victoria sobre la carne.

> *"Aunque siempre habrá una persistente influencia de la carne hasta que nos encontremos cara a cara con el Señor, no tenemos excusas para seguir pecando y corrompiendo nuestra vida [...] Tenemos los recursos del Espíritu de Cristo en nosotros para resistir y hacer morir las obras de la carne, que resultan de vivir una vida de acuerdo a los deseos de la carne".*
>
> —John MacArthur

15 Lee Romanos 8:11. ¿Cuánto poder tiene el Espíritu Santo? ¿Cuáles son las implicaciones de esa verdad mientras nos enfrentamos diariamente a la batalla entre los deseos de la carne y el Espíritu?

_____

_____

_____

_____

"Aunque la vida cristiana es una guerra, es una guerra en la que la victoria siempre es posible".

—John MacArthur

DÍA 4: **Encuentro con la verdad**

CÓMO ANDAR EN EL ESPÍRITU

Pablo insta a los cristianos en Efesios a ser **llenos** del Espíritu Santo (Efesios 5:18). De la misma forma exhorta a los gálatas a **andar** en el Espíritu.

> [16]*Digo, pues: Andad en el Espíritu, y no cumpliréis los deseos de la carne* [...] [25]*Si vivimos por el Espíritu, andemos también por el Espíritu.* (Gálatas 5:16, 25)

En ambos casos, Pablo desafía a los creyentes a ceder el control de su vida al Espíritu Santo, no solamente en algunas circunstancias sino en cada momento de su vida. Habiendo enfrentado algunas de las circunstancias más difíciles de su vida y el peso de su carne pecaminosa, Pablo sabía que vivir bajo el control del Espíritu Santo era el único camino verdadero para vivir una vida victoriosa. Y quería que aquellos a quien él amaba pudieran experimentar lo mismo.

16 ¿Por qué crees que muchos cristianos *no* están siempre llenos (no andan con) del Espíritu Santo?

_____

_____

_____

Debido a los abusos y excesos que hemos observado, pudiésemos sentirnos escépticos, incluso temerosos, de dónde nos llevará una conversación sobre la llenura y dirección del Espíritu en nuestra vida. O preferimos mantener el control de nuestra vida esperando ser llenados o dirigidos por nadie más sino nosotros mismos. Lo triste es que muchos creyentes no están familiarizados con lo que enseña la Escritura acerca de la llenura del Espíritu Santo.

Para ayudarnos a entender lo que es ser llenos del Espíritu Santo y bajo Su dominio, la Escritura utiliza la analogía de la embriaguez con vino.

17 ¿Cómo la imagen de "ser embriagados con vino" te arroja luz (o te muestra) lo que es ser "lleno del Espíritu"?

_____

_____

_____

CLAVE !

Cada cristiano está llamado a ser lleno del Espíritu, no de vez en cuando, sino continuamente.

"La vida llena del Espíritu no es una edición especial y de lujo del cristianismo. Es parte integrante del plan total de Dios para su pueblo".

—A. W. Tozer

18 Después de mandarnos a ser llenos del Espíritu (Efesios 5:18), Pablo nos describe cómo debe ser nuestra vida diariamente. Lee los siguientes versículos y enumera algunas de las evidencias prácticas como resultado de una vida llena del Espíritu:

En nuestra adoración pública (Efesios 5:19–20)

_____
_____
_____
_____

En nuestras relaciones con otros creyentes (Efesios 5:21)

_____
_____
_____

En nuestra relación de matrimonio (Efesios 5:22–25)

_____
_____
_____
_____

En la relación de padres e hijos (Efesios 6:1–4)

_____
_____
_____

En nuestro lugar de trabajo (Efesios 6:5–9)

_____
_____
_____
_____

En nuestros tiempos de guerra espiritual (Efesios 6:10–18)

_____
_____
_____
_____

19 De acuerdo a la Escritura, el Espíritu Santo puede ser contristado (Efesios 4:30); puede ser apagado (1 Tesalonicenses 5:19); puede ser resistido (Hechos 7:51). ¿Cuáles son algunas de las formas en que podemos contristar o apagar el Espíritu, algunas de las cosas que pueden (o están) impidiendo el libre fluir de una vida en Dios de poder y gozo en nosotros y a través de nosotros? (Efesios 4:30–32 nombra varias).

_____

_____

_____

20 ¿Hay algo, ahora, en tu vida que esté contristando o apagando el Espíritu e impidiendo que andes en el Espíritu? ¿Algunos pecados sin confesar? ¿Algún conflicto no resuelto con otro creyente? ¿Algunas áreas de desobediencia o resistencia? ¿Incredulidad? ¿Autosuficiencia?

_____

_____

_____

Cada vez que decimos "sí" a la carne y "no" a Dios contristamos Su Espíritu y le damos mayor control a la carne sobre nuestra vida. De la misma forma, todo acto de obediencia o sometimiento a Dios nos coloca más bajo el control del Espíritu Santo y libera Su poder en nuestra vida. Esta simple verdad es fundamental para andar en el Espíritu, simplemente obedeciéndole a Él en cada momento del día. Cuando pequemos, y lo vamos a hacer, debemos ser prontos para confesar nuestro pecado y rendirnos nuevamente a Él (a Su control).

¿Estás lleno del Espíritu Santo ahora? Puedes estarlo. Ser llenos del Espíritu no es una clase de experiencia mística reservada solo para algunos cristianos que son especialmente privilegiados o extraespirituales. Simplemente implica confesar todos nuestros pecados, caminar paso a paso, momento a momento obedeciendo Su liderazgo y confiando en Él para que no viva yo sino Cristo en mí (Gálatas 2:20). A medida que seamos llenados del Espíritu, Su poder sobrenatural se liberará en nosotros y a través de nosotros garantizando la victoria sobre el pecado y nuestra carne, produciendo en nosotros un corazón y un carácter como el de Jesucristo y capacitándonos para el servicio y para ser Sus testigos.

Pídele a Dios que te llene de Su Espíritu. Confía en que Él lo hará. Luego dale las gracias a Dios por el increíble regalo del Espíritu.

> _"¡Bendito Espíritu del Señor, perdónanos por tanto desprecio hacia ti, por olvidarnos de ti, por nuestra orgullosa autosuficiencia, por resistir Tus influencias y apagar Tu fuego!"_
>
> —C. H. Spurgeon

> _"La vida llena del Espíritu es una vida de obediencia a Dios absoluta, incondicional y sin cuestionamientos"._
>
> —Del Fehsenfeld Jr.

DÍA 5: **Personalízalo**

Cuando somos llenos del Espíritu y vivimos nuestra vida bajo Su control, Él producirá en nosotros lo que las Escrituras llaman "el fruto del Espíritu":

²²Mas el fruto del Espíritu es amor, gozo, paz, paciencia, benignidad, bondad, fidelidad, ²³mansedumbre, dominio propio; contra tales cosas no hay ley. (Gálatas 5:22–23)

Este fruto es la descripción de Jesucristo mismo, ¡a quien el Espíritu vino a glorificar! Estas cualidades serán evidentes en una persona que está viviendo bajo el control del Espíritu Santo.

Toma tiempo para leer y meditar en una o más de las Escrituras que aparecen junto a cada cualidad. Luego considera en actitud de oración las preguntas que siguen. Mientras lo haces, pídele al Espíritu que te revele la verdadera inclinación de tu corazón; pídele que produzca Su fruto en tu vida y a través de tu vida.

REFLEXIÓN

¿Tienes gozo? Cinco veces en el Nuevo Testamento el gozo es atribuido a la presencia del Espíritu Santo: Hechos 13:52; Romanos 14:17; 15:13; Gálatas 5:22; 1 Tesalonicenses 1:6.

Amor *(1 Corintios 13:4–8a, 1 Juan 4:7–12)*
- ¿Creen las personas que tienen que tener mi aprobación, o generalmente saben que les amo y que voy a ayudarlos siempre que me sea posible?
- ¿Soy más inclinado a dar amor o a recibir amor?
- ¿Realmente amo a las personas en mi vida que no son dignas de amor o que no me aman a mí?

Gozo *(Salmo 4:7; 16:11; 32:11; Juan 15:11; Filipenses 4:4)*
- ¿Es mi nivel de gozo y felicidad constante o depende de las circunstancias externas o de cómo otros me traten?
- ¿Las personas ven el gozo de Dios manifestado en mi vida?
- ¿"Sirvo al Señor con regocijo"?

Paz *(Juan 14:27; 16:33; Filipenses 4:6–7; Colosenses 3:15; 2 Tesalonisences 3:16)*
- ¿Cuando estoy bajo presión, ¿ es generalmente mi espíritu calmado, en vez de frenético o turbulento?
- ¿Exhibo una tranquilidad interna en mi mente y confianza de que Dios tiene el control, a pesar de lo que está sucediendo a mi alrededor?

Paciencia *(Colosenses 1:11–12; Santiago 1:2–4; 5:8)*

- ¿Soy una persona paciente cuando otros me maltratan?

- ¿Estoy dispuesto a aceptar circunstancias adversas e irritantes en mi vida?

- ¿Estoy dispuesto a esperar que sea Dios quien reivindique o premie mis labores?

Benignidad *(Efesios 4:32; 2 Timoteo 2:24)*

- ¿Trato a los demás como me gustaría que me trataran y como Dios me ha tratado a mí?

- ¿Demuestro una genuina preocupación por los demás?

- ¿Soy atento, considerado, estoy alerta a las necesidades de los demás?

Bondad *(Lucas 6:27b; Romanos 12:21; Gálatas 6:10)*

- ¿Muestro gentileza al hacer buenas obras por los creyentes?

- ¿Trato de superar el mal, buscando hacer el bien a aquellas personas que me odian o me tratan mal?

Fidelidad *(Mateo 24:45–46; Lucas 16:10–13; 1 Corintios 4:2; 15:58)*

- ¿Estoy comprometido con tomar decisiones que agraden a Dios, aun cuando sé que otros no me están viendo?

- ¿Persisto en hacer un trabajo hasta que esté completo de la manera en que debe hacerse?

- ¿Soy confiable? ¿Digno de confianza? ¿Leal?

Mansedumbre *(Mateo 5:5; 11:29; Efesios 4:1–2; Tito 3:2; Santiago 3:17; 1 Pedro 3:4)*

- ¿Soy fácil de abordar, aun cuando se trata de asuntos difíciles, o tienen los demás razones legítimas para temer una conversación conmigo?

- ¿Puedo soportar la incomprensión y la injusticia sin tomar represalias o estar a la defensiva?

- ¿Soy de espíritu sumiso y educable?

Dominio propio *(1 Corintios 9:24–27; Tito 2:1–10)*

- ¿Soy disciplinado y moderado en asuntos de comida o bebida? ¿En el uso de mi lengua? ¿En el uso de mi tiempo? ¿En mis reacciones y respuestas a las personas y circunstancias?

- ¿Están mis pasiones y apetitos naturales bajo el control de Espíritu Santo?

Después de trabajar en un ejercicio como este (o cualquier otro de este estudio) probablemente te sientas preocupado, abrumado, por el progreso espiritual que necesitas. Recuerda que estas no son cualidades *naturales* que podamos fabricar …son los "frutos" *sobrenaturales* que se producirán en nuestra vida a medida que seamos llenos del Espíritu de Cristo. Son las cualidades de Dios fluyendo a través de nuestra vida a medida que nos sometemos y rendimos a Su control. Dios no te ha dejado para que hagas esto por tu cuenta. Él mora en tu vida a través del Espíritu Santo y está constantemente santificándote.

---

[1] La historia de fe en la lección 11 es adaptada de "Free Through Christ", *Spirit of Revival* ["Libertad mediante Cristo", Espíritu de avivamiento], Vol. 22, No. 1, junio de 1992, pp. 7–10, publicado por Life Action Ministries.

Comparte

1. ¿Qué reflexión sobre la persona y la obra del Espíritu Santo encontraste que fuese particularmente útil y alentador en esta lección?

_____

_____

_____

2. Comparte con el equipo acera de una manera específica en que el Espíritu Santo te está ayudando a que tu fe en Cristo crezca.

_____

_____

_____

Conversa

3. La historia de fe nos habla de una mujer que luchaba con la depresión y el enojo. ¿Cómo crees que buscar el perdón de Dios, de su esposo y de otros por la forma en que su pecado les había afectado contribuyó a la sanidad de esta mujer?

_____

_____

_____

4. Aun seamos heridos profundamente por la forma en que otros nos tratan, ¿por qué es esencial aceptar la responsabilidad de nuestras respuestas y no adoptar una "mentalidad de víctima"?

_____

_____

_____

5. Enumera algunas de las cosas que hace el Espíritu Santo en la vida de un cristiano.

_____

_____

_____

"Debemos tener el poder y la presencia del Espíritu Santo; de otro modo, nuestra religión se convertirá en una burla ante Dios, y una desgracia ante nosotros mismos".

—C. H. Spurgeon

"En todo creyente, el Espíritu es un pozo profundo y vivo de toda bendición espiritual".

—Octavius Winslow

6. ¿Qué significa *santificación*? ¿Cuál es el rol de Dios y cuál es nuestra responsabilidad en el proceso de santificación?

_____

_____

_____

7. ¿Cómo nos ayuda el Espíritu Santo a vencer nuestra carne?

_____

_____

8. ¿Qué significa ser lleno del Espíritu Santo? Describe a una persona que esté caminando en el Espíritu y esté lleno del Espíritu Santo.

_____

_____

_____

"La vida llena del Espíritu es una vida dirigida por Cristo a través de la cual Él vive Su vida en nosotros y a través de nosotros, en el poder del Espíritu Santo".

—Bill Bright

9. Hablen del impacto de los cristianos que *no* están llenos del Espíritu en sus casas, en nuestras iglesias, en nuestra sociedad.

_____

_____

_____

10. ¿Cuál crees que sería el impacto si todos los creyentes comenzaran a caminar y a ser llenos del Espíritu Santo, en sus casas, en nuestras iglesias, en nuestra sociedad?

_____

_____

_____

Ora por avivamiento

Oren en grupo o con una o dos personas más. Pídanle a Dios que les ayude a cada uno a estar y permanecer bajo el control del Espíritu Santo. Pídanle una fresca unción del Espíritu en su vida. Clamen a Él pidiéndole un avivamiento de la llenura del Espíritu Santo en sus casas, sus iglesias y su comunidad.

La vida de devoción personal:

LA BÚSQUEDA DIARIA DE DIOS

¿Qué pasaría si alguien te dijera que en los próximos doce meses tú puedes experimentar un crecimiento espiritual constante en tu vida? Podrías caminar más cerca del Señor que nunca. Podrías disfrutar de un conocimiento más profundo de Su amor por ti y tu amor por Él. Podrías caminar en mayor libertad del pecado. Tu vida estaría produciendo el fruto del Espíritu y Dios te estaría utilizando como instrumento de Su gracia en la vida de los demás.

¿Quisieras eso? No se trata de sueños; es el fruto que producimos cuando crecemos en intimidad con Dios. En esta lección final queremos considerar una de las claves más importantes para una vida de avivamiento constante. Es lo que conocemos como *una vida de devoción personal, la práctica de pasar tiempo a solas con Dios cada día, en Su Palabra y en oración.*

La vida devocional del cristiano es fundamental para alcanzar la madurez espiritual y la capacidad de conocer a Dios y hacer que otros le conozcan. Una vida de devoción personal a Dios involucra más que "tener momentos devocionales". Es un llamado a la *devoción*, una oportunidad de cultivar una relación íntima de amor con Dios. Es de vital importancia para la "búsqueda de Dios" y para experimentar el gozo de un avivamiento personal.

Versículo a memorizar

"Una cosa he pedido al Señor, y ésa buscaré: que habite yo en la casa del SEÑOR todos los días de mi vida, para contemplar la hermosura del Señor, y para meditar en su templo".

(SALMO 27:4)

Profundiza en la PALABRA

Salmos 63:1—8; 119:33—40
Mateo 6:5—15
2 Timoteo 3:14—4:5

DÍA 1: **Historia de fe**

1 ¿Cómo definirías o describirías el significado de "una vida de devoción personal"?

_____

_____

_____

_____

La siguiente historia de fe es un resumen que Tim Grissom escribió sobre su esposa, Janiece, poco antes de que le diagnosticaran la enfermedad de Lou Gehrig en 1999 (la enfermedad que le arrebató la vida once meses después).

> Uno de mis amigos bromea diciendo que yo estaba casado "muy por encima de mi nivel". Tiene razón. A veces me pregunto por qué Dios me ha bendecido con una alma gemela tan maravillosa. Mi esposa es tierna, amorosa, hospitalaria y generosa. Nunca se queja de las cosas que no tenemos y siempre expresa un genuino agradecimiento por las que sí tenemos. Sin embargo, hay una cualidad que se destaca ampliamente sobre todas sus demás preciosas cualidades: ella camina en intimidad con Dios. Y no me refiero a algo celestial o santísimo de lo cual presumir. A lo que me refiero es que ella simplemente obedece a Dios. Escucha lo que Él le dice y lo hace. Eso no quiere decir que no tenga luchas espirituales, pero cuando las tiene, no se queja de las circunstancias ni se pone de mal humor. Ella le pide a Dios que busque su corazón y espera Su respuesta.
>
> Yo, por otro lado, casi siempre me resisto a Dios. Estoy bien familiarizado con la obstinación y el orgullo, y no estoy totalmente fuera de su control. Pero mi vida empezó a cambiar unos cuantos años atrás. Y mucho de mi nuevo enfoque en Dios vino como resultado de ver el ejemplo piadoso constante de mi esposa.
>
> Hay una razón para que mi esposa sea quien es. Hace años asistió a un campamento de jóvenes en la iglesia donde fue retada a leer la Biblia todos los días por un año. Cuando mi esposa hace una promesa cumple su palabra. Cuando hizo ese compromiso delante de Dios lo tomó en serio. Mi esposa era una estudiante de la escuela intermedia. En las dos décadas que hemos estado casados, nunca la he visto un solo día sin pasar "su momento a solas" con Dios. Ni uno.

No digo estas cosas para poner a mi esposa en un pedestal. Ella no es perfecta, claro está. Mi punto es que dedicar fielmente unos minutos, todos los días, para encontrarse con Dios a través de Su palabra y de la oración la ha hecho una mujer piadosa. Y su vida me "ganó". Si ella hubiese sido manipuladora o hubiese ridiculizado mi crecimiento espiritual, solamente hubiese logrado apartarme de querer crecer en Cristo. En vez de eso, ella vivió una vida de fe y devoción a Cristo. Y eso me hizo anhelar lo que ella tenía.

Sé que muchas personas tienen historias fascinantes y eventos dramáticos sobre su experiencia de avivamiento personal. Pero no fue así para mí. Dios captó mi atención a través de un tiempo, y ha sido igual de real y transformador en mi vida. Junto con mi esposa, Dios ha usado a otras personas en mi caminar que me han ayudado y retado a crecer espiritualmente. Sin embargo, el elemento clave ha sido el consumo regular de Su Palabra, especialmente en mi tiempo devocional.

La Palabra de Dios ha sido una medicina para reducir mi enojo, preocupación e impaciencia. Ha actuado como un mapa ayudando a nuestra familia a tomar decisiones o devolvernos en aquellos planes en los cuales no hemos buscado consejo o hemos sido mal aconsejados. Ha provisto luz para revelar las trampas que a veces se esconden en la sombra. La Palabra de Dios ha llegado a ser para nosotros algo simplemente imprescindible.

Le doy gracias a Dios por un joven orador que incentivó a unos jóvenes campistas a leer sus Biblias. Doy gracias a Dios por una jovencita que hizo ese compromiso y lo mantuvo. Doy gracias a Dios por Su Palabra y por la forma en que ha utilizado nuestros encuentros diarios para acercarme más a Él.[1]

> "En las dos décadas que hemos estado casados, nunca la he visto un solo día sin pasar 'su momento a solas' con Dios".

> "La Palabra de Dios ha llegado a ser para nosotros algo simplemente imprescindible".

2 ¿Qué cualidades desarrolló su esposa, como resultado de su fidelidad en leer la Palabra de Dios, que hizo que su esposo quisiera crecer en Cristo?

_____

_____

_____

_____

El Salmo 42 es la oración de un hombre que estaba desesperado por Dios:

¹Como el ciervo anhela las corrientes de agua, así suspira por ti, oh Dios, el alma mía.
² Mi alma tiene sed de Dios, del Dios viviente; ¿cuándo vendré y me presentaré

delante de Dios? [8] *De día mandará el* Señor *su misericordia, y de noche su cántico estará conmigo;*
elevaré una oración al Dios de mi vida.

3 ¿Qué tan sediento estás de Dios? ¿Qué te impide venir a Él con más frecuencia?

_____

_____

_____

_____

DÍA 2: **Encuentro con la verdad**
PRIMERO LO PRIMERO

A pesar de todos los dispositivos de ahorro de tiempo y la tecnología moderna, muchas personas hoy en día luchan con una constante prisa, estrés, cansancio extremo, exceso de compromisos y bruma.

El versículo a memorizar de esta semana (Salmo 27:4) es el testimonio de un hombre (el rey David) cuya vida estaba anclada en una firme determinación: *"Si no puedo lograr nada más en el día, lo único que voy a perseguir sobre todas las cosas es conocer a Dios y cultivar una relación con El"*.

En un pasaje familiar en el Evangelio de Lucas encontramos a dos hermanas, una que entendía (y otra que necesitaba aprender) la importancia de mantener *"primero lo primero"*. Lee el pasaje a continuación y medita al responder las preguntas siguientes:

> ³⁸*Mientras iban ellos de camino, El entró en cierta aldea; y una mujer llamada Marta le recibió en su casa. ³⁹Y ella tenía una hermana que se llamaba María, que sentada a los pies del Señor, escuchaba su palabra. ⁴⁰Pero Marta se preocupaba con todos los preparativos; y acercándose a El, le dijo: Señor, ¿no te importa que mi hermana me deje servir sola? Dile, pues, que me ayude. ⁴¹Respondiendo el Señor, le dijo: Marta, Marta, tú estás preocupada y molesta por tantas cosas; ⁴²pero una sola cosa es necesaria, y María ha escogido la parte buena, la cual no le será quitada.* (Lucas 10:38–42)

4 ¿En qué se distinguían las prioridades de Marta de las prioridades de María?

_____

_____

_____

5 ¿Cómo afectaron las decisiones y prioridades de Marta su respuesta a la presión, su familia y Jesús?

_____

_____

_____

! CLAVE

Cultivar y tener una relación íntima con Dios debe ser lo número uno en la lista de prioridades de un creyente y requiere sacar tiempo para "sentarse a los pies de Jesús" y "escuchar su Palabra".

"Mi espíritu se ha secado porque se olvida de alimentarse de Ti".

—Juan de la Cruz

6 ¿Cuál fue la "única cosa" que escogió María, que según Jesús es la única prioridad absoluta?

_____

_____

_____

_____

7 ¿Cuáles son algunos de los síntomas que muestran que hemos podido haber sido negligentes en nuestra relación personal con Jesús? ¿Qué podemos hacer al respecto?

_____

_____

_____

_____

8 Marta estaba distraída y afanada con la preparación de la comida. ¿Cuáles son algunas de las cosas que te distraen a ti y te impiden mantenerte sentado(a) a los pies de Jesús y escucharle?

_____

_____

_____

_____

9 Marca las siguientes palabras o frases que mejor describan tu tiempo devocional personal *antes* de empezar este estudio.

☐ No existía o era esporádico   ☐ Constante

☐ Una tarea   ☐ Rutinario

☐ Una obligación   ☐ Un gozo

☐ Seguir de la corriente   ☐ Un privilegio

☐ Un deber   ☐ Salvavidas espiritual

☐ Seco   ☐ Un deleite

☐ Alimento espiritual   ☐ Comunión íntima

> "Esta prisa perpetua entre las obligaciones y las personas arruina mi alma por no decir también mi cuerpo. ¡Más momentos de soledad y horas más tempranas! [...] Ciertamente que la experiencia de todos los buenos hombres confirma la proposición de que sin una medida adecuada de devociones privadas, el alma se vuelve magra".
>
> —William Wilberforce

10 Si marcaste alguna de las casillas de la izquierda, identifica algunos de los obstáculos que te impiden cultivar una vida significativa de devoción.

- Muy ocupado(a)

- Dificultad para concentrarme

- Muchas distracciones

- No tengo un verdadero deseo

- No sé cómo

- No me había dado cuenta de la necesidad

- Yo nutro mi vida espiritual en la iglesia, asistiendo a estudios bíblicos o por medios de comunicación (radio cristiana, TV o Internet)

- Otro:

11 ¿Qué cambios necesitas hacer en tu horario, en tu estilo de vida o en tus prioridades que te permitan pasar el tiempo adecuado "sentado(a) a los pies de Jesús escuchándole hablar"?

Cómo empezar una vida de de devoción personal

El concepto de pasar tiempo a solas con Dios cada día podría ser nuevo para ti. O puede ser algo que hiciste en el pasado. He aquí algunas sugerencias para ayudarte a tener (o volver a empezar) un tiempo devocional diario con Dios.

Establece la prioridad. No trates de incluir a las malas tu tiempo devocional personal en un horario que ya está muy apretado; en vez de eso, empieza a planear tu día tomando en cuenta primero tu tiempo con el Señor.

Haz el compromiso. Si no lo hacemos hoy, probablemente no lo haremos mañana, ni la próxima semana, ni el próximo mes. Pronto otro año habrá pasado y habremos perdido todas esas oportunidades de pasar tiempo a solas con Dios y cultivar una relación íntima con Él. Mientras vas dando los pasos para desarrollar una vida devocional constante, busca a alguien de tu confianza y ríndele cuentas de tu compromiso. Comparte lo que Dios te está enseñando y cómo estás creciendo en tu tiempo con Él.

> *"Un hombre no puede almacenar un abastecimiento de gracia para el futuro como tampoco puede comer por adelantado lo que necesita por los próximos seis meses, ni retener en sus pulmones por adelantado el aire suficiente que necesitará en una semana. Debemos acercarnos al ilimitado almacén de gracia de Dios para abastecernos de la gracia suficiente para cada día, según la necesitemos".*
>
> —D. L. Moody

Un reto de 30 días

Si has llegado hasta este punto en *En busca de Dios* ya estás disfrutando algunos de los beneficios de pasar tiempo regularmente en la presencia de Dios. Continuar con tu tiempo devocional personal es crucial para mantener el trabajo que Dios ha estado haciendo en tu corazón a través de este estudio y así disfrutar de un nivel más profundo de intimidad con Él en los días venideros.

Ya sea que tengas establecido un hábito devocional o que acabes de empezar, considera hacer el siguiente compromiso:

> *"Por la Gracia de Dios, por el deseo de conocerle más íntimamente, me propongo pasar tiempo a solas con Dios en su Palabra y en oración, cada día por los próximos 30 días".*

Firma: _____

Fecha: _____

Sé constante. Muchas personas han descubierto que es ideal (¡aunque no necesariamente fácil!) empezar el día en la Palabra y en oración, antes de que la mente se sumerja en otras actividades y responsabilidades. Hay muchos precedentes en las Escrituras para tener un "tiempo devocional en la mañana". Sin embargo, la hora del día no es tan importante como la constancia. Escoge una hora y un lugar donde puedas encontrarte con Dios regularmente y donde no te interrumpan ni te distraigas con facilidad.

Escoge un plan. Hay muchos libros y guías devocionales útiles disponibles en tu librería cristiana local e incluso en la biblioteca pública. Algunas de estas herramientas o un plan de lectura bíblica pueden ayudarte a iniciar tu tiempo devocional. Tu pastor o un amigo cristiano maduro en la fe pueden ofrecerte algunas sugerencias. Busca un plan, un método, una herramienta que te dé resultado con base en tu forma, estilo de vida y madurez espiritual. (Encontrarás algunas sugerencias en la sección "Personalízalo" del día 4).

Integra otras actividades. Tu vida devocional debe incluir siempre tiempo en la Palabra, oración y adoración. Sin embargo, a veces, puede que desees integrar otras actividades, tales como:

- Llevar un diario

- Orar sobre las decisiones importantes

- Escribir notas de agradecimiento y aliento

- Organizar o reorganizar tu horario (orar por qué hacer y cuándo hacerlo)

- Cantar himnos y coros de alabanza

- Dar a otros (determinando qué, cuánto, a quién, etc.)

- Memorizar las Escrituras

DÍA 3: **Encuentro con la verdad**
LA PALABRA DE DIOS

Los que aman y obedecen la Palabra de Dios serán bendecidos. Ese es el tema del Salmo 119.

> *¹¡Cuán bienaventurados son los de camino perfecto,*
> *   los que andan en la ley del Señor!*
> *²¡Cuán bienaventurados son los que guardan sus testimonios,*
> *   y con todo el corazón le buscan!*

REFLEXIÓN

El capítulo más largo de la Biblia, el Salmo 119, es un cálido tributo a la Palabra de Dios. Cada estrofa tiene ocho líneas, y cada una empieza con la misma letra del alfabeto hebreo. Las 22 estrofas forman un acróstico, usando las 22 letras del alfabeto hebreo consecutivamente.

12 Coloca en un círculo las palabras contenidas en los versículos de arriba que describan la responsabilidad que tenemos ante Dios y Su Palabra.

13 ¿Qué nos enseñan cada uno de los siguientes versículos del Salmo 119 acerca de los beneficios o las bendiciones que se derivan de la Palabra de Dios?

Salmo 119	Bendiciones encontradas a través de la Palabra de Dios
¹¹ En mi corazón he atesorado tu palabra, para no pecar contra ti.	
²⁴ También tus testimonios son mi deleite; ellos son mis consejeros.	
²⁸ De tristeza llora mi alma; fortaléceme conforme a tu palabra.	
⁴⁷ Y me deleitaré en tus mandamientos, los cuales amo.	
⁹⁸ Tus mandamientos me hacen más sabio que mis enemigos, porque son míos para siempre.	
¹⁰³ ¡Cuán dulces son a mi paladar tus palabras!, más que la miel a mi boca.	
¹⁰⁴ De tus preceptos recibo entendimiento, por tanto aborrezco todo camino de mentira.	

En Esdras encontramos el ejemplo de un hombre que intencionalmente buscaba conocer a Dios a través de su Palabra. De acuerdo con Esdras 7:10, esto no era algo para tomarse a la ligera:

> Esdras se propuso en su corazón **estudiar** la Ley de Dios y **aplicarla**, y **enseñar** sus estatutos y reglas al pueblo de Israel. (negritas añadidas)

Esdras era un hombre piadoso que dirigió a un grupo de judíos desde el exilio en Persia a la tierra natal en Jerusalén (ca. 458 a. C.). Capacitado como escriba de la Ley, hizo un llamado al Pueblo de Dios a volverse a la Palabra de Dios. El avivamiento que surgió de ello está registrado en Nehemías 8–10.

14 ¿Cuáles tres cosas se propuso hacer Esdras en su corazón con relación a la Palabra de Dios?

_____

_____

_____

La actitud de Esdras acerca de la Palabra de Dios no era informal. Para él era algo serio estudiarla, meditar en ella, obedecerla y reproducirla en la vida de los demás.

15 ¿Cómo se compara la actitud del corazón de Esdras hacia la Palabra de Dios con la tuya? ¿Está tu corazón inclinado hacia la Palabra de Dios? ¿En cuáles de las tres cosas mencionadas arriba necesitas afianzar tu corazón para ser más constante?

_____

_____

_____

El consumo constante de la Escritura (leerla, memorizarla, meditar en ella, estudiarla, etc.) puede tener resultados preventivos y correctivos. La Palabra de Dios puede instruirnos, confrontar malos comportamientos o pensamientos, corregirnos y reorientarnos cuando hemos sido rebeldes, y equiparnos para el servicio de Su reino (2 Timoteo 3:16–17). Toda la acumulación del conocimiento humano no se puede comparar con la pura y llana sabiduría de la Santa Palabra de Dios.

Esdras fue un hombre piadoso quien llevó a un grupo de Judíos del exilio en Persia a su tierra natal en Jerusalén (ca. 458 a.C.). Entrenado como un escriba de la ley, llamó al pueblo de Dios a volver a la Palabra de Dios. El avivamiento que resultó está registrado en Nehemías 8–10.

! CLAVE

El consumo constante de las Escrituras en nuestra mente, nuestro corazón y nuestra vida es esencial para el sostén de nuestra vida espiritual.

"Nada puede ser más saludable para el alma del creyente que alimentarse de la Palabra y digerirla a través de la meditación frecuente".

–C. H. Spurgeon

Sobre todo, es a través de la Palabra escrita, iluminada por el Espíritu de Dios, que conocemos a Cristo, la Palabra Viva, en una forma profunda y personal. Tu relación con Cristo nunca será mejor que tu relación con Su Palabra. Es una pérdida privarnos de las abundantes riquezas que están disponibles en Su Palabra.

La lectura de la Palabra de Dios es el punto de partida para el crecimiento de nuestra relación con Él. Pero la vida de Esdras nos muestra que necesitamos más que solo *leer* la Palabra.

16 De acuerdo a los siguientes versículos, ¿qué mas necesitamos hacer, respecto a la Palabra, para obtener el máximo efecto e impacto en nuestra vida?

Josué 1:8; Salmo 1:2 _____

Salmo 119:56; Ezequiel 33:31; Santiago 1:22 _____

Hebreos 4:2 _____

17 Escribe una breve oración agradeciéndole a Dios Su Palabra y expresando el deseo de tu corazón de ser lleno de Su Palabra y de disfrutar de una enriquecedora comunión con Él a través de Su Palabra.

_____

_____

_____

_____

DÍA 4: **Personalízalo**

Toma tiempo hoy para hacer lo que hizo María en Lucas 10, sentarse a los pies de Jesús y escuchar su Palabra. Es posible que ya tengas un método o plan seleccionado para guiarte en tus devocionales personales. Si no, las siguientes sugerencias pueden ayudarte a empezar. Claro, no sientas que es una obligación seguir esto al pie de la letra. No hay una forma "correcta" para tus momentos devocionales. Recuerda: la meta es cultivar una relación con Dios. No es cuestión de ponerle una marca de cotejo al tiempo devocional en tu lista de quehaceres.

A. Prepara tu corazón.

- "Entrad por sus puertas con acción de gracias, y a sus atrios con alabanza" (Salmo 100:4). Alábale, bendice su nombre, por ser quién Él es; expresa gratitud por lo que Él ha hecho.

- Pídele a Dios que te muestre cualquier cosa que pueda obstaculizar tu relación y comunión con Él. Confiesa todo pecado que traiga a tu mente.

- Pídele a Dios que aquiete tu corazón, que abra tus oídos y que te hable a través de Su Palabra. Pídele al Espíritu Santo que sea tu Maestro. Comprométete a obedecer cualquier cosa que Él te muestre. Tal vez quieras hacer esta oración de las Escrituras:

Ábreme los ojos, para que contemple
las maravillas de tu ley. Dame entendimiento para seguir tu ley,
y la cumpliré de todo corazón. (Salmo 119:18, 34, NVI)

SEÑOR, hazme conocer tus caminos;
muéstrame tus sendas. Encamíname en tu verdad, ¡enséñame!
Tú eres mi Dios y Salvador; ¡en ti pongo mi esperanza todo el día!
(Salmo 25:4–5, NVI)

Enséñame tú lo que yo no veo;
Si hice mal, no lo haré más. (Job 34:32, RV–1960)

> *"Hay más descanso y consuelo en la presencia de Dios por una hora que en una eternidad en la presencia de los hombres".*
>
> **–Robert Murray M'Cheyne**

"Los primeros tres años de mi conversión descuidé la Palabra de Dios. Desde que empecé a buscarla con diligencia, las bendiciones han sido maravillosas. He leído la Biblia unas cien veces y cada vez con mayor deleite".

—George Mueller

"Recuerda que no se trata de una lectura apresurada, sino de una seria meditación en verdades santas y divinas, que son dulces y beneficiosas para el alma".

—Thomas Brooks

B. Escucha a Dios.

Selecciona un pasaje de las Escrituras. (Es ideal adquirir la práctica de leer consecutivamente un libro de la Biblia en tu tiempo devocional). Lee los pasajes de una forma concentrada y en oración. Subraya o marca palabras clave, versículos, frases que se destaquen.

Hay diferentes enfoques de lectura y meditación de las Escrituras. He aquí un método simple que muchas personas han encontrado útil. (Incluso algunos niños de 9 o 10 años pueden hacer esto). Todo lo que necesitas es tu Biblia, un bolígrafo y una libreta en blanco o un diario (o tal vez prefieras utilizar tu computadora).

El método R–A (Resumen–Aplicación): escribe tu propio comentario de la Escritura. Mientras lees cada capítulo, documenta lo siguiente:

- *Resumen:* una a dos oraciones resumiendo el capítulo. (¿Qué dice este pasaje?)

- *Aplicación:* una o dos oraciones de aplicación personal, expresando cómo algo en ese capítulo puede ser aplicado a tu vida, cómo te habla personalmente. (¿Qué significa este pasaje para mí? ¿Qué debo hacer?) La aplicación debe ser personal e incluir promesas que reclamar, advertencias para escuchar, verdades para obedecer, actitudes y comportamientos que ajustar, etc.

C. Responde a Dios.

Una vida devocional significativa es un diálogo; nosotros permitimos que Dios "hable" a través de su Palabra y el Espíritu Santo. Luego respondemos con amor, gratitud, fe, rendición y obediencia. La oración nos permite tener comunión con Dios a través de la alabanza, la acción de gracias, la confesión de pecados, las peticiones por nuestras necesidades y la intercesión por la necesidades de los demás. Nuestro tiempo devocional puede convertirse en el tiempo y lugar donde tomamos nuestras decisiones más importantes. ¿Qué mejor lugar que la quieta, santa, segura e íntima presencia de nuestro Padre celestial?

Mientras pasas tiempo en la Palabra, responde a Dios en oración y alabanza:

1. Ponte de acuerdo con Él acerca de lo que te ha revelado en Su Palabra. Ríndete a Él obedeciendo sus mandatos y siguiendo cada uno los pasos que Él te está guiando a dar; confiesa todo pecado que te haya mostrado; reclama cada una de las promesas que Él ha hecho en Su Palabra.

2. Alábale y adórale por lo que Él te ha revelado acerca de Su corazón, Su carácter y Sus caminos.

3. Llévale tus necesidades. Pídele a Dios que te muestre cómo orar por esas necesidades de acuerdo a Su voluntad, conforme a Su Palabra.

4. Llévale las necesidades de los demás. A medida que te instruya, ora por tu familia, iglesia, comunidad, nación, y por el avance de Su Reino en el mundo.

Termina tu tiempo devocional personalizando el versículo a memorizar y haz de él una oración a Dios.

Una cosa he pedido al Señor, y ésa buscaré:
que habite yo en la casa del Señor todos los días de mi vida,
para contemplar la hermosura del Señor,
y para meditar en su templo. (Salmo 27:4)

DÍA 5: **A partir de ahora**

EN BUSCA DE DIOS PARA LOGRAR UN AVIVAMIENTO CONTINUO

"Buscad a Dios y vivirá vuestro corazón" (Salmo 69:32b, RV–1960). ¿Le has estado buscando a través de este estudio? Si es así, ¡Dios ha prometido avivar tu corazón! Es posible que ya estés experimentando algunas de las bendiciones y los beneficios del avivamiento personal.

¿Cómo ha avivado Dios tu corazón a través de este estudio? Toma tiempo para considerar y escribir tu respuesta a esa pregunta. (Si estás tomando el curso con un grupo tendrás la oportunidad de compartir tu respuesta cuando se reúnan).

¿Dónde te encontrabas espiritualmente cuando iniciaste *En busca de Dios*? ¿Cómo te ha cambiado Dios? ¿Hay alguna verdad en particular (p. ej. humildad, honestidad, conciencia tranquila, perdón, pureza sexual) que específicamente haya afectado tu vida? Explícate.

CLAVE

Lo que sea necesario para obtener el avivamiento es necesario para mantenerlo.

En este punto debes estar preguntándote "¿Qué hago a partir de ahora? No quiero perder el avivamiento que Dios ha iniciado en mi vida en las últimas doce semanas."

Recuerda esto: *lo que sea necesario para obtener el avivamiento es necesario para mantenerlo.* Las verdades básicas que Dios ha estado utilizando para hacerte libre en las últimas semanas —humildad, arrepentimiento, honestidad, santidad, obediencia, conciencia tranquila, perdón, caminar en el Espíritu— son las mismas verdades que harán posible el continuo avivamiento en tu vida.

Por eso es importante que vuelvas a los mismos principios fundamentales —una y otra y otra vez— y que los arraigues en tu mente, en tu corazón y en tu vida. Periódicamente revisa los puntos clave de cada lección y repasa los ejercicios "Personalízalo" una y otra vez, para asegurarte de que estés caminando en la verdad que nos hace libres.

Al final de este estudio se ha incluido una lista de "Recursos de avivamiento" y temas relacionados para ayudarte a entender y crecer en tu avivamiento personal y en grupo.

En tu caminar con Jesús, pregúntale de qué forma puedes ser usado como instrumento de avivamiento. Busca uno o dos creyentes del mismo sentir y oren juntos por un avivamiento en sus casas, sus iglesias, su comunidad y en el mundo. Comparte con otros lo que Dios está haciendo en tu corazón y en tu vida. Considera hacer este estudio nuevamente con una o dos personas que sepas que tienen el deseo de buscar a Dios y experimentar el gozo de un avivamiento personal.

Una bendición

[20]Y a aquel que es poderoso para hacer todo mucho más abundantemente de lo que pedimos o entendemos, según el poder que obra en nosotros, [21]a El sea la gloria en la iglesia y en Cristo Jesús por todas las generaciones, por los siglos de los siglos. Amén. (Efesios 3:20–21)

¿De qué manera esta bendición te anima respecto al proceso continuo de avivamiento en tu vida?

_____

_____

_____

_____

¿De qué manera te da esperanza mientras oras y crees que Dios derramará Su Espíritu en avivamiento en el mundo?

_____

_____

_____

_____

> *"No podemos organizar el avivamiento, pero sí podemos preparar nuestras velas para atrapar el viento del cielo cuando Dios escoja soplar a su pueblo una vez más".*
>
> —G. Campbell Morgan

---

[1]La historia de fe de la lección 12 es adaptada de *A Place of Quiet Rest* [En la quietude de Su presencia] por Nancy DeMoss Wolgemuth (Chicago: Moody Publishers, 2002) pp. 259–60

[2]Para obtener asistencia práctica futura en el desarrollo de una vida diaria devocional, espiritual y significativa, véase *A Place of Quiet Rest: Cultivating Intimacy with God Through a Daily Devotional Life* [En la quietude de Su presencia: Una invitación a fortalecer su vida devocional con Dios] (©2002, publicado por Moody Publishers), y *A 30-Day Walk with God in Psalms* [Una jornada de 30 días con Dios en los Salmos] (©2002, publicado por Moody Publishers), ambos escritos por Nancy DeMoss Wolgemuth.

LA BÚSQUEDA GRUPAL DE DIOS

Comparte

1. ¿Generalmente te identificas más con Marta o con María, considerando el pasaje de Lucas 10? ¿De qué forma?

_____

_____

_____

_____

Conversa

2. Revisa la historia de fe. ¿Qué cosas motivaron a Tim a hacer tiempo para Dios y que Su Palabra fuera una prioridad en su vida?

_____

_____

_____

_____

3. ¿Puedes pensar en alguien cuyo ejemplo haya sido de motivación y reto en tu vida personal devocional?

_____

_____

_____

_____

4. Con base en lo que has estudiado en esta lección, ¿cuáles son algunos de los beneficios positivos y de las bendiciones de tener una vida devocional constante? ¿Por qué debe ser una prioridad para cada creyente?

_____

_____

_____

_____

_____

> _"Nosotros los cristianos debemos simplificar nuestra vida para no perder tesoros inefables en la eternidad. La civilización moderna es tan compleja que hace la vida devocional casi imposible. La necesidad de soledad y de quietud nunca ha sido más grande que hoy"._
>
> —A. W. Tozer

5. ¿Cuáles dificultades u obstáculos has experimentado en tu vida devocional? Comparte algunas ideas prácticas que te han ayudado a sobrepasar esos obstáculos y a cultivar una vida devocional significativa.

---

6. ¿Por qué es tan importante la vida personal devocional para experimentar un avivamiento constante en nuestra vida?

---

7. Júntense en pares brevemente (lo ideal sería con una persona con la que hayas orado anteriormente en este estudio) y compartan el compromiso que hayan hecho mientras estudiaban esta lección. Pónganse de acuerdo en cómo se ayudarán el uno al otro para rendirse cuentas durante los próximos treinta días respecto de cualquier cosa que Dios haya puesto en su corazón en relación a su vida devocional.

8. Reúnanse como grupo para regocijarse por las bondades de Dios. ¿Cómo ha avivado Dios su corazón y ha cambiado su vida a través de este estudio? Hay alguna verdad en particular —humildad, honestidad, conciencia tranquila, perdón, pureza sexual, u otro— que haya impactado su vida de manera especial? Explíquenlo.

> *"Aquel que vive de pequeñas oraciones, aquel que pocas veces lee la Palabra, aquel que pocas veces mira hacia el cielo buscando una fresca influencia de arriba, ese será un hombre cuyo corazón se enfriará y se secará".*
>
> **—C. H. Spurgeon**

Ora por avivamiento

Pasen un buen tiempo de oración; puede ser el grupo completo o en pequeños grupos de dos a cuatro personas. Permitan que el Espíritu Santo los dirija en este tiempo de oración. Oren de manera breve de forma tal que todo el que desee pueda orar cuantas veces se sienta dirigido a hacerlo.

- Alaba a Dios por lo que te ha enseñado sobre Su corazón y Sus caminos, y por lo que Él ha hecho en tu corazón y en tu vida a través de este estudio en estas semanas.

- Oren los unos por los otros. Ora por una lucha que sepas que otros estén experimentando en su caminar con Dios (sé discreto). Ora por cada persona en tu grupo, para que en los días venideros continúen buscando al Señor y experimenten el gozo y la libertad del avivamiento personal.

- Ora para que el Espíritu de Dios se mueva en un genuino avivamiento: en tu hogar, tu iglesia, tu nación y en todo el mundo.

Sugerencias
PARA LÍDERES DE GRUPO

Si la discusión ha de fluir sin tropiezos y para invertir el tiempo adecuadamente, cada grupo necesita un líder. Puedes ser tú. ¡Pero no te preocupes! Para un estudio como este, el líder es más un *moderador* que un maestro. Como moderador harás sugerencias y proveerás guía para mantener el grupo enfocado durante el tiempo de reunión. También harás preguntas para desatar discusiones.

Si has sido designado como líder, considera conseguir un asistente o colíder. Esta persona puede ayudarte a contactar a los miembros del grupo, ofrecer comentarios valiosos o sustituirte en el caso de que debas ausentarte. O quizás tu grupo decida rotar el liderazgo. Este método tiene ciertas ventajas si cada líder está dispuesto a invertir el tiempo necesario para prepararse y orar antes de la reunión.

Para una mayor efectividad, el tamaño del grupo debe estar limitado a no más de diez o doce personas. Con un pequeño grupo como este, todos los miembros tendrán la oportunidad de participar activamente. Si el grupo tiene más de doce participantes, considera dividirlo entre dos o más grupos con un líder para cada grupo. Los grupos podrían reunirse en la iglesia, en un hogar o en cualquier otro lugar. Pueden estar constituidos por hombres solos, mujeres solas o ambos juntos. Si es posible, disponga de noventa minutos (o más) para la discusión, para compartir y orar. Si su situación particular no les permite reunirse por este lapso extendido de tiempo, las sesiones pueden acortarse y el líder puede entonces seleccionar preguntas específicas de las que se proveen para la discusión.

He aquí algunas sugerencias para hacer su tiempo de estudio de grupo lo más efectivo y significativo posible:

1. **Sé miembro del grupo y también líder.** Trabaja el material de cada unidad como esperas que lo haga cualquier otro miembro del grupo. Permite que Dios obre en tu corazón. El mayor trabajo durante el tiempo de preparación será estar en una correcta relación con Dios para que puedas conocer y seguir la guía del Espíritu Santo.

2. **Trata de hacer de la experiencia un tiempo cálido y acogedor.** Asegúrate de que el lugar de reunión es tranquilo y cómodo, y que esté adecuadamente iluminado. Siéntense en círculo o alrededor de una mesa para que todos puedan tener contacto visual unos con otros. Si el tiempo lo permite, ofrece refrigerios y la oportunidad de interactuar entre todos de manera más informal. Este tipo de detalles pueden ayudar a crear una más profunda intimidad entre los participantes y hacerlos desear regresar.

3. **Algunos de los miembros de su grupo pudieran no estar familiarizados entre sí.** Ten esto en cuenta, especialmente durante las primeras reuniones, y trata de que los miembros se abran unos a otros y se cultive una amistad. A medida que los participantes se sientan más cómodos unos con otros, la discusión se profundizará.

4. **Sé sensible.** Muchos de los temas de este libro tienen que ver con sentimientos y experiencias profundas y personales, en la medida en que Dios va trabajando en los corazones. Estas no son cosas fáciles de compartir con otros en un grupo, especialmente si los miembros no se conocen bien entre sí. Ofrece una atmosfera cálida en la cual las personas puedan sentirse libres de compartir (o no compartir). Escucha atentamente lo que los demás dicen. Da el ejemplo de apertura y vulnerabilidad, equilibrando todo con tacto. Los miembros deben asegurarse de la confidencialidad del grupo.

5. **Está preparado, pero sé flexible.** Debes estar equipado para liderar el grupo a través de cada segmento y cada transición de la reunión, pero permite que el Espíritu Santo guíe la sesión. Pudieras llegar a un punto durante la reunión donde resulte obvio que Dios está obrando de manera inusual. No te apresures a continuar. Dale tiempo a Dios, así como libertad para obrar.

6. **Siéntete en la libertad de adaptar el material a la situación particular de tu grupo** (incluyendo el tiempo disponible para reunirse). Quizás desees obviar o revisar algunas de las preguntas, o formularlas de forma que mejor

sirva a las necesidades del grupo. Siéntete en la libertad de añadir ejemplos propios o historias específicas que ilustren las verdades enfatizadas en la lección de esa semana.

7. **No te preocupes si hay un silencio luego de que hagas una pregunta.** Dales tiempo a los miembros para pensar o formular sus respuestas. Si el silencio se extiende por mucho tiempo o si la respuesta es mínima, reformula la pregunta o haz una pregunta de seguimiento.

8. Luego de la primera o segunda sesión, **solicita las opiniones de aquellos miembros del grupo** cuya sabiduría valoras de manera particular. Pregúntale lo que estás haciendo bien y cómo podrías mejorar como líder de la sesiones. Luego, en oración, planifica implementar estos cambios con base en esta crítica constructiva.

9. **Ora por cada sesión y por cada miembro del grupo.** ¡Confía en que Dios traerá avivamiento y da gracias cuando se produzca!

Recursos de **Avivamiento**

Esto no es de ninguna manera una lista exhaustiva de todos los recursos valiosos de temas relacionados con el avivamiento. Además, la inclusión de un recurso en esta lista no implica necesariamente un acuerdo completo con todos los puntos, o un apoyo incondicional del autor, el recurso o la organización. Cada creyente debe examinarlo todo (incluyendo este libro) a la luz de la Palabra de Dios.

Libros

Blackaby, Henry, and Claude V. King. *Mi experiencia con Dios*. Nashville: Lifeway Christian Resources, 1993.

Wolgemuth, Nancy DeMoss. Serie Aviva Nuestros Corazones:
Quebrantamiento: El corazón avivado por Dios. Grand Rapids, MI: Portavoz, 2006.

Rendición: El corazón en paz con Dios. Grand Rapids, MI: Portavoz, 2006.

Santidad: El corazón purificado por Dios. Grand Rapids, MI: Portavoz, 2006.

Hession, Roy. *El camino del calvario*.

Edwards, Brian H. *Avivamiento: Un pueblo rebosante de Dios*. Phillipsburg, NJ: P&R Press, 2004.

Ravenhill, Leonard. *Por qué no llega el avivamiento*. Minneapolis: Bethany, 2004.

Otros recursos

Wolgemuth, Nancy DeMoss. "Esto es avivamiento? Un llamado al discernimiento". https://www.avivanuestroscorazones.com/articles/es-esto-avivamiento-un-llamado-al-discernimiento/

_____. "Perdonando: ¡Poniendo en libertad a tus cautivos!". https://www.avivanuestroscorazones.com/articles/perdonando-poniendo-en-libertad-tus-cautivos/

_____. "Preparando mi corazón para un avivamiento". https://www.avivanuestroscorazones.com/articles/preparando-mi-corazon-para-un-avivamiento/

_____. "41 Evidencias de orgullo". https://www.avivanuestroscorazones.com/articles/41-evidencias-de-orgullo/

_____. ¿Cuándo necesitamos avivamiento?.
http://www.avivanuestroscorazones.com/articles/cuando-necesitamos-avivamiento/

Sobre los **autores**

Nancy DeMoss Wolgemuth ha tocado las vidas de millones de mujeres a través de Aviva Nuestros Corazones (Revive Our Hearts) y el movimiento Mujer Verdadera (True Woman), llamándolas al avivamiento del corazón y la feminidad bíblica. Su amor por Cristo y Su Palabra es infecciosa, y penetra sus campañas en el internet, mensajes de conferencias, libros y dos programas de radio sindicados diarios, Aviva Nuestros Corazones (Revive Our Hearts) y En busca de Dios (Seeking Him). Sus libros han vendido más de tres millones de copias y están alcanzando al corazón de mujeres de todo el mundo. Nancy y su esposo, Robert, viven en Michigan.

Tim Grissom es escritor independiente y vive en Little Rock, Arkansas, donde también escribe sobre diversos temas para FamilyLife. Tim pasó catorce años en el personal de Life Action Ministries. Es uno de los ancianos de The Summit Church, que él ayudó a fundar en 1998. Tim y su esposa, Janiece (que ahora está con el Señor), tienen cuatro hijos. Su pasión en el ministerio es ayudar a la gente a entender cuán profundamente la Biblia habla de los problemas de la vida, grandes y pequeños.

La misión de **Life Action Ministries** es creer en Dios para lograr el avivamiento genuino en el corazón de su pueblo, que da lugar a un despertar espiritual entre los perdidos. Fundada en 1971, Life Action Ministries tiene aproximadamente 150 empleados que trabajan a tiempo completo y comparten la carga de proclamar el mensaje del avivamiento al cuerpo de Cristo. Los ministerios de Life Action incluyen cruzadas de avivamiento en iglesias locales, producciones musicales en múltiples medios de comunicación, campamentos familiares, un ministerio de retiro para pastores y líderes cristianos, la revista *Spirit of Revival* [Espíritu de avivamiento], recursos y publicaciones sobre avivamiento, impacto en las universidades y un ministerio para la mujer denominado Aviva Nuestros Corazones.

Para obtener más información sobre los ministerios de Life Action o los recursos disponibles, póngase en contacto con:

Life Action Ministries
P.O. Box 31
Buchanan, Michigan 49107-0031
Tel (269) 684-5905
Correo electrónico: info@lifeaction.org

Aviva Nuestros Corazones™

En nuestro sitio en español encontrarás 5 programas a la semana, una biblioteca de recursos, videos y un blog para equiparte en tu jornada por convertirte en una mujer verdadera.

www.AvivaNuestrosCorazones.com

Aviva Nuestros Corazones™
Llamando a la Mujer Hispana a la Libertad, Plenitud y Abundancia en Cristo

Buscar palabra(s) clave(s) Buscar

Recursos   Radio   Video   Eventos   Blog   Donaciones

Nuestra serie de radio actual
En busca de Dios - Semana uno- AVIVAMIENTO

Blog
Déjalo atrás

En busca de Dios
El gozo de un avivamiento en la relación personal con Dios.

Revive 13
Mujeres ayudando mujeres

En busca de Dios
Semana uno: Avivamiento

f AvivaNuestrosCorazones   @AvivaCorazones   AvivaCorazones   You Tube AvivaCorazones

RADIOMOODY

Compartiendo Esperanza. Siempre Contigo.

Radio Moody produce y transmite programación llena de contenido bíblico y expresiones de fe que le ayudan a tomar el siguiente paso en su relación con Cristo. El equipo de Radio Moody trabaja unido e incansablemente para hacer realidad nuestro lema: Compartiendo Esperanza. Siempre Contigo.

Nuestro ministerio radial forma parte del Instituto Bíblico Moody, cuya visión es: A través del mundo, de culturas y generaciones, Moody equipará a personas con la verdad de la Palabra de Dios, utilizando nueva tecnología en una comunidad ágil e innovadora.

Transmitiendo por internet y por WMBI 1110 AM en Chicago.

www.radiomoody.org